# 名师名校名校长

凝聚名师共识
回应名师关怀
打造名师品牌
培育名师群体

顾明远题

# “趣学、巧练、乐赛、公评”

## 小学体育一体化课堂教学建构

朱振彪◎主编

西南大学出版社
SWUP
国家一级出版社 全国百佳图书出版单位

图书在版编目（CIP）数据

“趣学、巧练、乐赛、公评”：小学体育一体化课堂教学建构 / 朱振彪主编. -- 重庆 : 西南大学出版社, 2023.12
ISBN 978-7-5697-2166-9

Ⅰ. ①趣… Ⅱ. ①朱… Ⅲ. ①体育课－课堂教学－教学研究－小学 Ⅳ. ①G623.82

中国国家版本馆CIP数据核字(2024)第025089号

“趣学、巧练、乐赛、公评”——小学体育一体化课堂教学建构
“QUXUE、QIAOLIAN、LESAI、GONGPING”——XIAOXUE TIYU YITIHUA KETANG JIAOXUE JIANGOU
朱振彪 主编

---

责任编辑：王瑞兵
责任校对：李虹利
装帧设计：言之凿
出版发行：西南大学出版社（原西南师范大学出版社）
印　　刷：北京政采印刷服务有限公司
成品尺寸：170 mm×240 mm
印　　张：16.25
字　　数：276千字
版　　次：2023年12月　第1版
印　　次：2023年12月　第1次印刷
书　　号：ISBN 978-7-5697-2166-9

---

定　　价：58.00元

# 编 委 会


**主　编：**朱振彪

**副主编：**徐　杰　吕　利

**编　委：**（排名不分先后）

黄秋红　周振鹍　吴运照　张珂瑞

邓嘉冰　龙　权　彭东华　张景彬

温静怡　吴伟伟　翟志清　胡　波

# 序 言

## 核心素养下小学体育新样态课堂探索

### 一、让人眼前一亮的新样态课堂

早在两年前，就听闻珠海市朱振彪名师工作室团队要开展“学、练、赛、评”一体化教学研究。当时我眼前一亮，同时深感主持人朱振彪老师对把握课题研究方向的敏锐性和精准性。因为那时，开展“学、练、赛、评”一体化教学研究的本就寥寥无几，就算时至今日，该领域的研究成果也是凤毛麟角。大约经过了半年时间，这个团队依靠“摸着石头过河”的创新精神与韧劲，进一步拓展和延伸了“学、练、赛、评”一体化教学的内涵，并逐步形成了自身独特而新颖的“趣学、巧练、乐赛、公评”一体化教学模式，一种充满生命活力的体育新样态课堂，着实让人眼前一亮。

### 二、让人不得不服的课改先锋队

2021年6月和2022年4月，《〈体育与健康〉教学改革指导纲要（试行）》和《义务教育体育与健康课程标准（2022年版）》相继落地。文件明确提出学校体育教学要落实“教会、勤练、常赛”和“学、练、赛、评”一体化的课堂教学新样态。敢为人先的朱振彪名师工作室团队再一次敏锐地发现并把握住新机遇，以此为理论指导，基于学生学情，继续大力深入研究“趣学、巧练、乐赛、公评”一体化教学模式，并反复通过“内部比武、对外送课和参赛评比”等方式，来验证其教学模式的有效性。果不其然，该教学模式一经面世，便得到不少人的热议和追捧。许多一线体育教师还如获至宝般地将其“据为己有”，并欣喜若狂地将“趣学、巧练、乐赛、公评”一体化教学理论运用于自身的体育课堂改革之中。这一支既睿智又富有凝聚力的课改先锋队，让人不得不敬服。

## 三、让人们充满期待的研究成果

新课程改革最大的难点在于一线教师观念的转变。教师的观念一转变，体育课堂就会发生极大的变革与创新。新课程改革的重要意义在于改进一线教师的实践运用。教师新课程改革理念下的实践创新将会直接引爆体育高质量课堂的革命。朱振彪名师工作室团队敢于转变观念，不仅为“趣学、巧练、乐赛、公评”一体化教学模式注入了更多脑科学、科学学习和高阶学习的理论，还乐于将其内化于心、外化于行，并取得了丰硕的实践研究成果。工作室团队成员参加第三届、第四届香洲区小学体育教师教学能力大赛，均获得“教学能手”的荣誉称号，同时还斩获了广东省级、珠海市级教学基本功大赛的多项一等奖，实在可喜可贺。

未来将至，如何与时俱进，在新一轮课程改革浪潮中继续勇往直前？靠的是“永无止境”的追求与探索，靠的是团队的意志和韧劲。

衷心祝愿珠海市朱振彪名师工作室团队越战越勇、越走越远。

珠海市金湾一小校长、正高级教师　李湘云

2022年11月28日

# “四位一体”视角下小学体育课“一体化”探究

2018年9月10日，习近平总书记在全国教育大会上发表重要讲话，指出“要树立健康第一的教育理念，开齐开足体育课，帮助学生在体育锻炼中享受乐趣、增强体质、健全人格、锤炼意志”。习近平总书记提出的新时代学校体育“四位一体”目标，呈现出层层递进的逻辑关系，是对学校体育要达成目标的高度凝练和概括。无论从体育的目标还是从体育的内容、手段来看，新时代学校体育“四位一体”目标均呈现出由低到高的目标导向、自上而下的引领带动作用，以及群众性与竞技性相辅相成、普及性与提高性辩证统一的特点。2020年，中共中央办公厅、国务院办公厅印发《关于全面加强和改进新时代学校体育工作的意见》（以下简称两办《意见》）是全面落实习近平总书记指示的具体“施工蓝图”。

学校体育面向每一名学生，具有群众体育的特点。兴趣是最好的老师，学生有了兴趣才会有参加相关体育运动的热情，而让兴趣一直保持下去的最直接途径就是教会学生运动技能，从而在体育运动中实现享受乐趣、增强体质的初始目标。体育对人的全面发展具有重要作用，要实现健全人格、锤炼意志的高级目标，在运动中培养青少年爱国主义精神、集体主义精神和顽强拼搏的意志品质，就必须让学生经常性地参与体育竞赛。这既是让学生养成运动习惯、享受运动乐趣的有效途径，也是培养学生遵守规则、团队合作、尊重对手、顽强拼搏等健康行为与体育品德的必由之路。

2021年6月23日，教育部办公厅印发《〈体育与健康〉教学改革指导纲要（试行）》，目的是贯彻落实好习近平总书记重要讲话精神和两办《意见》关于“四位一体”目标与“教会、勤练、常赛”等相关政策。2022年4月正式颁布的《义务教育体育与健康课程标准（2022年版）》，让我们以一种全新的教育观念，再次去认识与中国梦相匹配的学校体育战略定位，认识与建设“健康中国”相关联的学校体育改革方向和认识与素质教育相适应的学校体育发展要求。体育学科也成为共同关注的焦点，体育教育也迎来了实现快速发展的机遇与挑战。学校体育该如何抓住机遇、迎接挑战，实现高质量快速发展？成于心，敏于行，这一目标的实现还是要立足课堂，从课堂教学实践出发。

但是，在实现“四位一体”目标的过程中，体育教学还存在一些问题：学生的主体性没有得到充分的发展；教（学）、练、赛、评脱节，教学中比较重视教与练，未能发挥“以赛促学练”的作用，也未能提升“以评促学练赛”的功效；重视单个技术教学，忽视结构化教学，展示与比赛能力的发展不够充分；课堂教学与课外练习、平时比赛脱节，课内外联动作用没有得到有效发挥；体育的育人价值没有充分体现，等等。基于上述问题，敢为人先的珠海市朱振彪名师工作室团队，以问题为导向，以解决问题为目标，在本书中，不仅拓展了“学、练、赛、评”一体化内涵，还为体育教师理解新课程、实施新教学模式作出了贡献！

让我们携手共进，为实现中华民族伟大复兴的中国梦而努力奋斗。珠海体育的高效发展，你、我均不可或缺，一起加油！

珠海市香洲区教师发展中心体育教研员、副高级教师　翟志清

2022年11月28日

# 前言

2020年11月11日，珠海市朱振彪名师工作室挂牌成立。随后，根据珠海市教育局的统一部署，立即广纳贤才，分别从珠海市的香洲、斗门、金湾、高新、横琴等区选拔出一批来自体育教学一线的年轻骨干教师，组成了工作室这个“大家庭”。

他们朝气蓬勃、青春靓丽，有着较为丰富的一线教学经验，有着积极进取的教学上进心，有着致力于体育课堂大胆改革创新的决心和毅力。这些优秀的经验和品质，正是工作室各成员共同发展、共同成长乃至共同壮大与共赢的必备“底色”。更为难得的是，他们人人个性鲜明、专项突出，加之身上拥有着不同区域的文化基因和血脉，为工作室各成员之间实现相互学习交流、合作互补与合作共赢提供了源源不断的“色彩”和动力。就是这样的一群人、一个团队，克服了“地域、时间、工作和家庭”等因素的纷扰，静悄悄地聚焦于体育课堂探讨与尝试一种全新的课堂教学模式，希望通过团队的智慧、合力与行动，在新时代的教学改革浪潮中开创出一片新天地。

2001年，国家启动了新世纪基础教育课程改革，颁发与实行《义务教育体育与健康课程标准（实验稿）》，对往后10年的学校体育教学改革注入了新理念、新动力和新希望，指引着一线体育教师不断地探索与前行。当时，全国各地中小学校的万千体育人，纷纷进行课堂改革、上下求索，以求通过新课程改革来扭转“中小学生体质健康水平持续下降”的困境。“十年磨一剑”，在专家、学者和广大一线体育教师的共同努力下，经过长期的实践与探索，课程改革取得了显著成效，构建了有中国特色、彰显时代精神、体现素质教育理念的基础教育课程体系。《义务教育体育与健康课程标准（实验稿）》得到了一线体育教师和社会的广泛认同。回顾2001年至2011年十年来的体育与健康课程改革，取得了许多成绩，主要有三个方面：一是广大一线体育教师的教育教学理念与观念发生了不小转变；二是涌现了一大批优秀的体育教师，并在教学改革、教学资源开发和学生体质健康的研究等方面取得了令人瞩目的科研成果；三是学生学习体育的积极性、主动性有了较大提高，学习方式也有了新的变化。但同时也存在以下不足：《义务教育体育与健康课程标准（实验稿）》确立了“目标统领内容”的思想，课程目标按照运动参与、身体健康、运动技能、心理健康、社会适应五个领域分水平建立了相应的目标体系，但具体到各个领域和水平阶段的内容、标准却很笼统模糊，不便于习惯使用教学大纲的一线体育教师的实际操作；由于缺乏较为明确的课程内容，相对应的课程目标难以落实；依据目标体系确立的评价体系理念先进，但实际可操作性不强。

现实存在的这些困境与困惑，该如何破解？

2011年，新一轮体育课程改革全面启动，国家《义务教育体育与健康课程标准（修订稿）》经改良后应运而生，并针对《义务教育体育与健康课程标准（实验稿）》所存在的不足给出了建设性方案。一是厘清学科的主要内容，指明了教学内容的选择方向；二是取消了“领域”概念，重新将“运动参与、运动技能、身体健康和心理健康与社会适应”看作一个整体的四个方面，呈现出不可分割的育人功能的“整体性”“综合性”和“科学性”；三是构建了比较合理的评价体系，还增加了“评价要点”和“评价方法举例”，为一线体育教师在对学生进行评价时提供了清晰明确、实用具体的可操作的良好借鉴与参考。但随着社会的发展和学校体育课程改革的不断深化，学科核心素养的提出给体育课堂教学带来了新的冲击与挑战，对关键能力与必备品质的培育势在必行。

2020年，为了使学校体育更好地促进“以文化人　以体育人”的新时代使命，教育部明确强调：“学校体育必须做到教会、勤练和常赛。”“教会、勤练、常赛”这一政策的提出，顿时引起了广大专家学者、一线体育教师和社会各界的高度关注和热议。于是，经过慎重的考虑，我们工作室紧跟新时代体育课改的方向标，深入贯彻教育部关于学校体育必须落实“教会、勤练、常赛”的指示精神，大胆申报了小学体育课堂“趣学、巧练、乐赛、公评”一体化的教学研究课题，并得以立项。此后，我们秉持“趣学、巧练、乐赛、公评”一体化教学理念，立足并深入体育课堂教学改革一线，在各自的教学岗位上暗自发力。在相当长一段时间里，因为没有现成的答案供我们参考，大家在“趣学、巧练、乐赛、公评”一体化教学上存在不同的视角与见解。“实践出真知”，谁的课堂能够收到好的效果，谁就有话语权。于是我们长时间地进行研讨课的观摩学习。每位教师均使出自己的“十八般武艺”，相互学习与切磋，不断共同探讨我们心目中的“趣学、巧练、乐赛、公评”一体化教学模式。

2021年6月23日，教育部办公厅印发了《〈体育与健康〉教学改革指导纲要（试行）》（以下简称《纲要》），明确了新时代体育与健康课程的历史新定位，明确了从哪些方面组织落实好“教会、勤练、常赛”新政策，明确了要把握好习近平总书记对学校体育提出的“享受乐趣、增强体质、健全人格、锤炼意志”的“四位一体”目标内涵。

《纲要》的发布以及新样态教学模式的倡导，让我们信心大增，使我们更加坚定地走在与时俱进的教学改革之路上。于是，我们“站在巨人的肩膀上”不断思考和尝试，终于摸索出属于我们自己的“趣学、巧练、乐赛、公评”一体化教学的“雏形”，为“学、练、赛、评”一体化体育教学注入了更加翔实而丰富的内涵。虽说是一个“雏形”，但这却点燃了我们工作室所有人的激情。除在工作室成员之间相互研课、上课、观课和评课之外，我们还将“趣学、巧练、乐赛、公评”一体化教学理念和模式，以“切磋交流、相互学习、互助共赢”的形式在区内乃至跨区域进行交流与推广，得到了广大一线体育教师的欢迎与肯定。2021年11月，带着我们工作室“趣学、巧练、乐赛、公评”一体化教学理念的张珂瑞老师参加第三届香洲区体育教师教学能力大赛，获得了比赛第一名和“教学能手”的荣誉称号。而后，我们工作室的张珂瑞、黄秋红老师先后参加市、省的教师能力大赛，并获得了一等奖。这不仅增强了我们工作室团队继续勇往直前的士气和信心，更给我们的研究注入了源源不断的前进动力。

2022年4月，《义务教育体育与健康课程标准（2022年版）》正式颁布。新课标以落实“立德树人”根本任务、“健康第一”的教育理念和促进学生身心健康发展为宗旨，将“运动能力、健康行为和体育品德”作为体育与健康课程要培养的学科核心素养。培育学生的核心素养成为义务教育体育与健康课程的出发点和落脚点。

要发展学生的学科核心素养，就意味着体育课堂要以“学”为中心，学生才是课堂学习的主人。“学”如何更主动？“练”如何更有针对性？“赛”如何提高运动能力？“评”如何更好地促进“学、练、赛”？这一系列重大问题、难题都是我们工作室所迫切需要深刻思考解决的。“学、练、赛、评”的一致性，不仅是新课标所强调的新教学观，也是提升育人成效和有效培育学生核心素养的关键所在。推进“学、练、赛、评”一体化的设计与实施，从“学”的视角出发，共同促进素养目标的达成，已成为改进、变革学校体育教学的新使命。“学、练、赛、评”一体化，要求教师在整个教学过程中，以目标为引领、以评价为导向。教师务必把“学生的学、练、赛以及学习的评”进行深度嵌套和协同配合，构成一个完整、有效的课程教学系统。

2022年11月，第四届香洲区小学体育教师教学能力大赛如期而至。我们工作室的两位老师闯进决赛。吴伟伟老师获得一等奖和“教学能手”称号；周振鹃老师获得一等奖。同时，让我们更为兴奋的是，参赛选手中有将近20位选手采纳了我们工作室的“趣学、巧练、乐赛、公评”一体化教学理念，并将其运用到自己的教学设计和说课当中。这是对我们工作室团队的最大肯定与褒奖，同时激励着我们不断前进。

我们深知，学校体育课程一体化和“学、练、赛、评”一体化，并未局限于体育课的一体化，还应当包含单元教学中的一体化和课内、课外及家庭的一体化。但由于受精力和能力所限，我们团队主要以“基于单元视角”来研究一堂体育课的“趣学、巧练、乐赛、公评”一体化的教学。因此，其他层次或视角上的一体化研究在本书中虽然也有涉及，但研究并未深入。所以，基于单元视角的体育课一体化才是我们集中精力研究的重点所在。

那么，“趣学、巧练、乐赛、公评”一体化教学如何在体育课堂中一一实现呢？我们团队经过深思熟虑，有针对性地从“田径、篮球和足球”中选取比较有代表性和学生喜闻乐见的学习内容。从大单元视角出发、从细化问题着手，以“单元+课时”的形式来精心设计“田径、篮球和足球”三大板块的课时计划。

珠海市朱振彪名师工作室“全家福”

本书由朱振彪担任主编，各章编写分工如下：第一章、第二章（朱振彪），第三章（朱振彪、吕利、徐杰），第四章（朱振彪、吕利、徐杰、黄秋红、周振鹍、吴运照、邓嘉冰、张珂瑞、龙权、彭东华、张景彬、温静怡、吴伟伟），第五章（朱振彪），第六章（朱振彪），第七章（朱振彪、吕利、徐杰、张珂瑞等）。全书由朱振彪修改完善与统稿。这是我们团队长期研究和实践探索的经验总结，更是我们团队凝聚力和智慧的体现。当然，由于受新冠疫情影响、受能力限制，这些经验总结中肯定存在欠缺或不足。敬请同为体育同行的读者多提宝贵意见或建议，我们将虚心接受并作进一步探索与完善。

朱振彪

2022年11月20日

# 目录

## 第一章　研究背景与意义



## 第二章　理论基础



## 第三章　基本模式

## 第四章　基于单元的教学设计样例



## 第五章　“趣学、巧练、乐赛、公评”一体化课堂观察与评价

# 第六章　“趣学、巧练、乐赛、公评”一体化教学的常见问题



# 第七章　总结与展望

# 第一章

# 研究背景与意义

为什么要做“趣学、巧练、乐赛、公评”一体化教学的研究？我们研究的背景与意义是什么？对此问题，我们将从以下几个方面进行阐述：一是新时代对学校体育工作的要求；二是新一轮课程改革的必然要求；三是培育“核心素养”的迫切需要；四是解决课堂教学实际困惑的需要；五是关注个体差异的迫切需要。

# 第一节 研究背景

## 一、新时代对学校体育工作的要求

随着时代的发展，国家对学校体育的要求和定位逐步深入。从“增强体质、学习掌握体育的知识与技能、进行思想品德教育”变为“增进身体健康、提高心理健康水平、增强社会适应能力、获得体育与健康知识和技能”，之后又发展为“享受乐趣、增强体质、健全人格、锤炼意志”的“四位一体”的育人目标。全面培育学生的核心素养，以实现“培养什么人”和“立德树人”的根本任务。

2020年8月，由国家体育总局和教育部颁发的《关于深化体教融合促进青少年健康发展的意见》指出，学校体育要树立“健康第一”的教育理念，面向全体学生，帮助学生在体育锻炼中享受乐趣、增强体质、健全人格、锤炼意志。

2020年10月，中共中央办公厅、国务院办公厅印发《关于全面加强和改进新时代学校体育工作的意见》，要求学校体育要以习近平新时代中国特色社会主义思想为指导，全面贯彻党的教育方针，坚持社会主义办学方向，以立德树人为根本，以社会主义核心价值观为引领，以服务学生全面发展、增强综合素质为目标，坚持“健康第一”的教育理念，推动青少年文化学习和体育锻炼协调发展，帮助学生在体育锻炼中享受乐趣、增强体质、健全人格、锤炼意志，培养德智体美劳全面发展的社会主义建设者和接班人。

2021年6月30日《〈体育与健康〉教学改革指导纲要（试行）》提出，要以习近平新时代中国特色社会主义思想为指导，全面贯彻党的教育方针，落实立德树人根本任务，树立“健康第一”的教育理念，深化体育教学改革，强化“教会、勤练、常赛”，构建科学、有效的体育与健康课程教学新模式。同时明确指出，通过深化体育教学改革，转变教学观念，全面把握“教会、勤练、常赛”的内涵与要求，使其成为常态化、规范化、系统化的教学组织模式。

从“激发兴趣”到“享受乐趣”，这是新时代对学校体育提出的更高要求，对学校体育要使全体学生在体育锻炼中“享受乐趣”的迫切期待。这是一线体育教师抓住历史机遇尝试教学改革与创新的好时机和新挑战。我们发现，目前一线体育教师对《义务教育体育与健康课程标准（2022年版）》（以下简称《课标》）非指定版本“课标”理念理解不透彻，单一枯燥的课堂教学模式造成了体育课堂的低效和无趣，严重影响了学生体质健康水平的全面提升，从而影响了学生“终身体育”良好习惯的养成。因此，在深刻领悟《课标》精神的同时，让理念具体化并落实在体育课堂中显得尤为重要。

如何让学生在体育课堂中享受乐趣，我们注入更多内涵和意义的“趣学、巧练、乐赛、公评”一体化教学模式、方法，无疑是值得深入探究的新尝试。

本研究以“健康第一”为指导思想，以“立德树人”为根本任务，以落实“享受乐趣、增强体质、健全人格、锤炼意志”的“四位一体”目标为出发点和落脚点，全面贯彻国家对学校体育的“教会、勤练、常赛”新要求，充分运用“三多三少”等教学原则与策略，从而践行新课标理念，让学生焕发出“想学、爱练、乐赛”之情意。正所谓“知之者不如好之者，好之者不如乐之者”，道理就在此。

少年强则国强。以体育人、以体育德，是国家的殷殷期盼，更是千万家庭的长远幸福所寄。作为体育教师，应该立足体育课堂，坚持贯彻落实“立德树人”的根本任务，坚决落实并深入研究“教会、勤练、常赛”的深刻内涵和要求，努力打造高效体育课堂，从而更加有效地使学生在体育锻炼中享受乐趣、增强体质、健全人格、锤炼意志。这是国强之本，民族昌盛之源。

## 二、新一轮课程改革的必然要求

2021年《〈体育与健康〉教学改革指导纲要（试行）》提出，要改变单一学习知识或某项技术的现状。从综合育人、培养体育核心素养的高度和体育课程一体化的思路，强化“教会、勤练、常赛”过程与结果，有效促进体育教学改革目标的达成。

同时，《课标》强调从“以知识与技能为本”向“以学生发展为本”转变。创设丰富多彩、生动有趣的教学情境，倡导将教师的动作示范、重点讲解与学生的自主学习、合作学习、探究学习有机结合，将集体学练、小组学练与个人学练有机结合……同时提出，体育与健康课程要依据学生的学习需求和兴趣爱好，面向全体学生，落实“教会、勤练、常赛”要求，注重“学、练、赛”一体化教学。

可见，体育课堂一体化教学设计与实践是大势所趋，是一线体育教师关注的焦点。在体育教育教学中落实“教会、勤练、常赛”和打造“学、练、赛、评”一体化教学，既是国家对学校体育的政策要求，也是新课程改革的必然要求和必由之路。

# 第二节　研究意义

## 一、培育“核心素养”的迫切需要

核心素养的培育是当今教育发展的潮流。随着时代的发展和课程改革的日益深化，从“偏重于知识与技能的传授”到“知识与技能”“过程与方法”“情感、态度与价值观”并重，再到以“学生发展核心素养”为核心，是基于“核心素养”的课程改革的迫切需要，更是新一轮课程改革的必然要求。

新课标强调，要面向未来、改革创新，秉持“健康第一”的教育理念，高度重视以体育人、综合育人理念的渗透，努力实现从“知识导向”向“素养导向”转变。

学生发展核心素养是落实教育“立德树人”根本任务的一项重要举措，也是适应世界教育改革发展趋势、提升我国教育国际竞争力的迫切需要。核心素养是党的教育方针的具体化，是连接宏观教育理念、培养目标与具体教育教学实践的中间环节。传统教学往往过于抽象，难以形成解决实际问题的能力，只有把抽象问题与真实情境相结合，才能为学生创设能够利用所学知识解决真实问题的机会。核心素养明确了学生应具备的必备品格和关键能力，从中观层面深入回答了“立什么德、树什么人”的根本问题，这将引领课程改革和育人模式变革。

因此，核心素养是当前课程改革和育人模式的变革的迫切需要。

我们所研究的“趣学、巧练、乐赛、公评”一体化教学，不仅紧密结合和牢牢把握《〈体育与健康〉教学改革指导纲要（试行）》和《课标》所提出的“学科核心素养”的培育，更是在其“教会、勤练、常赛”与“学、练、赛、评”一体化教学要求上和内涵上做了进一步弘扬与发展。

## 二、解决课堂教学实际困惑的需要

长期以来，由于一线体育教师存在对儿童体能发展敏感期的理解不够，对运动技能形成规律的认知不足，特别是对教育学、心理学中高阶学习理论掌握不透等问题，从而较为无视学生个性、天性与不同需求的“学”，轻视学生个体基础学情和“千人一面”的“练”，忽视学生在技能成功体验的“赛”以及在课堂起关键作用和重要意义的“评”，出现了“不趣、不巧、不乐、不公”的“四不”体育课堂，最终导致体育课堂的“低级重复”和“无趣低效”。

很显然，我们亟须找到能较好改变这种“低级重复”和“无趣低效”的“四不”体育课堂的新的教学模式。

面对这种困境，我们如何突围？实践是检验真理的唯一标准。针对“不趣、不巧、不乐、不公”的“四不”体育课堂，我们给出相对应的“如何让学生有趣地学”“如何让学生有针对性地练”“如何让学生在比赛中享受乐趣”和“如何让学生公平公正地进行自评和互评”的可行性方案，并逐步构建了体育课堂“趣学、巧练、乐赛、公评”一体化教学。

## 三、关注个体差异的迫切需要

关注学生个体差异，如何解决不同学生间的差异性教学，从而提高教育教学质量，一直是“老大难”问题。关注个体差异，说到底就是要因生而异，进行个性化教学，从而达到“因材施教”的目的。目前，由于几乎都是大班制教学，落实“分层教学”相对较容易，但这也忽视了个别学生的个体差异，因此教学效果并不理想。

所以，我们团队研究的“趣学、巧练、乐赛、公评”一体化教学模式，是倡导关注学生个性发展的一种教学模式，试图运用不同的教学策略来弥补“忽视个体差异”所带来的不足。首先，我们重视学情研究，便于关注学生个体差异。每一堂课上课之前，我们会通过基于该运动技术的学情进行问卷调查，充分了解每一位学生在该运动技术上真正理解和掌握了多少。如此一来，我们不仅在课堂上能够更有针对性地设置、实施和调整教学方案，能够记下需要重点关注的学生，从而在课中进行重点帮助与引导，还能够选出优秀学生落实好我们所倡导的非常重要的“教别人”策略与理念。

其次，运用“金字塔”理论的“教别人”策略，能更好地实现教师的全面关注。通过前面的学情调查，我们知道了哪些学生在掌握该项运动技术上是比较优秀的。这就可以邀请这些优秀学生来担任“小老师”，从而帮助教师指导和帮助有困难、有需要的学生。这样，班上就会出现不止一位教师的良好局面，多位教师一起去帮助、指导其他学生学习，不仅更全面地实现对个体差异的关注，还会大大地提高学生的学习兴趣和学习效果。

因此，充分了解学情和大胆运用“教别人”策略，是实现个性化教学的重要保障，更是关注个体差异的迫切需要。

# 第二章

# 理论基础

我们团队着手研究本课题时，检索和研究了大量的文献，积累了不少关于教育学和心理学等方面的理论。但随着研讨和教学实践的进一步深入，我们发现某些理论还不能与实践很好地结合起来运用，甚至有些理念无法在体育课堂中产生积极效果。于是我们又进行了删减和补充。接下来，我们将对“趣学、巧练、乐赛、公评”一体化教学模式所涉及的理论进行详细介绍。

# 第一节 运动技能形成规律

## 一、运动技能形成的“四个阶段”的启示

由乔德才主编的《运动人体科学基础教程》，依据动作表现的不同特征将运动技能的形成分为“发动认知动作”“粗略掌握动作”“改进提高动作”和“巩固与应用自如”四个阶段。

### （一）“发动认知动作”阶段

在此阶段，发动认知处于运动技能学习的开始阶段，是学习者内在的思维活动过程，共包括三个步骤（图2-2-1）。第一步，产生学习动机，通过教学激发强烈的学习动机和求知欲望。第二步，感知动作，通过教师的讲解和示范对动作技能有了初步的认识。第三步，联想与探索，把以前掌握的动作技能与正在学习的动作联系起来，是对已有经验和技能的延伸和扩展。

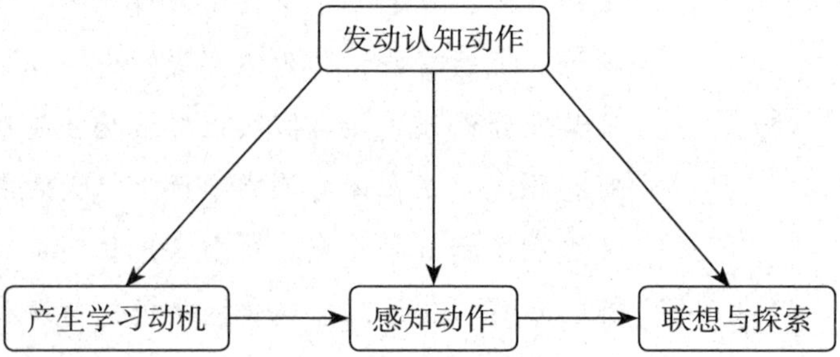


图2-1-1 “发动认知动作”阶段的三个步骤

以上三个步骤，给予我们团队很大的启发和帮助。第一，激发起学生强烈的学习动机和求知欲望。虽然说学生是认知的建构者，是学习的主动者，对

学习新事物充满好奇。但学生个性不同、喜好不一，这就导致体育课堂中统一的学习内容未必能让人人都愿意接受。因此，激发学生的学习兴趣就成了体育课堂的首要工作，也就是结合所学教材，通过新奇的、好玩的方式方法来进一步激发学生强烈的学习动机和求知欲望。第二，让学生充分体验以及掌握动态学情。由于学生个性不一、需求不一，导致学生的原有知识储备的不同，也就是起点上存在差异。故而，让学生在新学习内容上先进行个人或同伴之间的合作、探究，就能让每一个学生都具备学习新内容所必备的基础。这样一来教师可以更好地观察、摸底以及充分了解学生的动态学情，从而更好地调整教学，提升“以学定教”的学习效果。第三，架起学生新旧知识与技能的有效连接。众所周知，要实现知识与技能上的正迁移，学生必须要有基础知识与技能的积累。而教师重点要做的工作，是提供各种各样的具有挑战性的活动帮助学生通过小组合作、探究来实现知识经验的有效迁移。以上正是我们“趣学、巧练、乐赛、公评”一体化教学在各个教学环节中倡导的理念所在。

**（二）“粗略掌握动作”阶段**

在该阶段，学生的主要动作表现僵硬、不连贯，错误动作频繁、不协调。为了避免形成错误的肌肉记忆，所以学生特别需要“巧练”。“巧练”是在学生学习动作技术的过程中，针对其所遇到的“难点”提供个性化的练习方法。其具有针对性，是因材施教的关键所在，更是有效提高学生学习效果和使学生所学动作技术进一步加快形成动力定型的核心。图2-1-2中的“边做边想”与“边想边改”这两个步骤给了我们深入的思考：如何引导学生在练得更加有效和更加深入上做更大胆的尝试。通过实践，我们发现教师在学生的学练过程中务必要全面、全程去关注每一位学生，发现问题就要第一时间向学生提供有发展意义的反馈与激励，从而有效地避免学生的“白练”“错练”。同时也发现，教师的精力顾及不过来，因此也就有了后来我们大胆采用“小老师”互帮互学的积极尝试。

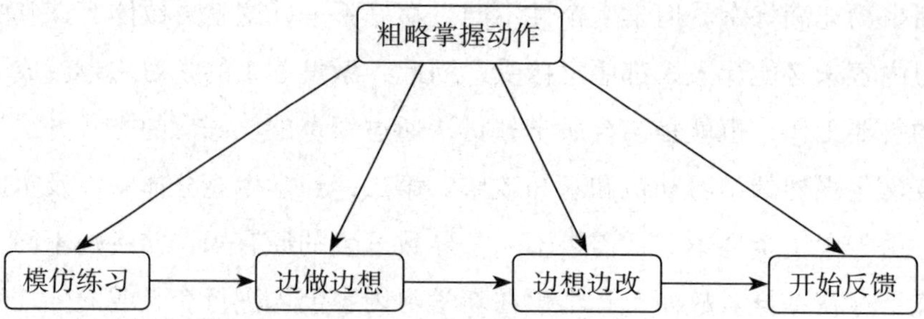


图2-1-2 "粗略掌握动作"阶段的四个步骤

### （三）"改进提高动作"阶段

学生通过对运动技术上的"巧练"，高效地进行了反复练习，其运动技术进一步熟练，动作上初步形成了动力定型。动作此时显得连贯而有节奏，较为协调和省力。此时学生虽然已基本学会了动作，但还不够稳定。这就提醒了我们，在学生还未真正掌握动作技术时，即动作技术在动力定型的初期的不稳定阶段，还需要不断地"修正动作""巩固动作"和"稳定动作"（图2-1-3）。同时还告知我们，教师在课堂上不要急着在此时组织完整动作的比赛，否则很容易造成动作定型上的"异化"。

体育课堂上不能没有比赛。因此，我们开始进一步思考在教学中组织什么样的比赛，才能更好地促进学生动作技术的定型，而不是"动作变形"。通过深入的研究发现，只要我们关注的是过程表现而不是比赛结果，强调动作的正确、稳定和质量而不是追求数量或速度，比赛是可以进行的。因此，除了比一比动作技术质量，还可以比一比学习态度、遵守规则、合作精神和顽强意志等，即可以在非智力因素方面进行"比赛"。

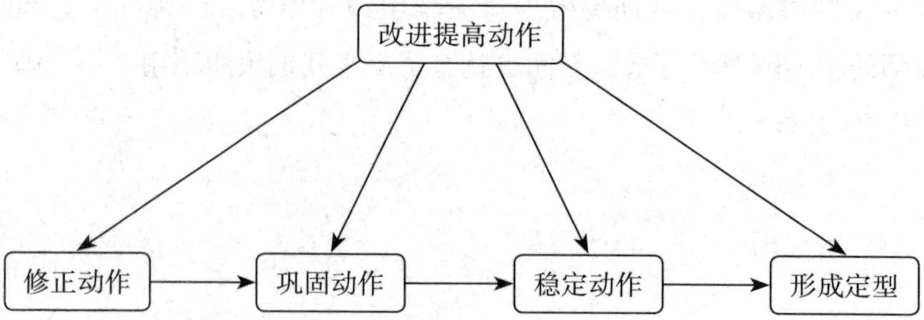


图2-1-3 "改进提高动作"阶段的四个步骤

### （四）“巩固与应用自如”阶段

学生通过长期的反复练习，其动作更加准确、轻松、协调和优美，甚至在变化的环境条件下，也可以在无意识或下意识的控制下完成，这就初步形成了动作的自动化。动作的协调、流畅与优美，是动作自动化的至高境界，是要经过千锤百炼的，需要不断地进行“动作巩固”与“定型稳固”（图2–1–4）才能达成。这不仅告知我们动作技能的形成规律和如何高效达成“动作定型”与“动作自动化”，还告诉我们在动作技能的学习中不能过于“拔苗助长”或“急功近利”，要自觉遵循教学规律。此外，正因为动作技能的自动化不是一朝一夕就能形成的，因此，我们团队也开始了基于小单元、大单元视角的“以解决问题为导向”的“分问题”的细化，逐步形成了“单元问题”与“课时问题”的一体化研究。

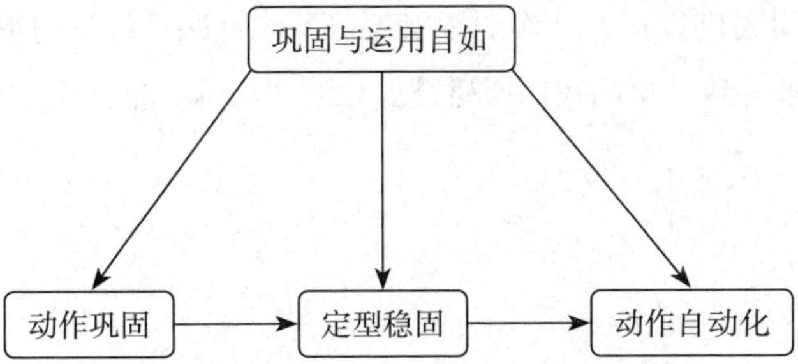


图2–1–4　“巩固与运用自如”阶段的三个步骤

## 二、儿童动作记忆的“五大技巧”的启发

杜更在《儿童基本动作技能教学实践与评测指南》一书中指出，儿童动作技能的学习与发展遵循从简单到复杂，从以满足生活基本需求为主向以追求动作表现为主转变的发展原则。前一阶段的动作技能是后一动作技能发展的基础，而后一阶段的动作技能又是对前一阶段动作技能的继承与发展，这种递进式发展过程具有明显的层级化结构。由此我们得知：①体育教学一定要遵循从易到难、从简单到复杂的教学原则；②在体育教学中，学生个体生活基本需求（内在）要先得到满足，才得以向追求动作表现这一更高级需求（外在）发展，这与需要层次理论的观点一致；③只有前一阶段的动作技能练得扎实，才

能为后一阶段的动作技能的发展提供基础，也才能让后一阶段的动作技能在前一阶段的动作技能的基础上更好地继承与发展。

所以，我们倡导“趣学”，就是为了先满足学生在情感情绪和好奇好动的天性上的内在需求，以激发其求知欲望；我们提倡“巧学”，就是保证学生在有必要的练习时间里进行正确动作的重复练习，以实现高效学习。

此外，我们还从书中得知了改善儿童动作记忆的五大技巧，分别是“熟能生巧、分解练习是掌握复杂动作的金钥匙、‘做对’比‘做好’更重要、大脑是肌肉记忆的存储‘硬盘’和足够耐心是成功的开始”。我们将这“五大技巧”进行归纳后发现：重复练习、缓慢地重复练习、正确动作的重复练习和保证必要的动作练习时间是形成肌肉记忆的关键，也是实现动作自动化的关键。

有相关科学研究表明：根据技术动作的复杂程度而言，长时且稳定的肌肉记忆需要1000～30000次重复的动作练习才能形成稳定的肌肉记忆。因此，保证必要的练习时间去进行正确动作的重复练习是体育课堂教学的重中之重。这与新课程标准要求一致，也同我们所研究倡导的“巧练”精神实质相一致。

# 第二节　皮亚杰认知发展理论

自20世纪60年代以来，皮亚杰关于儿童认知发展的理论影响了整个发展心理学研究领域。不仅在欧美各国，就是在中国，这一理论也早已成为心理系、教育系本科生、研究生必学的内容。其作用之大，用斯帕达的话来说，就是“几乎没有一个关于认知发展的研究不是以皮亚杰理论为基础或为参考的，它是迄今为止唯一宣称能完整解释认知发展的理论”，它改变了我们考察儿童思维发展的方向。

在《发生认识论原理》一书中，皮亚杰提出了发生认识论。发生认识论的两个重要思想就是“相互作用论”和“建构论”。“相互作用论”认为知识不是外界客体的简单摹本，也不是主体内部预先形成的结构的展开，而是由主体与外部世界不断相互作用而逐步建构的结果。

可见，在体育课堂教学中，教师除了必讲的内容之外，要提供或制造尽可能多的共同学习、合作学习、探究学习的机会，让学生彼此之间沟通、模仿、交流等，以达到学生个人的知识与技能的建构。这与新的体育与健康课程标准所倡导的“精讲多练”“边讲边练”以及“自主、合作、探究”的学习方式是相一致的。

“建构论”认为认知是一种主动积极和不断进行知识建构的活动，发展不是由内部成熟或外部教学支配的，而是一个积极的建构过程。儿童要通过自己的活动，建构形成自己的智力基本概念和思维形式。在皮亚杰看来，儿童并不只受教于成人，也可以自己独立进行学习。儿童是主动的学习者，真正的学习并不是由教师传授给儿童，而是来自儿童本身。这是他主要的观点，也就是重视受教育者、强调受教育者自身的建构。建构学说是皮亚杰发生认识论的核心。在皮亚杰看来，智力发展是一个主体的自我建构过程，即认知图式的进化过程。建构有两个基本含义：第一，认识建构既是一种发现，又是一种发明，建构带有创造的意味；第二，认识建构即图式的创造，必然是一个发生与发展的过程，发生的起点与发展的基础是主客体之间的相互作用，即动作或行为。

皮亚杰的"儿童是主动的学习者，真正的学习来自儿童本身"给我们带来了启示。因此，我们在构建"趣学、巧练、乐赛、公评"一体化教学中，牢牢把握住"以学定教""儿童是学习的主人"等理念，试图基于学生学情、学生天性来设计教学，并把学习权归还给学生。

皮亚杰强调，教师要根据儿童的认知发展水平采用自我发现、同伴影响等方式方法进行教学活动，从而促进儿童智能的发展。这就意味着我们要充分了解学生的学情，并依据学生的基础学情进行教学设计。我们所倡导的"趣学、巧练、乐赛、公评"一体化教学模式，就是基于学生学情而开始的。因此，为了进一步掌握学生的学习基础，我们在上课前都会发放《学情小问卷》，弄清楚学生的实际水平，特别是学生在新学习内容上的情况把握，真正体现"以学定教"。其次，强调采用自我发现、同伴影响等方式方法进行教学。这意味着学习除了是儿童的自我发现和自我建构之外，还在于与同伴之间的合作与探究。

因此，我们在"趣学、巧练、乐赛、公评"一体化教学中，特别注重学生与同伴之间的互帮互学，并强调用学习金字塔理论中高效的、主动的学习方法"教别人"来促进学生相互间的学习交流。

# 第三节 学习金字塔理论

学习金字塔理论（Cone of Learning）是由美国学者埃德加·戴尔于1946年通过实验得出。他通过研究学生在学习语言两周后的学习内容的平均留存率而得出了自己的结论。根据他的研究结论，我们发现，主动学习确实比被动学习的效率高，并且学习效果显著。首先，学习金字塔理论适用于小学生的心理发展特征。众所周知，小学生的注意力并不稳定，也很难持久，他们的学习动机更多的是与他们的学习兴趣密切相关的。而他们的情感则处于逐渐稳定、丰富、深刻的发展阶段，他们开始有了自我尊重的意识，并希望获得他人的尊重，道德情感也逐渐发展起来。从性格养成方面来说，小学生也处于自我意识不断发展、自我评价能力不断提升的阶段。他们不仅开始在乎教师的评价，还注意同学对于自己的评价，甚至有同学已经出现了自我评价意识的觉醒。以上心理特征都要求学生能成为一个更好的自己，并开始重视和强调个人成就感和对于自己能力、愿望的肯定感。在学习金字塔理论的几种可选择的方法中，讨论、实践、教授他人三种方法就能给予学生充分的自我表达和自我认同的机会和环境。视听、演示等将互联网和多媒体技术利用起来，充分调动学生的各种器官，将视听、阅读、演示等技能融合到一起，进而能够有效调动学生的学习积极性。

学习金字塔理论用一系列的数字表明："知识在大脑中的存储量为5%~90%不等，那是因为我们学习过程中运用了不同的学习方式。"如果我们仅仅用耳朵去听别人讲解，存储在我们大脑的知识只有5%；当我们的听觉和视觉相结合后，知识的存储量变为20%；如果是在小组讨论的基础上，知识存储量提高到50%；知识在实际的动手操作后保留到75%，如果你可以将内化的知识讲解给他人，那么知识可保留90%（图2–3–1）。

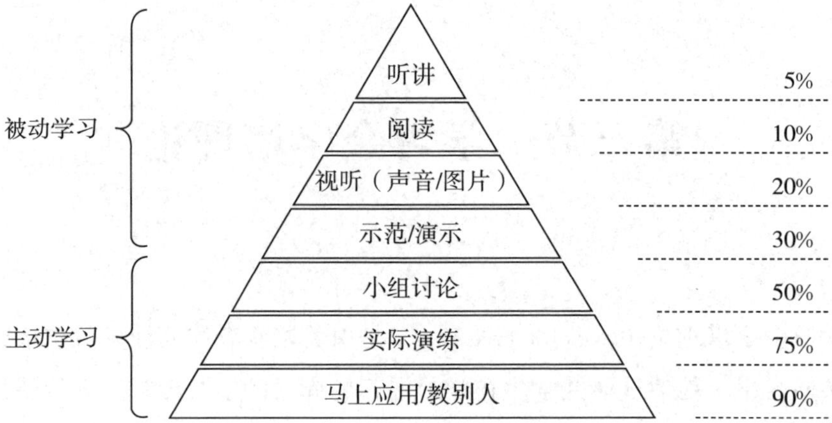


图2–3–1　学习金字塔理论示意图

学习金字塔理论的提出，掀起了教育教学模式革新的浪潮。经过不断的教学实践总结，发现不同的教学手段、方法所产生的教学效果存在一定的差异性。“学习金字塔理论”重点强调，课堂教学需要结合学生的实际情况，制定教学内容、设计教学计划、布置教学任务；教师需要充分了解学生的个性化特征，尊重学生在课堂中的主体地位，确保激发学生主动学习的热情。“学习金字塔理论”通过定量教学方式，促进教师教学模式的转变，积极转变教师的角色，将课堂的主体地位归还给学生。因此，教师要充分发挥自身的引导作用，确保为学生营造一种体验式学习环境，进而提升课堂教学质量，提高学生的学习成绩。学习金字塔理论要求教师转变传统的“你听我说”的授课模式，更加重视学生综合能力的培养，为学生提供更多实践应用的空间和机会，促进小学生学习的主观性、能动性。

两年来，我们不断地将学习金字塔理论中的“教别人”理念和策略运用到工作室成员的研讨课、公开课或赛课中，并做了详细记录和比较分析，产生了不错的效果。如在篮球双手胸前传接球的课上，周老师仅仅用了3名“小老师”去“教别人”。课后周老师兴奋地跑过来对全体工作室成员说：“‘教别人’这一策略太好用了，我仅仅用了3名学生而已！”又如在一节垫上体操课上，黄老师随着课堂的深入，把已经学会动作技术的学生都请出来担任“小老师”角色，让他们去指导还没学会的同伴，没想到全班同学学习兴趣盎然，很快就掌握了动作技术。像这样的成功案例还有很多，实践证明，“教别人”理念和策略的大胆使用，不仅能够大大激发学生的学习兴趣和学习效果，还能在一定程度上减轻教师的负担。

# 第四节　建构主义理论

建构主义思想的核心主旨是知识是在主客体相互作用的活动之中建构起的，建构主义学习理论对当今教学改革具有重要的指导意义。

建构主义（constructivism）也可译为结构主义。建构主义学习理论是行为主义发展到认知主义以后的进一步发展。行为主义的思想观念反映在教学上，认为学习就是通过强化建立刺激与反应之间的连接；教育者的目标在于传递客观世界的知识，学习者的目标是在这种传递的过程中达到教育者所确定的目标，得到与教育者完全相同的理解。建构主义是认知主义的进一步发展。现代建构主义的最早提出者是瑞士著名心理学家皮亚杰（J. Piaget）。他是认知发展学派最有影响力的一位心理学家，他所创立的关于儿童认知发展的学派，人们称为“日内瓦学派”。

建构主义主要强调了认识的能动性，它与客观主义是完全对立的，它们的对立不在于世界是不是现实的，而在于知识是否独立于我们而存在。很显然，建构主义强调意义不是独立于我们而存在的，个体的知识是以自身的原有经验为基础建构起来的。由于我们的经验以及对经验的信念不同，于是我们对外部世界的理解也会不同。它认为知识是通过具有认知功能的个体对外在的经验世界主动加以组织而获得的。联系这些理论的共同点，建构主义认为，学习不是信息简单地从外到内单向输入，而是通过新信息与学习者原有的知识经验双向作用而实现的，也就是学习者与学习环境之间互动的过程。学习应该通过学习者的高水平的思维活动来实现，而不是简单沿着记忆的流程进行。

过去，教师作为一个单向控制的知识传递者，他只需对所授内容精通，运用准确的语言表达，最多再辅以一定的直观教学，即可较好地完成教学任务。

但现在作为意义建构的合作者、引导者和帮助者，教师不仅要精通所授内容，还必须熟悉与建构主义理论相配套的教学设计的内容框架、教学策略和教学模式。

建构主义理论揭示了与传统学习理论截然不同的学习规律，其所提倡的知识建构以及认识主体的主动性，切中了传统教育的弊端，对中国传统教育理念发起了挑战。正确认识和深刻理解建构主义，可为我们当前体育教学改革提供一个全新的视角。

从目前来看，大多一线体育教师在课堂上均以灌输知识为主，课前怎么设计，课中就如何上，这是在上“流程”而不是在上课。课上学习者相互之间的交流较少，高水平的思维碰撞更是少之又少，这如何能实现知识与技能的有效迁移？通过学习建构主义理论，我们认识到了以下几点：

一是学习是一种迁移。因此，我们重视课前的学情调查，努力找到学生的新旧知识与经验之间的连接，从而为更好地实现正迁移来设计有针对性的学习活动。

二是学习是一种互动交流。是教授者与学习者之间，是学习者与学习者之间，更是学习者与环境之间的交流与互动。故而，我们在倡导合作学习的同时，更是坚持不懈地落实“教别人”之策略。

三是学习是一种主动。好玩、好游戏和好比赛是儿童的天性，因此在各个教学环节的设计上，我们基于动作技术掌握追求“趣味性”，把被动学习转化为主动学习。

四是学习更是一种思维活动。没有思维火花碰撞的体育课堂是低效的，我们基于大单元“结构化”教学思考，将大单元问题细化为一个个容易解决的小问题，让学生在思考问题的同时进行“学、练、赛、评”一体化学习活动。

# 第五节　杜威“从做中学”教育理论

“从做中学”是由美国实用主义哲学家、教育家约翰·杜威以“教育即生长”“教育即生活”“教育即经验改造”等理论为基础提出的。因根植于厚重的哲学基础，“从做中学”具有极强的实用性和适用性，博大精深且历久弥新，能够在不同层面和不同角度解读出不同的内容及含义。“从做中学”，在宏观上是教育思想用来指导教育发展方向，在中观上是教育教学方法用来引领教育教学改革的路径，在微观上是教学原则用来提高教师教学水平。包含教育教学方法和教学原则在内的“从做中学”教育思想是实用主义哲学在教育领域应用的成果，对美国20世纪的教育进步和职业教育发展影响极为深刻，以至于美国21世纪的职业教育仍以杜威“从做中学”教育思想为指导。“从做中学”教育思想不仅深深影响着美国职业教育的发展方向，而且对我国职业教育的发展也具有十分重要的影响。

杜威认为人是自然界的一部分，人是在不断适应环境的过程中生长的，个人也是在参加社会活动中而得到身心素质的发展的。同样，个人的身体和心理以及理论和实践也不是敌对的，而是相辅相成的。杜威的“从做中学”理论主要是批判传统课堂中学生静坐、依托教科书的教师讲授的教学方式。杜威认为人们的思维来源是生活中所遇到的困难。在生活中遇到难题了，人们才会思索解决疑难问题的方法，并在实践中去检验方法的正误，思维就是这样在解决问题的过程中产生并得到发展的。实用主义的思想在教育中的表现，便是“教育即生活、即生长、即经验改造”；在实际教学中的应用，便是“从做中学”，以儿童为中心。重视儿童的需要、兴趣、身心发展特征，以儿童的感受和需要为出发点，在进行教学活动的设计时，将儿童的本能和兴趣置于思考的首位，考虑教学活动是否有足够的趣味性吸引儿童学习。杜威教育思想的突出特点是：将儿童视为能动的个体，遵循儿童的心理发展认知规律，并且充分考虑他们的兴趣和天性。杜威倡导的是不割裂儿童与实际生活的关系，将知识藏于能够吸引儿童兴趣的活动中，使儿童在活动中学习，儿童不但学得开心，而且能活学活用。

杜威认为，传统的教学片面地强调以教科书、课堂、教师为中心，严重脱离社会生活，压制了学生的个性、主动精神和能力的发展。教学上要做的和应该做的，就是让儿童有活动的机会，使儿童在自身活动中去学习。他主张建立为发展学生个人的首创精神和适应能力，培养学生的主动性、独立性和富于智慧等积极品性的现代教育。这种教育把学问和社会运用、理论与实际工作和对所做工作的意义的认识融为一体。学生获取知识的途径主要是从间接经验（知识）开始的，然而书本上理性认识仍然来源于感性认识，归根结底离不开实践活动。因而在教学活动中学生通过自身的实践活动掌握知识仍然是不可缺少的重要环节。“从做中学”原则要求学生亲自接触具体事物，运用各种感官去感知事物，再根据所获取的感性知识去思考解决问题的途径，最后达到亲自动手解决问题的目的，这种方法有利于培养学生观察分析解决问题的能力和独立工作的能力。

杜威主张儿童所做的内容，主要是那些符合儿童心理发展年龄特征的、生动有趣的、能发挥儿童个性的具体活动，这就是他所提倡的“活动课程”。“从做中学”原则还体现在教学方法中，他认为“教学方法是一种艺术的方法，就是根据目的，应用智力指导的动作方法”，“教学方法所应对的问题是如何寻得一种材料使儿童从事有目的、有作用、有兴趣的活动”。为此，杜威认为教材与教法同属于指导如何达到一定学习目的的途径，二者统一于“做”的活动，教学不应简单地注入知识，而是如何寻求一种最有效的方法，是引导学生在实践活动中学习和发展自己的能力，使学生成为学习的主体。他强调选择教学方法一定要从学生实际出发，认真研究和深入了解学生的心理特征及发展规律，调动学生学习的主动性和积极性。强调教学要因材施教，符合学生的需要和特点。他还重视学习兴趣的作用，强调要为儿童创设一个让其兴趣盎然的学习环境，认为兴趣是推动学习的动力。他说“经常而细心地观察儿童的兴趣，对于教育者是最重要的”。当儿童对学习有兴趣时，他总是积极、主动、专心致志并愉快地学习，就会取得良好的学习效果。

杜威“从做中学”的教学原则实施就是为了创设一种新型的民主的师生关系，这是培养全面发展的人的一种手段。杜威曾说，“主要是气氛上改变师生之间的关系，使之显得更亲切和民主化”。因此，教师要在教学活动中建立起良好的师生关系，这有助于学习活动的开展。

从杜威的“从做中学”理论中，我们学习到了以下几点：

一是明确了体育学科更要积极遵循“从做中学”原则。体育课程主要是通过身体锻炼活动来达成学习目标的一门科学，如果离开了大量的身体锻炼活动，从某种意义上来讲就不是“体育课”。

二是明确了体育课要“精讲多练”或“边讲边练”。为了充分体现杜威的“从做中学”和落实“精讲多练”或“边讲边练”的教学原则，我们曾经大力倡导“一分钟讲解示范”的教学原则。这一行动目的就在于让学生在课堂上能充分地“动起来”，从而达到增强体质和更好地掌握运动技术的目的。

三是兴趣是推动学习的动力。这无疑与很多教育家的观点是一致的，也与我们团队所主张的“趣学”理念是相通的。

以上是我们团队学习杜威的“从做中学”理论的最大收获。

# 第六节　脑科学对教学的启示

美国情绪神经科学家、发展心理学家玛丽·海伦在《情绪、学习与脑：探索情绪神经科学对教育的启示》中指出，学习的过程离不开情绪，情绪不仅不是无关紧要的，还是为认知和学习导航的“情绪舵”（emotional rudder）。情绪调节认知的过程常常隐藏在无意识的层面，它通过调节我们身体的生理变化（如心率、血压、肠胃等）及其感受，从而引导我们的认知和行为。她认为我们的大部分认知都是在其情绪思维中进行的。只有情绪参与的学习才能转化为学生的能力，也才能学以致用。尤其是社会和情绪神经科学清楚地证明了人脑中认知与情绪是紧密相关的且情绪对学习的好坏起着至关重要的作用，以及教师可以通过营造课堂气氛来优化与认知学习的关系，从而提高学生学习的动机等（van Geert & Steenbeek，2008）。

美国的朱迪·威利斯博士（Judy Willis）撰写的《点燃学生的学习热情——基于脑科学的教学策略》一书指出，课堂要尽量避免过度刺激杏仁核，保持适中的学习难度和挑战，重视激发学生的好奇心和参与度，把杏仁核调试到理想的活动状态，信息进入记忆存储区域的速度和效率才能提高。教师要善于营造快乐舒适的教学环境，激发学生的学习兴趣，提供积极的情感体验，同时促使学生的大脑产生积极的反应，保持工作效率和行为效果，这才是理想教学方式。学生处于积极的情绪状态，赋予学习材料以个人意义，学习内容与兴趣关联或者用新奇的方式激发好奇心——大脑活动通常在这时呈现出最佳状态，这就是积极情感、个人意义与注意力密切相关的原因。同时他提出，从脑记忆的视角可以判断，有效教学至少应该具备四个特征：第一，教学方式多样，知识信息对感官实施多重刺激，学生在需要的时候可以获得更多选择；第二，动手实践，增强体验，调动多种感官参与学习；第三，教师重新开发教材，让教学内容与学生的经历产生关联；第四，学习更少依赖机械记忆，学生掌握有效的记忆、储存与检索方法，优化记忆结构。

以上脑科学在情绪上的研究结果，正是与我们团队所研究和主张的"趣学"所不谋而合的。首先，我们团队一直相信积极的情感体验有利于集中学生的注意力和调动学习的积极性，因此我们会千方百计地让每一项学习活动变得新颖而有趣，更贴近学生童心和天性。想让活动内容变得新颖而有趣，其实抓住学生的好奇心去"变"就足以达成。比如在准备活动环节，很多一线体育教师在带着学生慢跑时加入了某些特定动作的动态拉伸活动。如果学生是第一次接触，还是有些兴趣的，但假如下一节课还是照搬此课，估计大多数学生就没什么兴趣了，情感也会变得消极。而要持续地激发学生在每一节课的慢跑活动中的积极情感并让他们感到有趣，就要添加一些条件和元素。比如可以添加音乐背景，改变音乐节奏的快慢、人员的组合、距离的长短、跑步的方向等活动条件与规则元素，就可以轻轻松松地调动学生的积极情绪。如果再将"比一比""赛一赛"这些元素添加进去，就能更好地激发学生的学习兴趣，主动学习也将成为可能。因此，"变"是让学生产生积极情绪并得以"趣学"的根本和法宝。

其次，"趣学"可以促进有效学习的达成，甚至是高效学习的保障。正因为我们团队在体育课堂上首先关注了学生是否感到有趣，所以我们会依据不同的学习内容，通过"变"的思维设计出丰富多样的教学方法，让学生的学习变得不再枯燥无味，而是趣味无穷。比如，在"乐赛"环节，当我们发现大多数学生基本掌握了立定跳远的基本方法之后，可以通过用两到三人为一小组的"看谁用最少次数跳过一定距离"比赛或游戏，这样一来就可以充分激发和调动其小组内学生的学习积极性。如果以上游戏或比赛以小组为单位开展组与组之间的接力比拼活动，则活动就会变得"热火朝天"，学生也会因此而乐此不疲。但在以上活动开展过程中尤其需要注意规则的强调，否则游戏和比赛就无法达到"以赛代练""以赛促练"的最佳效果。

因此，学生在体育课堂上正向的学习情感、情绪不是可有可无，只有情绪、情感被激发的学习才能转化为能力，也才能学以致用和举一反三。学习离不开情绪、情感的激发，它是有效学习、高效学习的原动力。

# 第七节 “如何学”科学理论

值得反思的是，一线体育教师站在自身角度，长期对“如何教”非常关注，而能够站在学生的视角、不断研究“如何学”的体育教师往往是凤毛麟角。这导致有关“学习”的研究成果寥寥无几，研究“学理”的人更是少之又少。在教案里，一直惯用“教学目标”而不用“学习目标”来陈述一节课目标的教师，就是只关注“如何教”的。这些教师更喜欢用“教学目标”，究其缘由非常简单，站在教师自己“想当然”的视角内更容易设计出一堂课，而要真正走进“拥有太多未知”和“不稳定因素”的学生视角下来设计一堂课，则难度会大很多。这应该是一线体育教师更乐意研究“如何教”的根本原因。课程改革的深化发展、“立德树人”根本任务的实现、以及核心素养的培养是否成功，无一不与教师的观念相关，更与这些教师掌握的相关学习科学理论多少有关。

以下就是一些先进的、好用的、管用的学习科学理论，我们不妨在自己的课堂教学中加以运用，它能够很好地促进与帮助学生“如何学”。

美国丹尼尔·L. 施瓦茨（Daniel L. Schwartz）、杰西卡·M. 曾（Jessica M. Tsang）、克里斯滕·P. 布莱尔（Kristen P. Blair）在《科学学习》一书中指出，归纳类比，指的是探寻各种事例之间内在相似性的学习方法。运用类比不仅能帮助学习者理解其中蕴含的规律原理，还能提升在新情境中运用这些规律的灵活性。如何运用类比来促进学生的“学”，关键在于能否成功构建出类比关系，取决于人们是否能从表现特征迥异的事物中发掘其中相似的深层结构。在学习情境中运用类比的方法主要有两种：一种是在解释新的事物或观点时，把它类比成一个人们熟悉的例子。另一种是提供两个或更多的类似事例，让学习者探索其中共存的深层结构。把新事物、新观点想成一个大家都熟悉的例子，这应该不难。比如，把双手胸前传接球动作想成“推两扇大门”或“双手推人”等动作，这样学习者就能够记忆深刻。

《科学学习》同时指出，对比组合是一组能帮助人们观察到细微差别的极为相似的例子。通过对比组合的练习，我们可以提高对知识理解的精度，增强知识的可用性。

对比组合源自对知觉学习的研究。知觉不同于感觉。我们的感受接收器在从环境中捕捉到能量时会产生感觉，如人的眼睛捕捉到光能产生视觉。知觉则是对这些信号的意义进行解读。精心设计的对比组合可以帮助学习者在众多感觉中敏锐地捕捉到与自己有关的信号。对比组合的操作方法非常直观：在期望突出的目标特征上选择存在差异的事例，然后让学习者来辨别这些差异。不过令人惊讶的是，对比组合这样超级好用的学习方法在日常教学中却很少用到。常见的观点多半是，“想让学习者记住啥，就给他们一遍遍重复啥”。然而，这种逻辑存在的缺陷也显而易见，即“学习一件事是什么的同时，也要学习它不是什么”。举个例子，当我们要教授学生双手胸前投篮时，可以通过对比组合来加深学生对学习材料的深刻印象，从而加强记忆。而最好的办法就是把学生原有的经验——双手胸前传球与双手胸前投篮进行组合对比，这样一来，学生就很容易理解并记住两者之间的异同（图2–7–1和图2–7–2）。

图2–7–1　双手胸前传球

图2-7-2　双手胸前投篮

我们团队也通过不断反复的研究发现，学生的现有生活经验或其原有经验是体育教学中的一笔重要财富，这是打通学习新知识和实现掌握新技能的关键一环。因此，我们团队在研究和尝试“趣学、巧练、乐赛、公评”一体化教学模式中，不断地运用科学学习理论中的“对比教学”来提升学生将旧知识与新知识联系起来，并重新建构知识结构的意识与能力。通过积极的“对比教学”，学生就会渐渐懂得，原来新知识、新技能的学习和掌握并不困难。

# 第八节　十大体育教学模式的启示

北京师范大学体育与运动学院的毛振明教授曾做过梳理、归纳与分析，他比较严谨、理智和清晰地指出了“十大体育教学模式”的含义和指导思想、教学过程的结构特征等，让我们深受启发，获益匪浅。“十大体育教学模式”分别是：技能掌握式的体育教学模式、注重让学生体验运动乐趣的体育教学模式、小群体学习式的体育教学模式、注重在教学中进行身体锻炼的体育教学模式、情景和模仿式的体育教学模式、发现式的体育教学模式、注重发展学生主动性的体育教学模式、注重让学生体验成功的体育教学模式、选择制式体育教学模式、领会教学式的体育教学模式。这对一线体育教师在新课程教学改革与实践中具有十分重要的参考与借鉴意义。

十大体育教学模式的理念应用见表2–8–1。

**表2–8–1　十大体育教学模式的理念应用**

| 十大体育教学模式 | 运用理念 |
| --- | --- |
| 1.技能掌握式的体育教学模式 | 主张遵循运动技能掌握的规律性。 |
| 2.注重让学生体验运动乐趣的体育教学模式 | 主张在掌握运动技能和进行身体锻炼中体验运动乐趣。 |
| 3.小群体学习式的体育教学模式 | 主张通过互帮互学提高学习主动性。 |
| 4.注重在教学中进行身体锻炼的体育教学模式 | 主张重视身体锻炼、谋求体质增强。 |
| 5.情景和模仿式的体育教学模式 | 主张动作生动活泼和富有教育意义。 |
| 6.发现式的体育教学模式 | 主张遵循学生的认知规律。 |
| 7.注重发展学生主动性的体育教学模式 | 主张尊重学生自主性和自发性。 |
| 8.注重让学生体验成功的体育教学模式 | 主张让每个学生都能体验到运动学习乐趣。 |

续 表

| 十大体育教学模式 | 运用理念 |
| --- | --- |
| 9.选择制式体育教学模式 | 主张让学生对学习自选自定，满足不同需求。 |
| 10.领会教学式的体育教学模式 | 主张通过整体开始学习，重视对整个运动项目的认知。 |

如表2-8-1所示的十大体育教学模式，每种体育教学模式都呈现出独特的优势。如“技能掌握式的体育教学模式”，其主张的遵循运动技能掌握规律的理念，是目前新课程改革所倡导的；“注重让学生体验运动乐趣的体育教学模式”，它主张在掌握运动技能和进行身体锻炼中体验运动乐趣，体现出与当前“四位一体”目标指向中的“享受乐趣”的一致性；“小群体学习式的体育教学模式”，其主张互帮互学体现学生在学习中主体地位的弘扬，是我们所倡导的“教别人”理念的表现；还有“领会教学式的体育教学模式”，主张通过整体开始学习，重视对整个运动项目的认知，这是结构化教学的重要体现。其实上面所提及的每一种体育教学模式都有值得继承与发展的地方，所以很多主张和理念在今天也一直在沿用。这就说明，我们要积极、认真地思考如何去继承和发展，而不是“一刀切”地摒弃前辈所长期努力研究来的成功经验。毕竟，任何一种教学模式都存在过，而且有存在的理由和意义。

如“注重让学生体验运动乐趣的体育教学模式”，一些体育教师对它的认识不够全面，认为这种教学模式只是单纯地让学生在体育课堂上“乐一乐”而已。其实不然，这是对该教学模式的片面理解甚至误解。它所主张体验运动乐趣的前提是掌握运动技能和进行身体锻炼，可见这种乐趣的体验不是肤浅的，而是深刻的。而放在今天来看，它又与当前新课程标准所倡导的“享受乐趣”是一致的。

又如“技能掌握式的体育教学模式”，部分体育教师或专家认为该模式过于强调运动技术的掌握，从而让学生在“灌输式”课堂氛围下失去了学习的乐趣。体育课堂的生命力在于让学生掌握动作技能，是要重视起来的。但一堂体育课的学习目标不仅仅是掌握单一的运动技术而已，还有健康行为目标、体育品德目标，它们的达成也同样应该引起重视。

“他山之石，可以攻玉”，只有不断总结和学习前人的经验，才能站得高、看得远。我们研究的“趣学、巧练、乐赛、公评”一体化教学模式，紧跟新时代潮流和密切结合课程改革方向标，借鉴了十大体育教学模式之长处的一种全新教学模式。“学、练、赛、评”作为一堂体育课中最重要的四个教学关键，缺一不可。因此，在体育课中进行“学、练、赛、评”一体化构建就显得非常重要，只有把“学、练、赛、评”贯穿到整个教学过程中，通过“学、练、赛、评”一体化教学才能让学生在运动能力、健康行为、体育品德三方面的综合素养得到提高，体育学科核心素养教学才能真正落地生根。

# 第三章

# 基本模式

“趣学、巧练、乐赛、公评”一体化教学模式，是汇集我们团队共同智慧所研究和打造出来的，它具有特定而丰富的内涵，与当前所倡导的“学、练、赛、评”一体化还是有着不同之处。为了清楚阐述“趣学、巧练、乐赛、公评”一体化教学模式，我们试图界定相关核心概念，提出了“趣学、巧练、乐赛、公评”一体化教学“雏形”，厘清了“学、练、赛、评”之间的逻辑关系，并提出了落实“趣学、巧练、乐赛、公评”一体化教学所应该遵循的原则。

# 第一节　核心概念界定

## 一、趣学

《辞海》中对“学”的注释为：学习；模仿；学问；学科；学校。“趣”在《辞海》中的先后注释为：旨趣；兴趣；趣味；志趣；有趣味的。众所周知，兴趣是最好的老师。而目前我们大多数体育课堂一直停留在“日复一日”枯燥乏味的氛围当中。如某些体育教师一套准备活动的徒手操用了十年甚至二十年之久，可想而知，学生是难以忍受的，更没趣味性可言。这种长期以来的“以教定学”的“坐而论道”式的顽固观念如果得不到彻底改变，那么体育课堂中要让学生有积极的情感体验并享受乐趣就会成为一句“老话”和“空话”。新颁布的《义务教育体育与健康课程标准（2022年版）》强调从“知识与技能为本”向“以学生发展为本”转变，创设丰富多彩、生动有趣的教学情景，激发学生的学习热情。2018年9月10日召开的全国教育大会中，习近平总书记强调要帮助学生在体育锻炼中“享受乐趣、增强体质、健全人格、锤炼意志”。这“四位一体”目标的提出给体育教育教学指明了新方向。《〈体育与健康〉教学改革指导纲要（试行）》也明确指出：坚持“目标导向”为指引。之所以要强调“享受乐趣”的目标导向，主要是因为体育教学改革要将激发与培养兴趣放在首位。只有产生了浓厚的体育运动兴趣，学生才能乐此不疲地参与其中，才能很好地掌握运动技能，形成运动能力，从而在学习的过程中形成关键能力和必备品格。同时，教学改革要实现“以教定学”向“以学定教”的转变，发挥学生的主体性，让学生真正成为课堂学习的主人。这必然要求教师要更多地站在学生的角度，尊重理解学生的天性，从激发和培养兴趣出发，打造出全新的体育课堂教学新样态、新模式。

为此，我们研究团队所提出的“趣学”，是指让学生在有趣味的、充满新鲜感的课堂中进行动作技能的学习。

## 二、巧练

《辞海》中“练”的注释是：亦作“湅”；练过的丝帛；练习、训练；熟练；白色；选择；古代祭名；姓。而“巧”的注释为：技巧、技艺；灵巧；虚浮不实；碰巧、恰好；美好貌。目前体育课堂大多忽视学生的个体差异，许多教师采用“一刀切”“大锅饭”的教学方法进行集体教学，这就会导致出现一些走在前面的学生感觉学习进度慢，一些走得慢的学生感觉跟不上的困境。新颁布的《义务教育体育与健康课程标准（2022年版）》明确指出要“关注学生的个体差异”，就是要“因材施教”。《纲要》在指导思想中明确提出“强化‘教会、勤练、常赛’，构建科学、有效的体育与健康课程教学新模式”。因此，为了帮助学生解决进度慢和跟不上的问题，我们研究团队基于新课程标准的“关注学生个体差异”与“如何科学有效地勤练”而提出了“巧练”。

因此，我们团队所研究和倡导的“巧练”，是指基于学生学情的，让学生在课堂中有技巧、有针对性地进行练习或训练。

## 三、乐赛

《辞海》中“赛”的注释是：比赛；比得上，胜过；祭祀酬神之称；完毕，了结；黎族的自称；姓。而“乐”则是指喜悦、快乐；喜欢、乐意；笑；姓。《〈体育与健康〉教学改革指导纲要（试行）》在改革目标中首先提出“享受乐趣”：在体育教学活动中注重增加游戏与比赛等竞争要素，让学生在体育锻炼中享受竞争与表现的乐趣，实现从激发兴趣到形成志趣、享受乐趣的层层深入。因此，为了让学生在体育课堂教学的全过程中都能享受到在“知识、能力、行为、健康”上逐步掌握、提升和达成相应的学习目标后的乐趣，我们团队在“趣学、巧练、乐赛、公评”一体化教学的全过程中融入更多的“比一比”“赛一赛”的激励元素。如在准备环节，我们可以比一比学生在“认真听讲”“仔细观察”“学习模仿”等方面的个人或团队表现，并及时对学生的即时表现进行评价和激励。又如在体验环节，教师既要全面观察学生的原有技能水平与存在的困难和瓶颈，更要实时对学生在运动技能上进行有效反馈和激励。在教学过程中，赛的性质和赛的程度可以根据“运动技能、体能，健康行为和体育品德”等学习目标的权重来加以确定。我们所思考的“赛”，是可以在一节体育课的任何环节添加的，目的是让更多的学生在不同的“比赛”中，享受不同方面的成功乐趣。故而，学生获得乐趣的渠道是多元的。

因此，我们团队所倡导的“乐赛”，是指依据运动技能学习目标（含体能）、健康行为学习目标和体育品德学习目标，在体育课堂全过程中有针对性地增加游戏或比赛环节，从而让学生多方面多层次体验和享受到更多成功的喜悦。

## 四、公评

《辞海》中，“公”的注释是：公平、公正；属于国家或集体的；公务、公事；公共、共同；公开；公然；等等。“评”则指：议论是非；评判；文体名。首先，体育课堂的评价，不是可有可无，而是一堂体育课是否有效的根本保障。但目前的一线体育教学，教师比较注重结果性评价，往往对过程性评价比较忽略。其次，评价语也比较模糊，通常用“很好”“很棒”等比较表面而肤浅的评价语来“应付了事”。“教会、勤练、常赛”的提出，必然要求我们更加关注过程中的“评”，从而保证“以评促学”“以评促练”“以评促赛”的激励效果。我们团队所倡导的“公评”是基于“公平与公正”的，并强调过程性评价的“精准”。所谓“精准”指不管是教师对学生的评价还是学生的自评或互评都要客观公正，要具体说明学生在哪些方面做得好，在哪些方面做得还不够，并给出有建设性的评语。

因此，我们团队所研究的“公评”，是指学生在达成运动技能（含体能）、健康行为和体育品德等目标的过程中，要及时给出具体的、客观公正的，并富有建设性的评价反馈。

## 五、一体化

在英文中，“一体化”是指“integrate”，可翻译成“使完整，使整合”。许多研究对“一体化”进行了概念界定、本质探索，以完整、系统、统一、整合、衔接、一致、联合等诠释“一体化”的内涵。从体育教学整体结构上来看，“学、练、赛、评”是一节体育课必不可少的关键环节，任何一个方面都是不可或缺的，既是系统连贯的过程，也是相辅相成的环节，更呈现出一定的依存关系，不能将四者绝对地割裂开来。我们团队所研究的“趣学、巧练、乐赛、公评”四方面的关键环节，会根据一堂课的学习目标而有所侧重，并按照一定的比重将四个关键事件有机地整合在一堂课的全过程。

因此，“一体化”在本文是指依据一堂体育课的运动技能学习目标（含体能）、健康行为学习目标和体育品德学习目标，将“趣学、巧练、乐赛、公评”系统地整合与衔接。

## 六、“趣学、巧练、乐赛、公评”一体化

“趣学、巧练、乐赛、公评”一体化，即在各个教学环节，以结合主教材的“趣学”为导向，以因材施教的“巧练”为抓手，以体现项目意义、育人价值的“乐赛”为目标，同时将“公评”有机融入“学练赛”，是一种基于儿童天性与基础学情、尊重运动技能形成规律，在高阶学习理论指导下将“学、练、赛、评”高度融合的螺旋式上升的教学新模式。

# 第二节 "趣学、巧练、乐赛、公评"一体化教学"雏形"

无论是学校体育课程一体化改革，还是体育课堂教学一体化融合创新，均指向"以体育人"的"更好地实现全体学生的全面发展"的教育目标。从2001年版课标中"激发兴趣"理念的提出，到2018年9月全国教育大会"四位一体"目标中"享受乐趣"的深化发展，从理念层面上的更新到更具操作性和达成度的目标指向，从体育课堂的"有趣"到享受课堂"乐趣"的目标定位，可见国家在新时代对学校体育发展有了更高要求和期盼。在课程层面，即贯彻落实"四位一体"目标；在教学层面，让学生掌握1至2项终身受益的运动技能。可是当前大多数中小学校的"以教定学"的"低级重复"与"无趣低效"的体育课堂无法实现让学生掌握1至2项终身受益的运动技能的目标，更无法最终达成"四位一体"目标。工作室经过一年多的研究，将"趣学、巧练、乐赛、公评"一体化教学模式反复运用于课堂，取得了良好效果。这种基于"以学定教"的"趣学、巧练、乐赛、公评"一体化教学焕发出更为强大的生命力，不仅能让学生在课堂中更充分地"动起来"，而且能大大提高教学效率，轻松地达成课堂的教学目标。

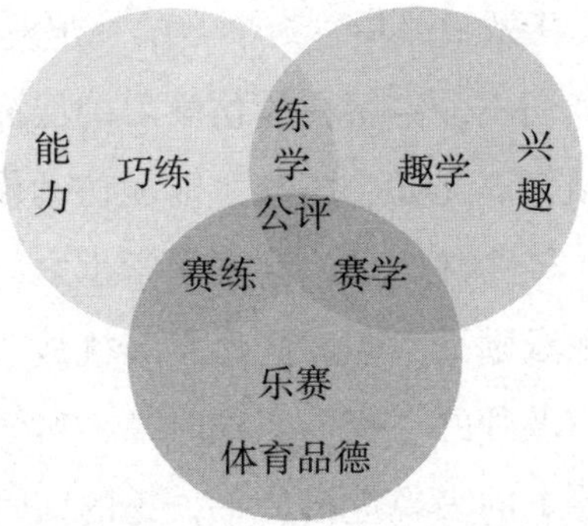


图3-2-1 “趣学、巧练、乐赛、公评”相互关系示意图

## 一、“趣学”，让学生在学习中享受乐趣

“兴趣是最好的老师。”课堂要先激发学生的兴趣并最终通过自主合作探究学习来充分体验成功掌握运动技能的乐趣。学生的个性特点与爱好需求不同，学习求知的途径不一，学习表现的形式也不尽相同，但“好奇、好动”却是他们共同的天性。“好奇”是促进儿童身体活动的根本动因，“好动”是儿童探求未知世界的主要方式。儿童就是在一次次满足好奇心的探索中，充分体验与享受“发现未知和探索秘密”的乐趣。而体育课程的学习恰恰能满足儿童的这种独有的内需。只要牢牢抓住这一点，在课堂上做出相应变化或创新，并努力让学生充分地“动起来”，课堂就很容易激发学生的学习兴趣，甚至能让学生在学习中真正享受到乐趣。

我所带领的工作室团队长期研究的“趣学、巧练、乐赛、公评”一体化教学模式，是在维果茨基的“最近发展区”、爱德加·戴尔的“学习金字塔”等理论的指导下，在基于儿童天性和强调“兴趣的激发”与“乐趣的享受”的同时，更注重利用动作技能形成规律与学习迁移原理来设计教学过程。如在行进间双手胸前传接球教学的热身环节，我们会将源于学生生活经验且喜闻乐见的“打气”“双手击掌”等动作融合在慢跑热身部分。同时在教师评价语“比一比，看谁模仿得最像最到位”的激励下，学生的“兴趣阀”瞬间被打开，他们的笑脸与笑声同时呈现，积极参与的情绪自然迸发，为自己“打气”和为同伴“加油”的“好玩”场景常让人乐此不疲。因为，“打气”“双手击掌”与双手胸前传接球动作之间具有高度的相似性，新、旧知识的连接桥梁一经建立，就能为新知识的学习与迁移做了铺垫，为学习的真正发生提供了可能。

当然，在此过程中我们不会停留在模仿学习的层面，还会视学生学的质量来选择与"练、赛"相结合。比如，当学生能模仿动作时，我们会要求学生自己或与同伴合作反复练，较为熟练后，会要求学生之间在教师的"比一比，看谁动作到位"等语言不断激励下大胆向同伴发起挑战，进而展开个人的或小组间的"赛"，甚至发起与教师的"赛"。同时，将对学生个人或小组的学习态度、健康行为及体育品德上的表现进行公平公正的即时评价。那么，"赛评"与"学练"将被有机地融合在一体，学生的被动学习自然就能转化为主动学习。

因此，我们所研究和首先倡导的一体化教学模式中的"趣学"，不是简单的"为趣而趣"与"为乐而乐"，而是重在与主教材之间搭建理解支架和架起连通学习的桥梁，重在将学生"被动地学"转化为"主动地学"，重在为学生的学习的真正发生与高效课堂的打造奠定基础。将"学、练、赛、评"四个方面的关键教学事件充分地融合在一起，有利于更好地提升学生在"学练赛"上的积极性和主动性，有利于逐步提升学生在动作技能上的深入学习，从而全面提升教育质量。

## 二、"巧练"，让学生在互帮中掌握技能

实践证明，"练得多"不如"练得巧"。这种"巧练"不是盲目地练，是有针对性地练，是个性化地练，是对症下药地练。"巧练"就是"练对"了，这能建立起正确的肌肉记忆，能大大提高学生的学习效率，逐渐实现动作技能由"泛化"向"分化"再向"定型与自动化"的转变。

"在动作技能形成初期，学习者只能对基本线索产生反应，他不能察觉到自己动作的全部，难以发现自己的动作错误。"因此学生在动作技能的学习初期，特别需要教师或同伴及时指出自己的动作错误所在，从而掌握正确的动作要领。但"大班上课"的经验告诉我们，一节课下来教师不可能对五十多个学生都做到关注和指导到位。这就意味着还有不少学生因为听不清或看不明白或缺乏教师的指导与帮助，而在"盲目练"，从而导致建立了错误的肌肉记忆，日后将难以觉察并修正。怎样更全面、更及时地关注学生的需求，大大避免"盲目练"的现象？爱德加·戴尔的"学习金字塔"理论给了我们重要提示，

通过“教别人”这一主动的学习方式能让两周后的知识留存率高达90%以上。我认为，金字塔理论所提及的“教别人”不仅仅是指“老师教学生”，也可以是“学生教学生”，甚至可以是“学生教老师”。因此，我们所倡导的“巧练”是对该理论的大胆运用，将“教别人”这一高效的学习方式在课堂中反复使用，即让先学会的学生及时去帮助和指导还未学会的同伴，并尝试从儿童自身角度进行个性化帮扶方案的学习。是基于掌握动作要领上的“巧练”，从而提高学生动作的熟练性。

如黄老师在水平一（二年级）的“仰卧推起成桥”教学中，她通过一条条具有评价功能的“红丝带”先找出4位“小老师”，让他们带着任务去“教别人”（教同伴）。课堂中，这几个“小老师”耐心地指导同伴，时而示范，时而讲解，简直和真正的老师无异。结果全班同学在第1课时就能顺利地完成了仰卧推起成桥，课堂非常高效，教学目标自然达成。

又如周老师在水平二（四年级）的《原地双手胸前传接球》课堂上，同样运用“教别人”的教学方式，课上仅仅用了3位“小老师”去“教别人”，却在片区和跨区研讨课上都非常顺利地达成了教学目标，且课堂氛围好。

以上两个案例告诉我们一个道理：在传统的体育课堂中，一位教师是很难全面关注全体学生的，那怎么去因材施教？但如果课堂里有多位“小老师”的帮忙呢？效果就会大不一样。

## 三、“乐赛”，让学生在常赛中形成能力

“知之者不如好之者，好之者不如乐之者。”我们所倡导的“乐赛”就是要让学生在灵活多样的比赛方法与形式中充分享受到体育课堂与体育运动的乐趣。“比赛”不一定是正规比赛，更多的可能是经过“教材儿童化”的“非正式比赛”。因为有的学生由于动作技术没学会，他们在正式的比赛规则中就不能很好胜任或难以体验到成功，这部分学生是体验不到运动乐趣的。有的学生虽然已经掌握动作技术，但由于缺乏与人合作的意识与能力而备受冷落或遭受失败，这些学生也是体验不到成功的乐趣的。再有的学生因为身体底子较差，虽尽力拼搏，但仍然避免不了遭受失败的挫折，这样的学生同样体验不到胜利的乐趣。要打破这种僵局，就必须在比赛的难度上、规则上和方式方法上进行

"儿童化教学"。同时，我们在比赛的内容与形式上力求做到丰富多彩、灵活选取与有机融合，并努力在各个教学活动中都相应开展，目的就是通过"趣赛""多赛""常赛"让每一个学生都能充分体验到运动带来的乐趣，从而体现项目意义与实现育人价值。

如李老师在一节水平三（六年级）"单手肩上投篮"课的教学比赛环节，"大胆"并彻底地打破了"一赛一球"的比赛规则，"毅然"采用了"一赛两球"的非正式规则。这让一支实力较弱的队伍看到了"赢的希望"，他们团结合作、顽强拼搏，最终以1分优势险胜对手。这让那支不服输的强队，连连高呼下节课再来比一次。胜不骄败不馁，团队精神、拼搏精神得到了充分的弘扬，学生的运动能力自然也会得到相应的提升。以上不正是运动项目的意义和育人价值的充分体现吗？这不正是我们体育教师所希望的吗？

"变则通"。一项比赛是否能激起学生的兴趣并让学生最终享受到乐趣，关键在于体育教师是否具备"变"的智慧。只要教师善于从学生学情和学生需求出发，并不断地在比赛规则、难度、方式方法等方面勤于思考，就必定能让学生时刻享受到运动与比赛的乐趣。

## 四、"公评"，让学生在评价中健全人格

体育课堂的评价，不是可有可无，而是一堂体育课是否有效甚至高效的根本保障。但它一直是一线体育教师的"软肋"，让体育教师感到"两难"。"评少了"，对学生的刺激不到位，必然无法激起学生学习的积极性和主动性；"评多了"，在目前要求体育课堂要有"大练习密度和高运动强度"的背景下，教师又生怕"浪费时间"。其实，对学生的课堂评价，关键不在于"评少"或"评多"，而在于是否"评准了"。只有对学生的评价"精准了"，才会对学生的身心健康发展和动作技能的形成有意义。

对学生评价的精准，意味着对学生有了"公平与公正"的看待。不可否认，我们很难做到公平公正地对待每一个学生，并对他们进行精准性评价，但这必定是我们努力的方向。对学生评价的精准，还体现在对学生表现的及时关注与关爱上。毫无疑问，每一个学生都期待得到老师的关注与关爱，但往往由于有的班额人数较多，教师则无法一一给每一个学生提供引导与帮助。教师对

学生的观察度与关注度不高，往往使“因材施教”“关注全体学生的全面发展”等原则与理念难以落到实处。尽管教师试图用尽全力，却总有在关注上遗漏或不够及时的时候。因此，为了解决这个问题，我们倡导在体育课堂上多采用小组合作探究的学习方式进行教学，以便开展好小组间的相互评价。同时，还可以利用上文所提及的“教别人”策略来加大同学之间相互关注和相互帮助的范围。有了教师和部分“小老师”及小组间的广泛关注，就可以弥补教师不能对每一个学生进行全面关注和关爱的缺失。另外，随着师生之间、生生之间的和谐相处与公平公正的人文氛围的生长，体育课堂也必定充满生命活力。

体育课堂本应该一片生机勃勃。课堂上，学生时而苦思冥想，时而合作探究，时而欢呼雀跃，时而摸爬滚打，时而哭笑交杂……我们一直致力研究的“趣学、巧练、乐赛、公评”一体化教学模式，就是试图建构“趣学、巧练、乐赛、公评”的课堂氛围，实现高效体育课堂的同时，让学生“享受乐趣、增强体质、健全人格、锤炼意志”。

# 第三节 逻辑关系

## 一、"学、练、赛、评"的相互融合

"学、练、赛、评"一体化教学理念被专家提出后，许多一线体育教师在教学中持有的具体做法"简单粗暴"，即先激发学生"学"→接着指导学生"练"→然后组织学生"赛"→最后引导学生"评"。这种单向、线性的认知与操作，无疑是被曲解的，并忽视了"学、练、赛、评"的有机融合及"一体化"教学的深刻内涵。

如图3-3-1所示，在一堂体育课的任何环节，都不缺少"学、练、赛、评"。如在一堂体育课的队列队形的常规训练中，学生学的是"认真听口令并及时做出反应"，练的是"动作的正确规范"，赛的是"团队合作精神"，而评则分别是"谁反应最及时""谁的动作最规范"和"哪个小组最具团队合作精神"。又如在体育课最后的小结环节，学生学的是"学会聆听与尊重"，练的是"集中注意力"，赛的是"积极思考和踊跃发言"，而相应的评则是"谁最会聆听和尊重他人""谁注意力最好"和"谁最会思考和积极回答问题"。在一节体育课的运动技能和体能学练的过程中，就更是如此。可见，"学、练、赛、评"并不是先后出现的"单向""线性"关系，而是相互有机融合。"学"中可以有"练"和"赛"，而"评"可以与"学""练""赛"有机地融合。

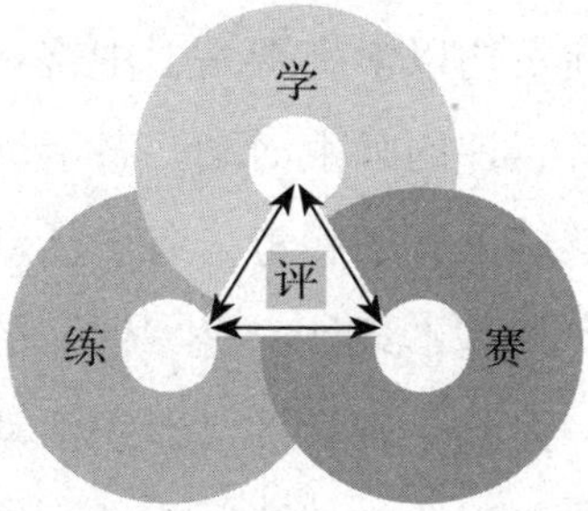


图3-3-1 体育课中“学、练、赛、评”关系图

当然，在此过程中我们并不是生搬硬套，而是有所侧重地融合体现。如在一节体育课的准备部分，需要掌握的运动技术在此阶段未经过完整而反复地学练，所以此时不宜在学生掌握动作技术上进行“赛”，而重点是要在学生的学习态度、行为表现和团队合作学习等方面的优劣上进行“赛”，并及时进行评价反馈。又如，在体育课基本部分的后期，由于学生比较好地经历了“学练”，在学生所学动作技术基本定型的前提下，可以通过侧重“赛”来迁移新知识和强化运用，以促进该项目的运动能力的提升。所以此时的“学练”的成分则轻一些，而“赛”的成分会重一些，相应的“评”的成分也应加重，因为评价一堂体育课的成功与否，关键在于学生是否掌握了运动技术。因此，“学、练、赛、评”任意一个环节在每一节体育课堂中都不可或缺，体育教师要依据一节体育课要达成的学习目标，有计划地、合理地将它们进行分配与融合。

将“学、练、赛、评”四个方面的关键教学事件合理而充分地融合在一起，更有利于提升学生学习的积极性和主动性，更有利于逐步提升学生在动作技能上的深入学习，从而全面提升教育质量。

## 二、“学、练、赛、评”在课堂各环节的比重

在建构一体化教学模式的过程中，经过对30节一体化教学精品课的详细剖析，我们惊喜地发现了“学、练、赛、评”在一体化教学中所呈现出来的比重。

基于“趣学、巧练、乐赛、公评”一体化教学新样式课堂教学实践，由

课堂教学的四个层面形成立体的金字塔模型，各层级之间存在着内在的技能与体能链接，由底层到上层建筑均以学生视角，围绕技术动作核心，设计教学实践的组织活动即学、练、赛、评的师生活动。各活动之间是呈现辩证统一的关系，形成双螺旋甚至是多螺旋上升的趋势，各个活动之间密不可分，“学”是精准练习的基础，是“赛”的基本条件，是“评”的抓手。各层级之间呈现立体的结构在于“赛”是“一体化”教学课堂组织活动的终极目标，“赛”应渗透在学与“练”的每个时段，因此，“赛”在“一体化”课堂教学组织活动用叠加时间所占的比例应占课堂教学总时间（40分钟）的80%。“练”是掌握运动技能，学会运动技术最直接最有效的活动组织，所占比例应该是一堂课总时间的65%。“评”是定量与定性相结合的贯穿课堂教育始终，“评”是“学”的催化剂，“评”是“练”的标杆，“评”是“赛”的规则，由此可知，“评”是一体化课堂教学的无形有价的推手，“评”的叠加时间占一体化堂课总时间的40%。“学”与“教”是师生课堂组织活动的共同体，在以生为本的一体化教学中，以学生的发展为中心，因此，授业解惑答疑的叠加时间占一体化教学课堂教学组织总体时间的20%。

因为“学练赛评”是相对独立，相互融合的组织，彼此的时间并没有完全独立，而是相对独立，所以占比是有叠加和交融的区间，由此凸显“趣学、巧练、乐赛、公评”的最核心的理论是以学生发展为中心，为未知而学，以学定教。

第一，“教”是为了“学”，因此“学”是学生学习的核心。“学”有自主学习、合作学习和探究学习等学习方式。经一体化教学研究发现，学是“练和赛”的核心前提，学生学得越积极主动，越能为后面的“练和赛”的顺利开展提供可能。通过教师教的“学”占一体化教学的25%，这充分说明了教师在学生学习时具有引导、组织、协助等作用，验证了教师是课堂教学的主导者，学生是课堂教学的主体。一体化课堂教学突出学生学习的主体地位，彻底改变了传统教师“满堂灌”的教学方式，真正做到了把课堂还给学生，以发展学生为中心。有效的课堂是以问题为导向进行老师与学生、学生与学生之间的共同探究，而不是仅仅将教师已有的知识与经验强加于学生身上。为了更好地促进学生的学，我们将“学”与“趣”有机地融合在一起形成“趣学”，从而大大地提升了学生“学”的积极性、主动性。

第二，“练”是连接“学、赛”的桥梁。“练”既是“学”的发展与延伸，也是“赛”的前提与基础。“练”在一体化教学中所占的比重大于“学”而略低于“赛”，这样的分配比例充分凸显并验证了“以生为本”的重要教学理念。学生是课堂学习的主人，在我们所研究的一体化课堂教学中，65%的时间用于练习以突出“以学定教”的核心理念。练习的组织形式有自主练习、合作练习、组间练习、循环练习、重复练习和间歇练习等，教师可以基于学的基础学情上灵活应用。学生的反复练习是掌握动作技术的最直接、最有效的方法之一，更是加快形成肌肉记忆和动作定型的关键。学生扎实地“练”，将会为后面进行有质量的“赛”提供切实保障，同时又会更深入地促进学生“学”的欲望。

第三，“赛”是“学、练”水平的充分体现。我们研究的一体化教学模式，其“赛”的比重占80%之多，说明我们对“赛”的重视程度。没有学生的扎实“学练”作为基础，课堂中要赛出水平与质量是不容易的。我们在学生的学和练的过程中都融入了“赛”的元素，目的是更好地促进学生的“学与练”。“赛”是学生学习成效展示的重要平台，其重要性和必要性不言而喻。其次，在课堂教学中可以拓展和延伸“赛”的内涵，可以以热身赛、小组赛、达人赛和挑战赛等形式来组织“赛”。“赛”的内容方面不仅仅局限于运动技能（含体能）上，也可以根据本堂体育课所要达成的学习目标的不同而有所侧重地体现。如在健康行为方面的学习目标的达成，则可以对学生在体育锻炼意识与习惯、健康知识的掌握运用、情绪调控和适应环境方面上来进行“比赛”。

第四，“评”是“促学、促练、促赛”的兴奋剂。对学生多方面的个人表现或小组表现是否反馈及时并提出公平公正、有发展意义的激励和反馈，对全面促进学生个人和小组学习具有重要意义，在课堂中的过程性评价显得尤其必要。因此，我们针对学习目标的不同，在一体化教学的各个环节都加入了“评”元素，如在课堂常规中可以比一比“哪位同学或哪个小组更认真听讲”，在讲解示范或同学展示环节来比一比“谁观察更加仔细”，等等。在我们所研究的一体化教学过程中，虽然“评”占了40%的比重，但是这些评价更多地来源于教师对学生在“学、练、赛”时的评价，是“边学边评”“边练边评”与“边赛边评”。换句话说，我们所倡导的评价，其实并不影响当时正在参与“学、练、赛”活动的学生的学习进展。

诚然，我们研究分析所得出的“学、练、赛、评”在一体化教学过程中的比重并不是一成不变的，而是根据学生在课堂中的动态学情变化、课堂要达成的学习目标轻重以及学生个体或小组的表现等因素来灵活安排和处理的。因此，我们所提出的“学、练、赛、评”在一体化课堂教学中的比重是动态生成的，其更能体现教师在“学、练、赛、评”中的重视程度与倾向。

# 第四节　遵循原则

## 一、健康第一原则

“少年强，则国强。”自新中国成立以来，“健康第一”指导思想由毛泽东同志首次提出并倡导，而后又由历任国家领导人相继重提并弘扬，这充分体现了党和国家对我国青少年身心健康的高度重视，是贯彻我国教育理念久久为功的必要，更是青少年生理、心理茁壮成长的首要。

坚持“健康第一”的指导思想，是新时代国家对学校体育的本质要求，是追求“以人为本”“以学生发展为本”的根本体现。《义务教育体育与健康课程标准（2022年版）》明确指出，体育与健康课程最重要的价值是促进学生身心健康、全面发展。“健康第一”即生命与健康是人的担当、创造和作为的前提，没有个体健康，就没有个体的发展；学生健康是接受教育的前提与基础，没有学生健康，就不可能有教育的成功；体育是人精神生活充实和文化知识丰富的基本条件，体育是促进健康最积极、最有效的手段，增进健康是体育与健康课程的核心追求。

体育与健康课程，直指学生身体、心理健康和社会适应等核心领域，是增强体质、健全人格和锤炼意志的必需课程，其发展的独特功能、独特作用与深远意义是其他学科无法比拟的。因此，在体育教育教学中务必贯彻落实“健康第一”指导思想，并以此为体育教育教学的出发点和落脚点，从而更好地实现“立德树人”的根本任务。

## 二、以生为本原则

现代教育观点认为：学生作为课堂的主体，教育应以学生发展为核心，面向全体学生，尊重学生，培养学生的民主意识、平等意识，关注学生兴趣与需求；充分信任学生，依靠学生，服务学生；因材施教，发展学生的个性，使学生在“自主、合作、探究”的学习中，其创新意识与实践能力得到不断的提高。《义务教育体育与健康课程标准（2022年版）》提出，使学生逐渐养成“校内锻炼1小时、校外锻炼1小时”的习惯；强调从“以知识与技能为本”向“以学生发展为本”转变；强调要根据学生运动技能形成规律和身心发展规律，整体设计课程内容；强调评价既要关注健康基本知识与技能，又要关注健康意识和行为养成等，均是要求“以生为本”的重要体现。

“趣学、巧练、乐赛、公评”一体化教学实践，正是从“以教定学”向“以学定教”转变的重要体现，是以生为本的最直接表现。在研究过程中，主张以充分把握学生学情为前提，自主研发学情调查量表，在课堂教学设计以及教授课程前充分使用，以确保教学策略得以奏效、教学目标得以实现。同时，在教学过程中，充分以“指导角色多”为原则，即除了教师主导角色外，主张充分利用学生骨干或善于发现优先学会所学内容的同学做“小老师”，帮助同伴学习，构建相互学习、相互帮助的良好学习氛围，为提升教学质量和达成课堂学习目标注入源源不断的动力和生命力。此外，我们还特别注重过程性评价的公平与公正，以及评价反馈中发展意义。

以上所述无不充分体现我们所研究的一体化教学对“以生为本”的强调与倡导，这更是本研究的生命力所在。

## 三、科学合理原则

关于我们所实施的“趣学、巧练、乐赛、公评”一体化教学，是集先进的教育教学理论和最新的学习理论、科学的运动规律以及目前新课程标准与指导纲要等理念于一体的教学模式，其具有科学性与合理性。其主要体现在以下几个方面：

首先，我们尊重学生的认知发展规律，遵循教育教学发展规律和学生的运动技能发展规律，并运用学习金字塔理论中“教别人”的组织学法，采用科学学习理论中的“对比”方法等进行教学。同时也应用新课程标准和指导纲要所倡导的“以学定教”“教会、勤练、常赛”“学练赛”一体化等理念。同时，在课堂教学中主要强调过程性评价、多元化评价与即时性评价为主，并强调对学生要有建设意义的具体评价。因此，我们所研究的一体化教学具有科学性，同时也体现了合理性。

其次，我们强调“以学生发展为本”“以学定教”以及“公评”评价等，不仅符合当前体育教学改革的要求，体现了科学性与合理性，更体现了一定的前瞻性。例如，就“趣学、巧练、乐赛、公评”一体化教学这一课题的提出就拓展与延伸了当前所倡导的“学练赛”一体化的内涵和意义。应该说更具先进性和指向性，当然这也具有科学性与合理性。

最后，我们在体育课堂教学的评价时，牢牢抓住新课程标准所倡导的两个主要量化评价标准，以科学合理地评价体育课堂的教学效果。即要求体育课堂教学中学生个体的练习密度要达到60%以上（当前所指的个体运动密度和群体运动密度），学生运动强度达到140～160次/分的要求。因此，具有科学合理性。

当然，体育课密度和强度的科学、合理安排，还要依据课的类型（如新授课、复习课、测试课等）和具体教学任务及要求，结合教材特点和学生的负荷能力以及场地器材、上课时间、气候条件等，进行周密而合理的设计与准备。还应当结合学生在课中的实际精神状态进行调整，避免因运动强度过大而造成不必要的安全事故。

## 四、趣味性原则

爱因斯坦说过，兴趣是最好的老师。激发兴趣是教学达成事半功倍效果的最直接途径。自主尝试体验是兴趣引领个体走向成功的关键。同时，新课程标准也指出，要激发学生运动兴趣，要让学生享受运动的乐趣。正所谓“知之者不如好之者，好之者不如乐之者”，可见，激发学生学习兴趣的重要性。首先，我们所研究的课题为“趣学、巧练、乐赛、公评”一体化教学，从研究主题上我们就将“趣学”放在首位，可见对“如何学”强调了“趣”的要求，并要高度重视起来。同理，“乐赛”的强调也蕴含了趣味性。

其次，在“练”的环节中，我们强调“巧练”。众所周知，如果学生“练偏了”“练错了”，就会造成错误的动作定型。如此一来，学生肯定没有成功感可言，更不能体验到成功后的乐趣。因此，我们所实施的“巧练”，就是要让学生有针对性地练，高质量、高效地练，从而加快动作定型的进度。只有学生通过自身的不断努力，使所学动作技术形成动作定型，学生便能深刻地体会到成功与进步的乐趣。因此，我们所倡导的“巧练”，假如从以上角度来审视，从某种意义上说也具备更深层次的趣味性。

我们强调的趣味性，不仅充分体现在研究主题上，同时还落实在体育课堂中。我们知道，学生天性是“好奇和好玩的”。因此我们会通过“变”的思维来设计与往常不一样的教学活动，尽可能地让学生感到新颖和新奇，这样就能够让学生觉得“有意思”。我们也知道学生有“好群性”，即喜欢团队合作。因此，我们会在课堂上提供更多让学生进行合作与探究学习的机会，并倡导积极运用学习金字塔理论中的“教别人”方式进行互帮互学。以上，其实都充分体现了趣味性。

## 五、灵活性原则

在本研究中，灵活性原则我们主要讨论以下三个方面：一是“趣学、巧练、乐赛、公评”四个环节的比重要“因生而异”和“因课而异”，不能一概而论。学生所掌握的原有经验的不同和将要学的新知识技能所要求的必备经验基础不一，必然会造成“趣学、巧练、乐赛、公评”各部分时长或重视程度的调整，这就是所说的“因生而异”。所教授的新运动技术的类别和体育课的类型不同，也会相应在“四个环节”中进行调整，这就是所说的“因课而异”。

二是“教别人”方式的采纳程度要“因实而异”和“因师而异”，不能搞“一刀切”。在一个班集体里，总有“学得快”和“学得慢”的学生，此时教师就要特别关注“学得慢”的学生，并及时提供确切的引导与帮助。倘若“学得慢”的学生人数比较多，一位教师是帮助不过来的，就需要有更多的“小老师”通过“教别人”的方式来实现共同进步。反之，需要则更少。因此，教学过程中需要多少“小老师”要“因实而定”。另外，有的体育教师的教学能力很强，制定的教学方法非常有效甚至高效，语言浅显易懂，并善于调动学生的积极性等，那么班上“学得慢”的学生为数不多，故而需要“小老师”的数量就可有可无了。这就是所说的“因师而异”。

三是在“赛”的水平、层次和维度上的“因材施教”。大家知道，只有高水平的运动员，才能呈现高质量的扣人心弦、激动人心的比赛。学生在体育课堂当中其实就是一名“小运动员”，其掌握所学动作技能水平的高低也决定了体育课堂中的“赛”的质量与水准。比如，让已掌握好投篮动作技术的学生进行投篮比赛，这就是依据学生的实际水平所展开的“因材施教”。因此，教师在体育课堂中组织学生进行“赛”的时候把握好前提条件，这也体现出一定的灵活性。另外，可以组织个人赛、合作赛、小组赛、达人赛、挑战赛等形式灵活多样的比赛，以体现“赛”的层次。最后，可以在运动技能上的“赛”，在体能上的“赛”，也可以在健康行为方面和体育品德方面进行“赛”。如“比一比谁（小组）最认真听讲和仔细观察”“比一比谁（小组）最自觉遵守游戏规则”或“比一比谁（小组）更具意志力”等，这都是可以通过“赛”来开展的。

## 六、“三多三少”原则

“三多”是指教师创意多、教的方法多、指导角色多；“三少”是指讲解示范时间少、集中讲解环节少、排队等候机会少。本研究中将主持人前期所做的研究成果“三多三少”教学策略进行再优化，以达到平衡“师与学”、主导与主体之间的关系，实现教学相长，以提高体育与健康课的教学效率和学生体质健康水平。“三多三少”是抽象的教育理念变为具体可操作的行动，能有效激发学生兴趣，提高学生主体地位，并指导教师在教学方法、教学形式、组织形式上达到“减负增效”的目的。因此，在本课题研究过程中，将进一步完善和优化“三多三少”教学策略，并力求使之与我们目前所研究的“趣学、巧练、乐赛、公评”一体化教学的配套应用。

实际上，“三多”中所提及的“教师创意多”是我们目前研究课题中“趣学”的前身；“指导角色多”也就是我们当前所研究课题中的“教别人”同样做法。可以说，正是因为有了基于“三多三少”体育教学策略上的研究和积累，才有了打造出一种全新的体育教学模式的欲望。这种全新的体育教学模式，就是我们如今所提出和实践中的“趣学、巧练、乐赛、公评”一体化教学。

# 第四章

# 基于单元的教学设计样例

前三章是关于研究背景、基本理念和建模成形部分，即理论框架。第四章则为课堂教学设计展示，是研究成果的实践试点。以在小学体育教学中，开展范围最为广泛的田径、篮球和足球三大项目为展示样板，以求收到抛砖引玉的效果。

田径：杨锡让在《实用运动技能学》一书中提出，田径运动项目在培养学生的意志品质、渗透体育品德方面非常具有教育性。由于田径运动技术是在人们基本技能的基础上发展演化而来的，对人的自身发展和生活技能的提高具有积极促进作用。田径运动又被称为“运动之母”，它既可以发展学生的基本活动技能，又可以为其他运动的学习打好基础，在学校体育教学中开展最为广泛。本研究分别从发展学生奔跑能力、跳跃能力和投掷能力的练习与游戏中，择取一至两个主教材，以小单元为案例，从单元整体架构到每课问题细化，以点带面地展示研究成果。

篮球：篮球运动作为一项集趣味性、竞技性、健身性和益智性于一体的集体性运动，具有对抗性强、运动强度大等特点，特别是在中小学体育教学中，可通过比技术、比战术、比体能、比智力等来发展和培养学生的综合素养。在本研究中，编者分别从运球、传接球和投篮各择选一个教材，以小单元为案例，编写教学设计。

足球：足球运动有“世界第一运动”之称，对中小学生各方面的发展具有重要意义，且深受学生喜爱。本研究从三个水平段分别选择一个小单元进行结构化教学设计展示，从技术特点考虑，水平一通过小足球游戏让学生感受足球乐趣的同时锻炼球性，为下个水平段的专项运动技能学练做铺垫。水平二通过运球技术教学设计进行展示，水平三呈现的是脚背内侧踢球技术教学设计，展示了技术及技战术运用综合运用等。

希望我们的研究能给读者朋友以启发和借鉴，同时也欢迎有想法的读者朋友和我们进行交流、探讨。

# 第一节　田径类教学设计

## “各种方式的接力跑与游戏”“学、练、赛、评”一体化单元教学设计

［单元水平一（一年级）］

### 【设计理念】

本单元以学生发展为中心，遵循落实“立德树人”的根本任务和“健康第一”的指导思想。根据《关于全面加强和改进新时代学校体育工作意见》的文件精神，通过“学、练、赛、评”融合的课堂教学模式，达到“趣学、巧练、乐赛、公评”的教学氛围。在课堂教学中，通过改进教学策略、学习方式，运用丰富的游戏激发学生兴趣、关注差异来帮助学生掌握迎面接力跑、往返接力跑及换物（或障碍）接力跑技能，学会和运用跑的正确方法，发展学生的奔跑能力，在促进身心发展的同时，培养规则意识、竞争意识和合作意识。

### 【教材分析】

接力跑是田径运动中唯一的集体项目，是以接力棒为介质、多人合作完成一定距离跑的竞赛项目。在小学体育教学中，接力跑是培养学生跑的正确动作和发展跑动作能力的重点教材之一。其传接棒技术本身并不复杂，特别是小学低年段，重点学习立棒式右错肩交接棒方法，并会在接力跑中熟练运用。通过接力合作跑形式，来发展学生的反应速度、运动速度和位移速度，巩固跑的正

确姿势，在学、练、赛中，体验和激发体育运动乐趣，为终身体育打下基础。同时，接力跑不仅是传接棒，更是传递合作智慧，将德育、智育和体育巧妙地结合在一起，起到一举三得的效果。

## 【学情分析】

小学一年级学生活泼好动、好奇心强、善于模仿，喜欢新奇的事物，表现欲和可塑性较强等特点，处于技术技能掌握的初步模仿阶段。在此阶段，正确规范的技术动作，可帮助学生建立正确的运动表象，对于今后进一步学习更为复杂的技术技能奠定坚实的基础。水平一主要学习立棒式传接棒方法，以迎面接力跑为主要练习形式，以此拓展出往返接力跑、障碍接力跑、换物接力跑等形式，因此，"立棒式右错肩交接棒技术"的学理则至关重要，让学生知其然，也知其所以然。在学习中多采用体验学习法、游戏竞争法等方法，以获得成功体验和展现个人才能的机会。

因此学校针对"各种方式的接力跑与游戏"做了课前学情调查，具体内容见表4–1–1。

**表4–1–1 "各种方式的接力跑与游戏"课前学情调查表（*N*=50人）**

| 问题 | 1（一般） | 2（中等） | 3（特别） | 备注 |
|---|---|---|---|---|
| 你知道什么是接力跑吗? | 30 | 21 | 27 | |
| 你学过迎面接力跑吗? | 25 | 18 | 10 | |
| 你知道立棒式传接棒方法吗? | 10 | 18 | 12 | |
| 你还知道哪几种接力跑方式? | 20 | 15 | 8 | |
| 你会和小伙伴玩接力跑游戏吗? | 30 | 15 | 9 | |
| 你想不想在接力跑比赛中取得胜利? | 12 | 17 | 21 | |
| 合计 | 127（40.97%） | 104（33.55%） | 87（28.06%） | |

经过课前对学生学习情况调查发现，一年级学生对接力跑的认知"一般"占40.97%，"中等"占33.55%，"特别"占28.06%。由此可知，一年级学生对接力跑的认知处于整体偏下水平，虽然会参加接力跑，但为什么要错肩传接

棒、怎样立棒式传接棒、影响交接棒的关键因素又是什么，并不清楚。

## 【教学策略】

基于以上教材分析、学情分析将本单元分为4个课时，如图4-1-1所示，拟采用以下学习策略。

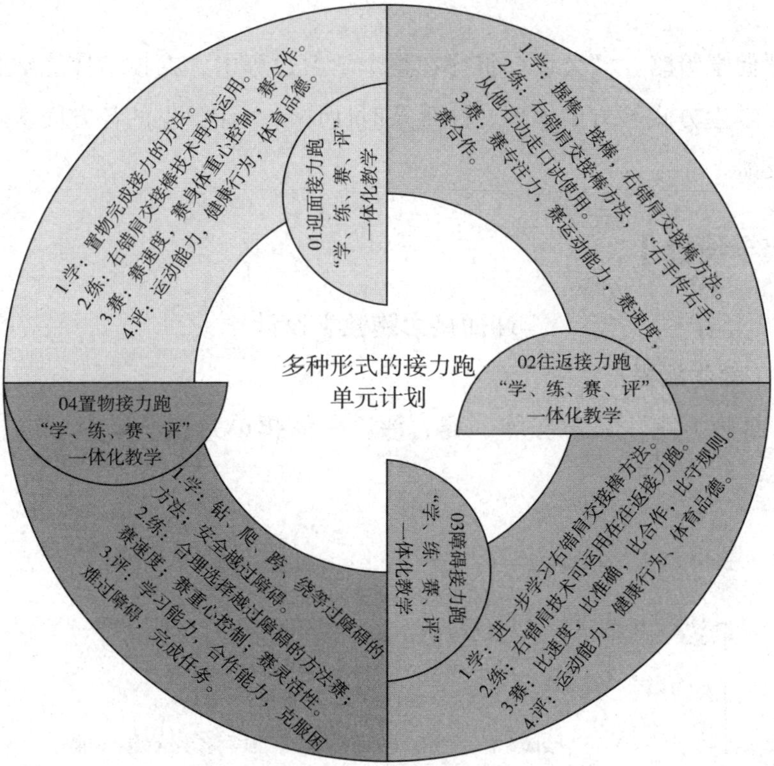


图4-1-1　各种形式的接力跑与游戏单元计划

**游戏化教学策略：**以接力跑趣味游戏来调动学生积极性，适当运用辅助器材手腕、标志桶等，结合学生已学知识经验对颜色、物体形状、前后左右空间知识等迁移到接力跑学习中，充分发挥学生的主观能动性。

**顺学导教策略：**以学情为基础设计教学，以待探求问题为主线，引导学生思考掌握技术动作，鼓励和帮助有学习困难的学生独立完成学习，体验成功的快乐。

**循序渐进策略：**根据运动技能形成规律，结合一年级学生身心发展特点，设计“识棒—握棒—错肩—传接棒—学以致用—活学活用”的学习顺序，由易到难、循序渐进直至掌握。

**因材施教策略：**巧解立棒式传接棒技术核心，结合学生学习基本情况分析，选取适合学生发展的练习内容、组织形式、练习要求，为学生进行学习能力分组，做到互助式、捆绑式合作学习，让技术好的学生有挑战、较弱学生有收获。

**以评促学策略：**“公评”贯穿在整个学习过程中，在技术技能掌握、情感与态度、学生方式等方面体现，注重及时性评价，让学生的各方面学习情况得到及时反馈。

## 【教学设计】

### 迎面接力跑教学设计

#### （一）教学流程

“迎面接力跑”“学、练、赛、评”一体化单元教学流程思维导图如图4–1–2所示。

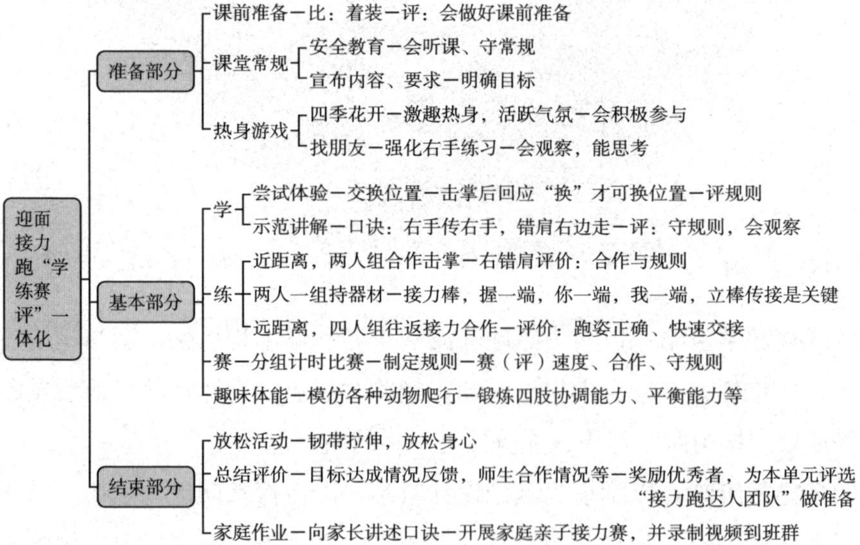


图4–1–2 “迎面接力跑”“学、练、赛、评”一体化单元教学流程思维导图

## （二）教学计划

水平一（一年级）迎面接力跑与游戏第一课时计划见表4–1–2。

**表4–1–2　水平一（一年级）迎面接力跑与游戏第一课时计划**

<table>
<tr><td>学习目标</td><td colspan="8">运动能力（体能）：掌握立棒式传接棒方法，并能运用在迎面接力跑中，发展速度、力量、协调等身体素质。<br>健康行为：在情境化的学、练、赛游戏中，能够善于思考、积极参与、团结合作完成各项挑战任务，做到听指令按要求、守规则、重合作的健康行为。<br>体育品德：培养善思乐学、顽强拼搏、团结合作的体育精神，遇到困难乐观应对的生活态度。</td></tr>
<tr><td>内容</td><td colspan="2">1.迎面接力跑<br>2.体能课课练：搬运物资</td><td>要点</td><td colspan="5">会用“右手传右手，从他右边走”立棒式传接棒方法。</td></tr>
<tr><td>重点</td><td colspan="2">右错肩立棒式交接棒技术</td><td>难点</td><td colspan="5">在合作跑中灵活运用立棒式传接棒方法</td></tr>
<tr><td>场地器材</td><td colspan="8">篮球场、接力棒8根、护腕人手一个、吸汗带8个、力量练习器材牛角包8个、标志筒若干、音响设备等。</td></tr>
<tr><td>流程</td><td colspan="8">情境导入—激趣热身与巧妙分组—专项准备—学习掌握战“疫”秘籍（传接棒技术）—搬运战“疫”物资（体能练习）—合作胜利集体逍遥游（放松环节）—经验分享（师生小结）</td></tr>
<tr><td>顺序</td><td>达成目标<br>（学什么？）</td><td>趣学<br>（怎么学？）</td><td>巧练<br>（如何练？）</td><td>乐赛<br>（学以致用）</td><td colspan="2">公评<br>（学得如何？）</td><td>次数</td><td>负荷</td></tr>
<tr><td>开始部分</td><td>1.集中注意力，端正上课态度。<br>2.建立与同伴之间的合作关系，增进班级凝聚力。<br>3.学会遵守规则，积极动脑参与合作。</td><td>1.学文明礼仪。<br>2.学运动常识。<br>3.明目标、懂要求。</td><td>1.宣布上课，对师生问好。<br>2.检查服装，安排见习。<br>3.简单队列练习，强化左右空间位置和肢体部位。<br>（以右手盖章为参照物）</td><td>1.集队快、静、齐，问好声音洪亮。<br>2.比：快、静、齐。<br>3.比：用心记、专心听、守规则。<br>4.明确小组合作学习目标。</td><td colspan="2">1.动作迅速、集中注意力。<br>2.学会倾听、静心思考。<br>3.会合作、听指令。</td><td>2</td><td>小</td></tr>
<tr><td>准备部分</td><td>1.充分调动学生参与学习的积极性，激发学习兴趣，注</td><td>1.趣学：起跑、摆臂、高抬腿等规范动作。</td><td>1.巧练：2人一组合作练习。<br>在面对面和背对背情况下，</td><td>1.乐赛：动作规范起跑、摆臂、高抬腿等的规范性。</td><td colspan="2">1.公评：评参与度，鼓励做得更好，激发学习兴趣。</td><td>7</td><td>中</td></tr>
</table>

续 表

| 顺序 | 达成目标（学什么？） | 趣学（怎么学？） | 巧练（如何练？） | 乐赛（学以致用） | 公评（学得如何？） | 次数 | 负荷 |
|---|---|---|---|---|---|---|---|
| 准备部分 | 意力集中。<br>2.充分活动膝、踝和髋关节预防损伤。<br>3.加强左右上下肢体协调配合。<br>4.建立小组合作学习的伙伴关系。 | 2.反应速度学练。<br>3.在游戏中穿插活动关节的动作。<br>4.学规则意识培养。 | 听指令做出相应的动作。<br>2.游戏“开心找朋友”采用呼喝语式听数抱团、组内找朋友组团、成功后组间找朋友。要求：积极参与，听从指挥。 | 2.比：反应速度。<br>在运动中能快速做出左右手摸地、转身捡底垫比快等相应指令。<br>3.比：同伴合作，相互纠错。 | 2.评谁的反应速度最快（小印章盖章）<br>3.遵守规则、带头组织小组合作者，授予“吕老师精彩课堂小老师”称号勋章。 | | |
| 基本部分 | 1.错肩迎面学理<br>（1）主动学习，积极思考。在面对面奔跑时，如何避免相撞？<br>（2）模仿练习，学会肯定自己，欣赏同伴的健康行为。<br>（3）培养遵守规则、互帮互助的学练意识。 | 1.学错肩迎面方法<br>（1）理解为何要错肩？<br>（2）规则变动，如何应对？<br>（3）同时起跑，比规则、比速度。<br>（4）一方起跑，另一方待接，比规则、比速度。口诀：你击掌，我来接，接到掌，才可行。 | 1.交换位置游戏<br>（1）两人同时起跑：强调站立式起跑动作要领，起跑不踩线、反应快。<br>（2）两人一组，一方不动待接招后起跑。<br>（3）强化右手行事习惯，培养左右手平衡发展。 | 1.用错肩迎面技术技能<br>（1）同时起跑比速度。<br>（2）一方不动，另一方击掌。<br>后方可动，比规则、比合作。<br>（3）比协调、比谁更善于思考，比哪个组合更会配合？ | 1.掌握错肩迎面动作方法<br>听规则、守规则、善动脑、乐比赛、会合作、懂欣赏。<br>（以盖章为奖励） | 5 | 中 |
| | 2.错肩交接棒方法<br>（1）认真观察，善于观察，看清楚握棒、传 | 2.学握棒和交接棒方法<br>（1）握棒<br>接力棒，握一端，你一端我一端，立棒传 | 2.握棒和交接棒方法<br>（1）跟老师学、跟同伴学。<br>（2）两人一组徒手击掌学 | 2.握棒和交接棒方法<br>（1）比谁先掌握了握棒方法。<br>（2）比哪对 | 2.右错肩交接棒方法<br>（1）手型、手臂正确。<br>（2）交接棒方法、路线正 | 15 | 大 |

续表

| 顺序 | 达成目标（学什么？） | 趣学（怎么学？） | 巧练（如何练？） | 乐赛（学以致用） | 公评（学得如何？） | 次数 | 负荷 |
|---|---|---|---|---|---|---|---|
| 基本部分 | 棒方法以及传棒后行走路线。<br>（2）领会动作要领并会运用在迎面接力跑中，在保持正确跑步姿势的基础上，发挥奔跑能力。<br>（3）培养善于观察，团结合作，勇于拼搏的精神。 | 接是关键<br>（2）传棒<br>右手传右手，从他右边走<br>（3）接棒<br>四指并，虎口张，手臂直，看前方。<br>（4）示范讲解<br>口诀运用，右错肩交接棒方法。 | 练。<br>（3）六人一组有接力棒学。<br>（4）近距离迎面接力跑比赛。<br>（5）远距离且增加障碍的迎面接力跑。<br>（6）互帮互助、相互纠错学。<br>（7）组织迎面接力跑比赛。近距离和远距离且需要跨越障碍两种比赛方式。 | 组合理解了，接到棒后方可前行，懂规则。<br>（3）右手传右手，从他右边走。<br>口诀会运用。<br>（4）比谁能帮同伴指出错误并改正：是否有举棒跑、交接棒时机把握不好而导致掉棒的现象？ | 确（组内评价，小老师行使权利,盖章）<br>（3）握棒、举棒跑、掉棒（组内评价和组间评价）。<br>（4）迎面接力跑比赛评价点：队伍整齐有序，交接棒方法正确、传棒后路线正确、交接棒用时较短。（教师评价和组间评价）<br>评：动作规范，路线正确。<br>小组团结不抱怨、不埋怨，团结合作。 | | |
| | 3.体能学练赛<br>（1）弥补发展上肢力量，辅以下肢力量练习，均衡发展促提升。<br>（2）培养勇于挑战克服困难的拼搏精神。 | 3.体能学练赛<br>运送物资（力量器材牛角包）<br>设置情境：<br>（1）一人搬不动，怎么办？<br>（2）消毒区消毒，人员分工怎样？ | 3.体能学练赛<br>（1）一人体验搬运物资。<br>（2）一人搬不动，寻求帮助。<br>（3）小组分工，消毒、搬运。<br>（4）小组轮流制，一次往返，安全交给 | 3.体能学练赛<br>（1）比勇于挑战自己。<br>（2）遇到困难，主动寻求帮助。<br>（3）小组既分工，又合作。<br>（4）做到负责和有担当，完成任务。 | 3.体能学练赛<br>（1）勇于挑战，口头评价。<br>（2）善于思考，寻求帮助。<br>（3）合作与分工，团队讨论。<br>（4）有责任会担当，合作完成任务。 | 8 | 大 |

续 表

<table>
<tr><th>顺序</th><th>达成目标<br>（学什么？）</th><th>趣学<br>（怎么学？）</th><th>巧练<br>（如何练？）</th><th>乐赛<br>（学以致用）</th><th>公评<br>（学得如何？）</th><th>次数</th><th>负荷</th></tr>
<tr><td>基本部分</td><td></td><td></td><td>本组人员方才完成任务。</td><td></td><td></td><td></td><td></td></tr>
<tr><td>结束部分</td><td>1.放松身心。<br>2.总结反馈三。<br>3.收拾器材。<br>4.师生道别。</td><td>1.放松游戏“花开花落”。<br>2.合作完成。<br>3.总结反馈。<br>4.收拾器材，师生道别。</td><td>1.跟老师学、跟同伴互助。<br>2.团体合作才更有意义。<br>3.总结反馈。<br>4.收拾器材，师生道别。</td><td>1.情境设置，音乐配合。<br>2.独乐乐不如众乐乐。<br>3.总结反馈。<br>4.收拾器材，师生道别。</td><td>1.动作到位，有创意。<br>2.班级凝聚力体现。<br>3.总结反馈，布置作业。<br>4.收拾器材，师生道别。</td><td>3</td><td>中</td></tr>
<tr><td>生理预测指标数据</td><td colspan="2">1.运动强度：145 ± 5次/分钟。<br>2.群体运动密度：80%左右。<br>3.个体运动密度：65%左右。</td><td>安全措施</td><td colspan="4">1.场地器材安全检查。<br>2.学生着装检查。<br>3.学生运动状态观看。</td></tr>
<tr><td>课后反思</td><td colspan="7">课堂从培养学生核心素养出发，结合疫情防控时事展开情境教学，以帮助学生强身健体完成“抗疫”任务为主线，引导学生采用小组合作方式，通过趣味游戏、问题启发、多样练习、比赛运用、多元评价等体现了“趣学、巧练、乐赛、公评”的教学氛围。整个学练环节循序渐进、由易到难，不断激发学生兴趣，高质量完成学习目标。学生创设一个“学、练、赛、评”的闭环学习路径。但也有以下几点有待改进和提高：<br>1.由于本节课没有完整磨过课，在教学过程中会存在语言不够简练、环节略显复杂的问题。<br>2.正因为没有磨课，导致在时间把握上不够准确，有超时现象，课上得即使再优秀，超时都是大忌。<br>3.既然本课是情境教学，最好从课的开始到结束有一个很好的情境线串联，所有的语言诱导都贴题会更好。所以，在收到大家的评价反馈后，本人也做了二次备课，完善之后继续拍成录像课。</td></tr>
</table>

# “50米快速跑”“学、练、赛、评”一体化单元教学设计

［单元水平二（三年级）］

## 【设计理念】

本课以《义务教育体育与健康课程标准（2022年版）》中的课程理念为依据，以学生发展为中心，遵循落实“立德树人”根本任务和健康第一的指导思想，通过“学、练、赛、评”融合的课堂教学模式，达到“趣学、巧练、乐赛、公评”的教学氛围。在课堂教学中，通过改进教学策略、学生的学习方式、运用丰富的游戏激发兴趣、关注差异来帮助学生掌握基本快速跑技能，提高快速跑的能力，促进学生身心发展，养成终身体育意识。

## 【教材分析】

50米快速跑是发展学生快速跑动作能力的重点教材之一。对培养小学生竞争、顽强拼搏向上的精神和发展身体速度、协调性及奔跑能力都有非常重要的作用。50米快速跑要想跑得快要做到起跑快、起跑后加速、途中跑保持快速，冲刺压线等。

50米快速跑单元计划思维导图如图4–1–3所示，单元目标视角下主要问题的细化与“学、练、赛、评”活动的匹配设计见表4–1–3。

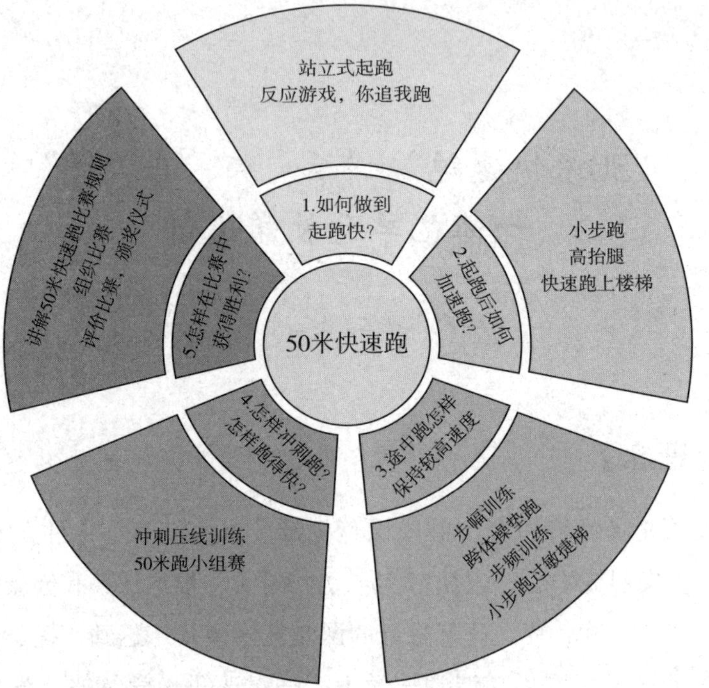


图4-1-3　50米快速跑单元计划思维导图

**表4-1-3　单元目标视角下主要问题的细化与“学、练、赛、评”活动的匹配设计**

<table>
<tr><td>单元学习目标</td><td>运动能力（体能）：通过多样化的“学、练、赛、评”学习，提高起跑、起跑后加速跑、途中跑、冲刺跑的能力，掌握快速跑的动作方法，培养正确的快速跑姿势。发展灵敏、速度、协调等身体素质；<br>健康行为：乐于参与，运用所学快速跑技术参与4人一组50米快速跑比赛；<br>体育品德：了解50米快速跑比赛规则，如抢跑、踩线、变道等常见的犯规及学会快速跑的发令，遵守比赛规则。培养竞争意识及顽强拼搏的体育精神。</td><td>单元学习内容</td><td>50米快速跑</td></tr>
<tr><td>主要解决问题</td><td colspan="3">起跑快，起跑后的加速，途中跑步幅大、步频快以及冲刺压线意识的培养</td></tr>
<tr><td>课次</td><td>分问题</td><td colspan="2">教与学的主要活动</td></tr>
<tr><td>1</td><td>如何做到起跑快?</td><td colspan="2">1.站立式起跑；<br>2.反应游戏，你追我跑。</td></tr>
<tr><td>2</td><td>起跑后如何加速跑?</td><td colspan="2">1.小步跑、高抬腿训练；<br>2.快速跑上楼梯训练。</td></tr>
</table>

续 表

| 课次 | 分问题 | 教与学的主要活动 |
|---|---|---|
| 3 | 途中跑怎样保持较高速度？ | 1.步幅训练，跨体操垫跑；<br>2.步频训练小步跑过敏捷梯。 |
| 4 | 怎样冲刺跑？怎样跑得快？（评价） | 1.冲刺压线训练；<br>2.50米跑小组赛。 |
| 5 | 怎样在比赛中获得50米快速跑比赛胜利？ | 讲解快速跑的比赛规则、组织比赛、评价比赛、颁奖仪式。 |
| 单元评价 | 评价运动能力（体能）：起跑快不快？起跑后有没有加速？途中跑是否保持高速？<br>健康行为：是否积极参与比赛？<br>体育品德：比赛或练习中是否犯规？是否主动约同伴比赛？ | |

## 【学情分析】

三年级学生处于长身体的时期，身体发育还不完善。对快速跑已有一定的认识和具备一定的奔跑能力，二年级时已经学习了30米快速跑，但跑的习惯和动作还没定型，起跑慢，摆臂动作较为粗糙，步幅小，步频慢。

因此，学校针对“50米快速跑”做了课前学情调查，具体情况见表4–1–4。

**表4–1–4　“50米快速跑”课前学情调查表（*N*=50人）**

| 问题 | 1（一般） | 2（中等） | 3（特别） | 备注 |
|---|---|---|---|---|
| 你喜欢50米快速跑吗？（同向问题） | 8 | 11 | 31 | |
| 你学过快速跑中的站立式起跑吗？ | 2 | 4 | 44 | |
| 你学过快速中的“起跑后的加速跑”吗？ | 18 | 21 | 11 | |
| 你认为自己的快速跑技术怎么样？ | 22 | 12 | 6 | |
| 你认为自己快速跑快不快？ | 20 | 12 | 8 | |
| 你了解冲刺跑吗？ | 32 | 13 | 5 | |
| 合计 | 102（36.43%） | 73（26.07%） | 105（37.5%） | |

经过课前对学生学习情况调查发现，三年级学生对50米跑的认知“一般”占36.43%、“中等”占26.07%、“特别”占37.5%。由此可知，三年级学生在

一、二年级时有练习50米跑，但对50米跑运动的认知处于整体偏下水平，跑得快而技术好的学生较少。由此说明学生有一定的快速跑基础，但跑的动作、步幅步频欠佳。综上所述，本单元则由学生较熟悉的站立式起跑逐步过渡到起跑后途中跑、步幅步频练习和冲刺跑的训练来提高学生快速跑能力。

## 【教学策略】

通过课前学情调查发现大部分学生非常喜欢50米快速跑，学过站立式起跑，但对起跑后加速跑不太了解，对自己快速跑技术不满意，认为自己跑得不快，对冲刺跑不太了解。基于以上学情来以学定教，有针对性地进行分层教学和因材施教。

根据学情及教材分析情况，制定了起跑、起跑后加速跑、途中跑、冲刺跑、考核等5课时，采用勤练、乐赛的教学策略。课堂中精讲多练，集体练、小组练、学中练、练中学、练中赛、赛中练、赛中评、小组赛等，通过把趣学、巧练、乐赛、公评教学策略贯穿到课堂，以发展学生快速跑的技能同时培养学生健康行为及体育品德。让学生掌握运动技能，从而喜欢上体育课，以达到增强体质的目的。

## 【教学设计】

### “50米快速跑”“学、练、赛、评”一体化单元第一课时教学设计

**（一）设计思路**

本课例在教学设计的过程中，聚焦“趣学、巧练、乐赛、公评”一体化理念，在教师的主导作用下，突出学生的主体地位，注重学生的综合素养发展。结合教材特点，在趣学、巧练、乐赛中学习腿部蹬地、反应、站立式起跑等，给学生创设“学、练、赛、评”的闭环学习路径。

**（二）教学流程**

“50米快速跑”“学、练、赛、评”一体化单元教学流程思维导图如图4-1-4所示。

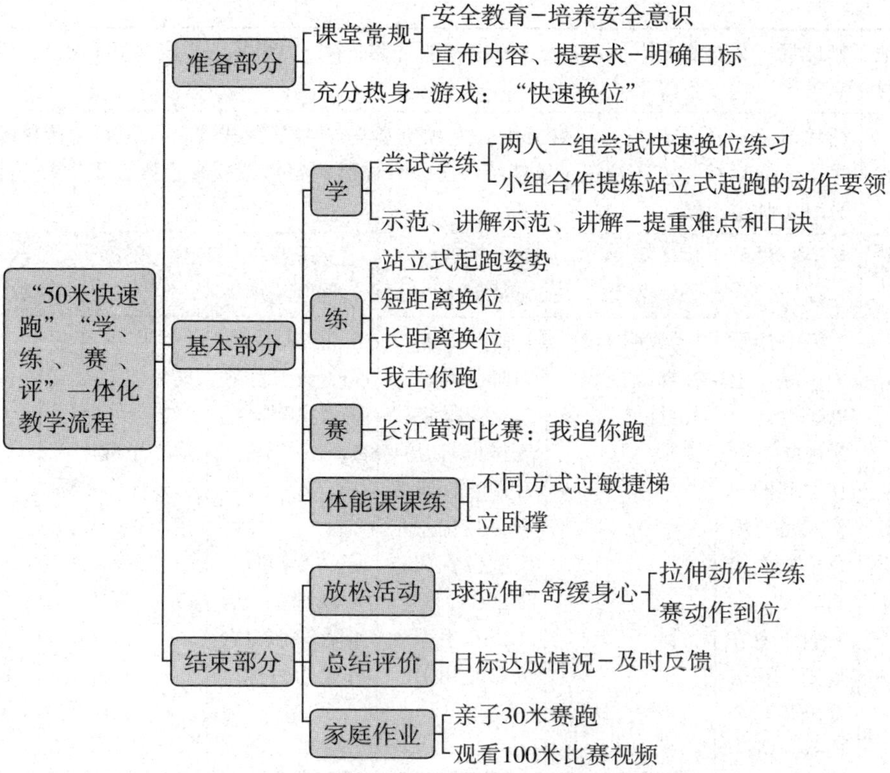


图4–1–4 "50米快速跑""学、练、赛、评"一体化单元教学流程思维导图

## （三）教学计划

水平二"50米快速跑"单元第一课时教学计划见表4–1–5。

**表4–1–5 水平二"50米快速跑"单元第一课时教学计划**

| | | | |
|---|---|---|---|
| 学习目标 | 运动能力（体能）：掌握立棒式传接棒方法，并能运用在迎面接力跑中，发展速度、力量、协调等身体素质。<br>健康行为：在情境化的学、练、赛游戏中，能够善于思考、积极参与、团结合作完成各项挑战任务，做到听指令按要求、守规则、重合作的健康行为。<br>体育品德：培养善思乐学、顽强拼搏、团结合作的体育精神，遇到困难乐观应对的生活态度。 | | |
| 内容 | 1.迎面接力跑。<br>2.体能课课练：搬运物资。 | 要点 | 会用"右手传右手，从他右边走"立棒式传接棒方法 |
| 重点 | 右错肩立棒式交接棒技术 | 难点 | 在合作跑中灵活运用立棒式传接棒方法 |

续 表

| 场地器材 | 篮球场、接力棒8根、护腕人手一个、吸汗带8个、力量练习器材牛角包8个、标志筒若干、响设备等 | | | | | | |
|---|---|---|---|---|---|---|---|
| 流程 | 情境导入—激趣热身与巧妙分组—专项准备—学习掌握战“疫”秘籍（传接棒技术）—搬运战“疫”物资（体能练习）—合作胜利集体逍遥游（放松环节）—经验分享（师生小结） | | | | | | |
| 顺序 | 达成目标（学什么？） | 趣学（怎么学？） | 巧练（如何练？） | 乐赛（学以致用） | 公评（学得如何？） | 次数 | 负荷 |
| 开始部分 | 1.集中注意力，端正上课态度。<br>2.建立与同伴之间的合作关系，增进班级凝聚力。<br>3.学会遵守规则，积极动脑参与合作。 | 1.学文明礼仪。<br>2.学运动常识。<br>3.明目标、懂要求。 | 1.宣布上课，对师生问好。<br>2.检查服装，安排见习。<br>3.简单队列练习，强化左右空间位置和肢体部位。<br>（以右手盖章为参照物） | 1.集队快、静、齐，问好声音洪亮。<br>2.比：快、静、齐。<br>3.比：用心记、专心听、守规则。<br>4.明确小组合作学习目标。 | 1.动作迅速、集中注意力。<br>2.学会倾听、静心思考。<br>3.会合作、听指令。 | 2 | 小 |
| 准备部分 | 1.充分调动参与学习的积极性，激发学习兴趣，注意力集中。<br>2.充分活动膝、踝和髋关节预防损伤。<br>3.加强左右上下肢体协调配合。<br>建立小组合作学习的伙伴关系。 | 1.趣学：起跑、摆臂、高抬腿等规范动作。<br>2.反应速度学练。<br>3.在游戏中穿插活动关节的动作。<br>4.学规则意识培养。 | 1.巧练：2人一组合作练习。<br>在面对面和背对背情况下，听指令做出相应的动作。<br>2.游戏“开心找朋友”采用呼喝语式听数抱团、组内找朋友组团、成功后组间找朋友。要求：积极参与，听从指挥。 | 1.乐赛：动作规范<br>起跑、摆臂、高抬腿等的规范性。<br>2.比：反应速度<br>在运动中能快速做出左右手摸地、转身捡底垫比快等相应指令。<br>3.比：同伴合作，相互纠错。 | 1.公评：评参与度，鼓励做得更好，激发学习兴趣。<br>2.评谁的反应速度最快。<br>（小印章盖章）<br>3.遵守规则、带头组织小组合作者，授予“吕老师精彩课堂小老师”称号勋章。 | 7 | 中 |

续表

| 顺序 | 达成目标（学什么？） | 趣学（怎么学？） | 巧练（如何练？） | 乐赛（学以致用） | 公评（学得如何？） | 次数 | 负荷 |
|---|---|---|---|---|---|---|---|
| 基本部分 | 一、错肩迎面学理<br>1.主动学习，积极思考。在面对面奔跑时，如何避免相撞？<br>2.模仿练习，学会肯定自己，欣赏同伴的健康行为。<br>3.培养遵守规则、互帮互助的学练意识。 | 一、学错肩迎面方法<br>1.理解为何要错肩？<br>2.规则变动，如何应对？<br>3.同时起跑，比规则、比速度。<br>一方起跑，另一方待接，比规则、比速度。口诀：你击掌，我来接，接到掌，才可行。 | 一、交换位置游戏<br>1.两人同时起跑：强调站立式起跑动作要领，起跑不踩线、反应快。<br>2.两人一组，一方不动待接招后起跑。<br>3.强化右手行事习惯，培养左右手平衡发展。 | 一、用错肩迎面技术技能<br>1.同时起跑比速度。<br>2.一方不动，另一方击掌。<br>3.后方可动，比规则、比合作。<br>比协调、比谁更善于思考，比哪个组合更会配合？ | 一、掌握错肩迎面动作方法<br>1.听规则。<br>2.守规则。<br>3.善动脑。<br>4.乐比赛。<br>5.会合作。<br>6.懂欣赏。<br>（以盖章为奖励） | 5 | 中 |
| | 二、错肩交接棒方法<br>1.认真观察，善于观察，看清楚握棒、传棒方法以及传棒后行走路线。<br>2.领会动作要领并会运用在迎面接力跑中，在保持正确跑步姿势的基础上，发展奔跑能力。<br>3.培养善于 | 二、学握棒和交接棒方法<br>1.握棒<br>接力棒，握一端，你一端我一端，立棒传接是关键。<br>2.传棒<br>右手传右手，从他右边走。<br>3.接棒<br>四指并，虎口张，手臂直，看前方。<br>示范讲解。<br>4.口诀运用，右错肩交接棒方法。 | 二、握棒和交接棒方法<br>1.跟老师学、跟同伴学。<br>2.两人一组徒手击掌学练。<br>3.六人一组有接力棒学。<br>4.近距离迎面接力跑比赛。<br>5.远距离且增加障碍的迎面接力跑。<br>6.互帮互助、相互纠错学。<br>7.组织迎面接力跑比赛。近距离和远距离 | 二、握棒和交接棒方法<br>1.比谁先掌握了握棒方法。<br>2.比哪对组合理解了，接到棒后方可前行，懂规则。<br>右手传右手，从他右边走。<br>口诀会运用。<br>比谁能帮同伴指出错误并改正：是否有举棒跑、交接棒时机把握不好而导致掉棒的现象？ | 二、右错肩交接棒方法<br>1.手型、手臂正确。<br>2.交接棒方法、路线正确。（组内评价，小老师行使权利，盖章）<br>3.握棒、举棒跑、掉棒。（组内评价和组间评价）<br>4.迎面接力跑比赛评价点：队伍整齐有序，交接棒方法正确、传棒 | 15 | 大 |

续 表

| 顺序 | 达成目标<br>（学什么？） | 趣学<br>（怎么学？） | 巧练<br>（如何练？） | 乐赛<br>（学以致用） | 公评<br>（学得如何？） | 次数 | 负荷 |
|---|---|---|---|---|---|---|---|
| | 观察、团结合作、勇于拼搏的精神。 | | 且需要跨越障碍两种比赛方式。 | | 后路线正确、交接棒用时较短。（教师评价和组间评价）<br>评：动作规范，路线正确小组团结不抱怨、不埋怨，团结合作。 | | |
| 基本部分 | 三、体能学练赛<br>1.弥补发展上肢力量，辅以下肢力量练习，均衡发展促提升。<br>2.培养勇于挑战克服困难的拼搏精神。 | 三、体能学练赛<br>运送物资（力量器材牛角包）<br>设置情境：<br>（1）一人搬不动，怎么办？<br>（2）消毒区消毒，人员分工怎样？ | 三、体能学练赛<br>1.一人体验搬运物资。<br>2.一人搬不动，寻求帮助。<br>3.小组分工，消毒、搬运。小组轮流制，一次往返，安全交给本组人员方才完成任务。 | 三、体能学练赛<br>1.比勇于挑战自己。<br>2.遇到困难，主动寻求帮助。<br>3.小组既分工又合作。<br>4.学会负责和担当，完成任务。 | 三、体能学练赛<br>1.勇于挑战，口头评价。<br>2.善于思考，寻求帮助。<br>3.合作与分工，团队讨论。<br>4.有责任会担当，合作完成任务。 | 8 | 大 |
| 结束部分 | 1.放松身心。<br>2.总结反馈。<br>3.收拾器材。<br>4.师生道别。 | 1.放松游戏“花开花落”。<br>2.合作完成。<br>3.总结反馈。<br>4.收拾器材，师生道别。 | 1.跟老师学、跟同伴互助。<br>2.团体合作才更有意义。<br>3.总结反馈<br>4.收拾器材，师生道别。 | 1.情境设置，音乐配合。<br>2.独乐乐不如众乐乐。<br>3.总结反馈。<br>4.收拾器材，师生道别。 | 1.动作到位，有创意。<br>2.班级凝聚力体现。<br>3.总结反馈，布置作业。<br>4.收拾器材，师生道别。 | 3 | 中 |
| 生理预测指标 | 1.运动强度：145±5次/分钟。<br>2.群体运动密度：80%左右。<br>3.个体运动密度：65%左右。 | | 安全措施 | 1.场地器材安全检查。<br>2.学生着装检查。<br>3.学生运动状态观看。 | | | |

续 表

| | |
|---|---|
| 课后反思 | 课堂从培养学生核心素养出发，结合疫情防控时事展开情境教学，以帮助学生强身健体完成“抗疫”任务为主线，引导学生采用小组合作方式，通过趣味游戏、问题启发、多样练习、比赛运用、多元评价等体现了“趣学、巧练、乐赛、公评”的教学氛围。整个学练环节循序渐进、由易到难，不断激发学生兴趣，高质量完成学习目标。学生创设一个“学、练、赛、评”的闭环学习路径。但也有以下几点有待改进和提高：<br>1.由于本节课没有完整磨过课，在教学过程中会存在语言不够简练、环节略显复杂的问题。<br>2.正因为没有磨课，导致在时间把握上不够准确，有超时现象，课即使再优秀，超时都是大忌。<br>3.既然本课是情境教学，最好从课的开始到结束有一个很好的情境线串联，所有的语言引导都贴题会更好。所以，在收到大家的评价反馈后，本人也做了二次备课，完善之后继续拍成录像课。 |

# “立定跳远”“学、练、赛、评”一体化单元教学设计

[单元水平二（三年级）]

## 【设计思路】

根据《义务教育体育与健康课程标准（2022年版）》要求，突出“健康第一”的指导思想，以学生的主动学习为目标，充分发挥学生的主体地位，使每位学生在认知上、技能上和情感上得到积极发展。在体育的新课程标准下，“学、练、赛、评”四位一体已成为当今课堂的主战线，只有将“学、练、赛、评”充分地融在一起，体育课堂教学才有灵魂、才有效果。根据以上教学理念，在课堂中采用多种教学方法，启示学生自学、自练、自创和合作学习，提高学生的学习能力，培养学生体育学习的习惯，使学生在“学中玩”“玩中学”，真正激发和培养学生的运动兴趣，为其终身体育锻炼打下良好的基础。

## 【学习内容】

立定跳远。

## 【教材分析】

立定跳远是提高身体素质的基本体育运动。其简单易学，课间、课外都能进行，不受场地的限制，跳远游戏能够有效地激发学生参与练习的兴趣。通过立定跳远，能够促进学生提高弹跳力、灵敏度和协调性等身体素质，培养学生勇于尝试，克服困难的良好品质，能有效地增强学生的合作意识和集体凝聚力。在掌握技术的前提下，有了弹跳、力量和身体协调性等要素的参与，就可以打造"学、练、赛、评"一体化课堂，从而激发起学生的学习兴趣，让学生享受乐趣。"趣学、巧练、乐赛、公评"就是我们主张"学、练、赛、评"一体化的教学理念，同时也是我们致力打造高效课堂的一种教学模式。

## 【学情分析】

这一年龄段的学生活泼好动、观察模仿能力强，具有较强的表现欲，争强好胜，竞争意识强。但是注意力较差，有意注意时间较短，动作概念模糊。虽然有时他们也较任性、娇气、依赖性强，但是他们的团体合作意识较浓。针对他们的这些特点，本次课主要运用学生自主练习，合作练习，探究学习来进行相互评价，再进行有针对性的训练来解决重难点。经课前调查，与立定跳远有关的问卷情况见表4–1–6。

**表4–1–6　"立定跳远"课前学情调查表（$N$=50人）**

| 问题 | 1（一般） | 2（中等） | 3（特别） | 备注 |
|---|---|---|---|---|
| 你知道田径比赛中的跳远吗? | 15 | 10 | 25 | |
| 你喜欢田径项目中的立定跳远吗? | 10 | 20 | 20 | |
| 你知道立定跳远的规则吗? | 10 | 15 | 25 | |
| 你认为自己立定跳远达到年龄段基本要求吗? | 25 | 10 | 15 | |

续 表

| 问题 | 1<br>（一般） | 2<br>（中等） | 3<br>（特别） | 备注 |
|---|---|---|---|---|
| 你学习过立定跳远吗？ | 15 | 15 | 20 | |
| 立定跳远在生活中的运用主要体现在哪些方面？ | 15 | 15 | 20 | |
| 合计 | 90<br>（20.8%） | 85<br>（29.2%） | 125<br>（47.9%） | |

经过课前对学生学习情况调查发现，三年级学生对立定跳远的认知“一般”占20.8%、“中等”占29.2%、“特别”占47.9%。由此可知，三年级学生对立定跳远的认知处于整体偏下水平，有学习过立定跳远技术动作的同学很好，大多数学生表现在不知道怎么协调发力，蹬地用哪里发力，双脚同时下地屈膝缓冲。综上所述，本单元则由学生自主尝试开始逐渐掌握动作技术，提高学生立定跳远的水平。

## 【教学目标及评价】

立定跳远单元计划思维导图如图4-1-5所示，立定单元目标视角下主要问题的细化与“学练赛评”活动的匹配设计见表4-1-7。

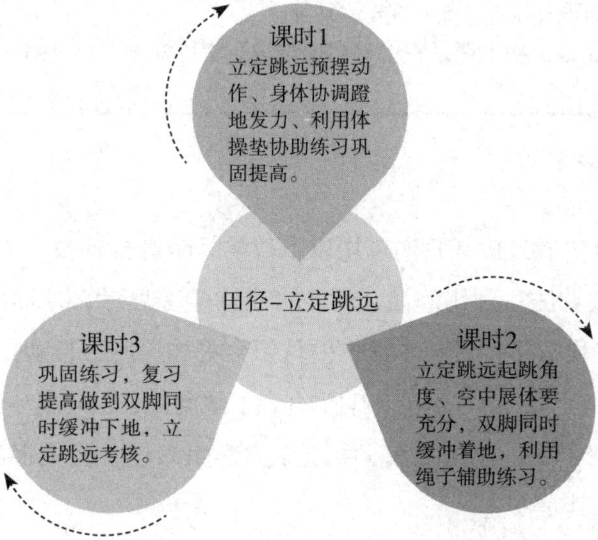


图4-1-5 立定跳远单元计划思维导图

表4-1-7　立定单元目标视角下主要问题的细化与“学、练、赛、评”活动的匹配设计

<table>
<tr><td>单元学习目标</td><td colspan="2">运动能力（体能）：通过立定跳远“趣学、巧练、乐赛、公评”的学习，使学生掌握了解立定跳远技术技能。<br>健康行为：通过“趣学、巧练、乐赛、公评”的教学，培养学生积极参与立定跳远运动，为终身体育习惯打下良好基础。<br>体育品德：通过各种合作游戏与专项体能练习，激发学生的运动兴趣，培养团队意识和合作意识，发展健全人格。</td><td>单元学习内容</td><td>立定跳远</td></tr>
<tr><td>主要解决问题</td><td colspan="4">双脚同时用力蹬地起跳动作协调、空中展体要充分、双脚同时缓冲着地。</td></tr>
<tr><td>课次</td><td>分问题</td><td colspan="3">教与学的主要活动</td></tr>
<tr><td>1</td><td>双脚同时用力蹬地起跳与摆臂动作协调。</td><td colspan="3">原地跳素质练习，配合体操垫进行辅助练习；<br>高人、矮人、超人游戏；<br>体能加油站。</td></tr>
<tr><td>2</td><td>空中展体要充分，双脚同时缓冲着地。</td><td colspan="3">配合皮筋进行辅助练习；<br>单脚接力赛；<br>体能加油站。</td></tr>
<tr><td>3</td><td>立定跳远巩固练习<br>考核。</td><td colspan="3">跳跃辅助练习；<br>立定跳远游戏与考核；<br>体能加油站。</td></tr>
<tr><td>单元评价</td><td colspan="4">评价运动能力（体能）：掌握立定跳远的基本动作技术，提高立定跳远的距离。<br>健康行为：通过“趣学、巧练、乐赛、公评”的教学，培养学生积极参与运动，为终身体育习惯打下良好基础。<br>体育品德：在上课过程中遇到困难学会坚持解决，通过团队比赛提高集体荣誉感。</td></tr>
</table>

## 【教学策略】

根据教材与学情分析，我们采用以下教学策略进行施教：

（1）先学后教法：利用问题让学生自主体验、思考，从而建立动作表象，在教师后教的过程中学生对技术动作的认识会更加深刻，且动作更易于掌握。

（2）讲解示范法：通过示范让学生直观了解动作，引导学生归纳动作要领。

（3）游戏竞赛法：利用游戏、竞赛激发学生兴趣，让更多学生喜欢上立定跳远的学习，尤其是女生。

（4）情境法：利用田径比赛中的场景简化成课堂中的练习、比赛，有利于

学生形成动作意识，提高跳远能力。

## 【教学设计】

### “立定跳远”“学、练、赛、评”一体化第一课时教学设计

**（一）设计思路**

本课聚焦“趣学、巧练、乐赛、公评”一体化理念，以生为本，以学定教，为未知而教，为未来而学。本课紧紧围绕学习重点问题“双脚同时用力蹬地起跳与摆臂动作协调”展开设计，以集体练习为辅，两人一组多人一组合作探究练习为主，组织学生循序渐进地解决立定跳远中存在的每一个问题，形成“学、练、赛、评”的闭环学习模式。

**（二）教学内容**

（1）立定跳远。

（2）游戏：“跳跃河流”。

**（三）教学重难点**

（1）学习重点：双脚用力蹬地，同时着地。

（2）学习难点：上下肢协调配合。

**（四）教学方法**

**教的方法：**“趣学、巧练、乐赛、公评”是“学、练、赛、评”一体化教学，从由问引学——以问题作为主线，从而促进学生的探究性学习；由问引练——解决体育动作技术的重点；以赛促练——满足学生的需求，掌握运动技能，让学生通过自评、互评以及师评从同伴身上取长补短。以激发学生运动兴趣，提高学生运动技能，促进学生全面发展。因此，我们所研究和追求的“学、练、赛、评”一体化教学的教法可归纳如下：①讲解示范法（1分钟）；②先学后教法；③分层教学法；④观察指导法；⑤评价调控法等。

**学的方法：**探究学习法、模仿与观察法、游戏和比赛法、小组合作学习法（“教别人”）等。

**（五）教学流程**

“立定跳远”“学、练、赛、评”一体化单元第一课时教学流程图如图4-1-6所示。

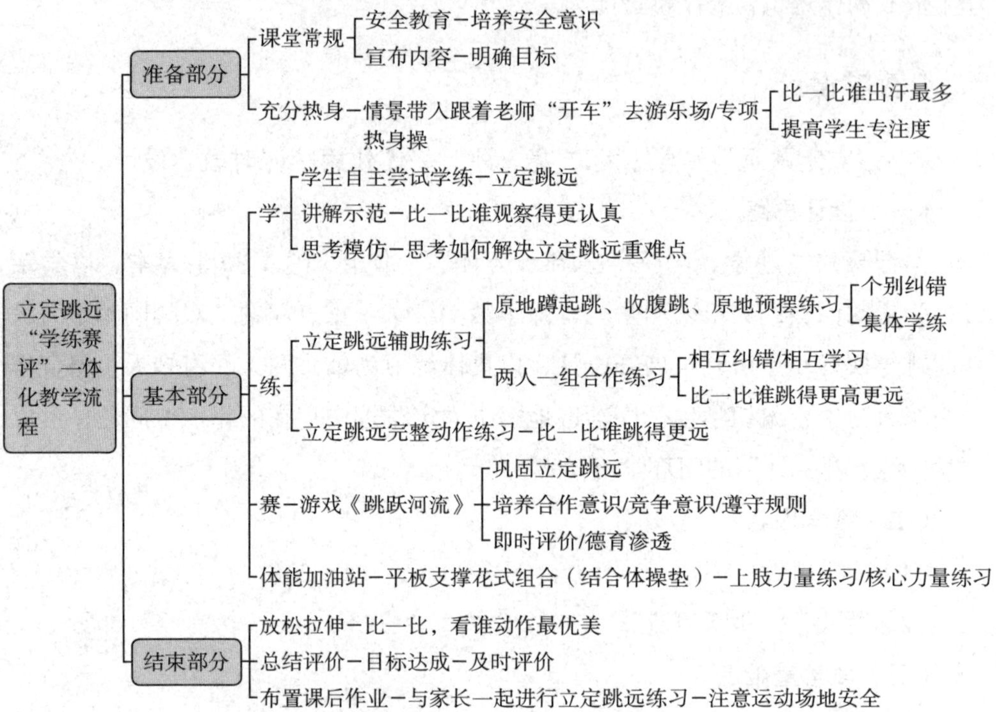


图4–1–6　“立定跳远”“学、练、赛、评”一体化单元第一课时教学流程图

**（六）场地器材**

体育馆：42张体操垫、音乐播放机1台、音乐剪辑三段、练习图解22张。

**（七）密度强度**

练习密度：65±5%；运动强度：150±5%。

**（八）教学安全与提示**

（1）检查场地、器材安全。

（2）在练习、比赛和游戏过程中，提醒学生注意安全。

**（九）教学计划**

水平二“立定跳远”“学、练、赛、评”一体化单元第一课时教学计划见表4–1–8。

**表4-1-8　水平二“立定跳远”“学、练、赛、评”一体化单元第一课时教学计划**

| | | | |
|---|---|---|---|
| 学习目标 | 1.运动能力（体能）：通过立定跳远趣学、巧练、乐赛、公评”的教学，使80%的学生初步了解立定跳远技术技能，并且达到小学生体质健康测试良好的标准。<br>2.健康行为：通过“趣学、巧练、乐赛、公评”的教学，培养学生积极参与运动，为终身体育习惯打下良好基础。<br>3.体育品德：通过集体接力游戏，激发学生的运动兴趣，培养团队意识和合作意识，发展健全人格。 | | |
| 学习内容 | 立定跳远 | 场地器材 | 52个垫子<br>8个雪糕桶<br>5个呼啦圈 |
| 重难点 | 重点：双脚用力蹬地，同时着地。<br>难点：上、下肢协调配合。 | | |
| 流程 | 课堂常规（明确任务）—游戏热身（预防损伤）—自主体验（初步探究）—讲解示范（简历概念）—集体练习（解决重点）—分组分层（突破难点）—相互合作（达成目标）—体能加油站（均衡发展）—身心放松（共同总结） | | |

| 顺序 | 达成目标 | 学习内容 | 教师活动 | 学生活动 | 组织形式及要求 | 次数 | 负荷 |
|---|---|---|---|---|---|---|---|
| 准备部分 | 1.遵守纪律明任务。 | 1.课堂常规。 | 1.集合队伍、师生问好、布置任务、提出要求。 | 1.集合做到快、静、齐，认真听口令，迅速做出相应动作，动作整齐有力。 | ******<br>******<br>******<br>******<br>@<br>队形图一<br>要求：快、静、齐 | 1 | 小 |
| | 2.游戏热身防损伤。 | 2.准备活动。<br>（1）列队趣味慢跑热身（情景带入，跟着老师“开车”去游乐场）。<br>（2）专项徒手操。<br>（3）包剪锤游戏。 | 2.讲解示范、口令清晰、带领学生。 | 2.注意力集中，认真听讲，积极回答老师提出的问题。<br>3.认真听讲、积极模仿。<br>4.（1）带着问题、认真思考，踊跃回答。<br>（2）认真模仿。 | ■■■■■<br>■■■■■<br>■■■■■<br>■■■■■<br>××◎<br>队形图二<br>要求：紧跟老师，不碰垫子 | 1<br>4<br>10 | 小<br>中 |

续 表

| 顺序 | 达成目标 | 学习内容 | 教师活动 | 学生活动 | 组织形式及要求 | 次数 | 负荷 |
|---|---|---|---|---|---|---|---|
| | 1.自助体验初尝试 | 积极体验<br>1.立定跳远完整动作。<br>动作要领： | 1.讲解示范，组织体验。 | 1.观察示范，大胆尝试挑战。 | ×××××<br>■■■■<br>×××××<br>■■■■<br>◎<br>×××××<br>■■■■<br>×××××<br>■■■■ | 4 | 中 |
| | 2.讲解示范建概念 | 2.预摆：双手前后预摆两次，屈膝蹬地：双脚同时发力，前脚掌最后离地。 | 2.组织示范、总结点评、概括要领。 | 2.积极回答，明确要点。 | | 6 | 小 |
| | 3.集体练习解重点 | 3.腾空：整个人向前上方腾空跳起，并充分展体。<br>4.落地：双脚同时落地，后脚跟先着地 | 3.讲解示范、组织教学、单独纠错、集体纠错、优生展示。 | 3.认真跟练、互相鼓励、动作标准。 | 队形图三<br>要求：积极参加“学练赛”活动，认真听讲示范，按要求进行练习。 | 20<br>2 | 中<br>中 |
| 基本部分 | 4.评价分层解重点 | 原地蹲起跳<br>收腹跳<br>原地预摆练习(引入高人、矮人、超人，激发兴趣） | 4.语言提升、组织教学、语言鼓励。 | 4.明确分组、合作互助、及时改错。 | 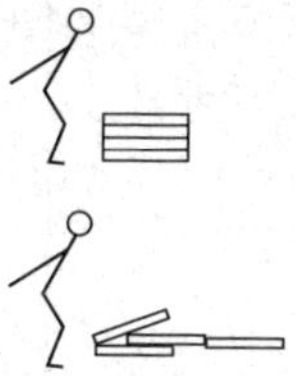<br>图四<br>要求：认真参加“学练赛”活动 | 30 | 中 |
| | | 完整动作练习。<br>两人一组相互评价<br>根据评价进行收腹跳、双层垫子（发展高度）立定跳远动作练习 | 5.讲解规则、组织比赛、德育渗透、引导评价。 | 5.明确方法、积极练习、相互帮助。 | △△△△△<br>↑↑↑↑↑<br>××××××××<br>××××××××<br>××××××××<br>图五 | 8 | 大 |
| | | 夹层垫子（发展远度）立定跳远动作练习（见图四） | 6.讲解示范、组织练习、语言鼓励。 | 6.认真听讲、积极练习、克服困难。 | 要求：遵守规则，及时评价，相互鼓励。 | 2 | 大 |

续 表

<table>
<tr><th>顺序</th><th>达成目标</th><th>学习内容</th><th>教师活动</th><th>学生活动</th><th>组织形式及要求</th><th>次数</th><th>负荷</th></tr>
<tr><td>基本部分</td><td>5.合作互助达目标<br><br>6.体能加油站促均衡</td><td>5.游戏："跳跃河流"<br>方法：情景带入，要跨越河流。全班分成5组进行接力，抛出呼啦圈双脚跳入，经过身体取出，向前进行。<br>6.平板支撑花式组合练习。<br>内容：结合垫子做上肢与核心力量练习。</td><td></td><td></td><td></td><td></td><td></td></tr>
<tr><td>结束部分</td><td>1.调整身心，使学生肌肉疲劳得到缓解。<br>2.学会总结、能正确评价自己和别人。</td><td>1.音乐进行合作放松。<br>2.评价小结，回顾知识点。</td><td>1.教师领做，学生跟做放松操。<br>2.总结、评价本次学练赛情况，布置作业。</td><td>1.跟教师一起做放松操，恢复身心。<br>2.学生参与评价，师生道别。</td><td>1.按照队形一组织排队。<br>要求：充分放松<br>2.按照队形一组织排队。<br>要求：自评互评</td><td>1<br>1</td><td>小</td></tr>
<tr><td>生理预测指标数据</td><td colspan="2">1.运动强度：155 ± 5次/分钟<br>2.群体运动密度：75%左右<br>3.个体运动密度：60% ± 5%</td><td>安全措施</td><td colspan="4">1.检查场地、器材安全<br>2.在练习和游戏过程中，提醒学生注意安全<br>3.如遇安全隐患应及时纠正</td></tr>
<tr><td>课后反思</td><td colspan="7">从本节课中发现立定跳远从开始到结束只有一瞬间，即使教师再怎么示范也难以让学生记住其中的技术细节，我们只有借助多媒体的教学手段将其分解，利用慢放等功能让学生完整地记忆住其动作的每个技术环节，最好再配一些口诀，如快速摆臂，挺胸展髋，收腹举腿，屈膝缓冲等，使学生能更好理解从理论到图像，有利于在练习中进行自我纠正，达到事半功倍的效果。</td></tr>
</table>

# 第二节　球类教学设计

## "小足球游戏""学、练、赛、评"一体化单元教学设计

[单元水平一（一年级）]

### 【设计理念】

基于小足球单元的"趣学、巧练、乐赛、公评"课堂教学，以游戏练习为载体，通过教学让学生熟悉球性，初步体验和学习足球技术，感受活动乐趣，激发学生终身参与足球运动的兴趣，养成良好的运动习惯。让学生在自主合作的学习氛围中，享受乐趣、增强体质、健全人格和锤炼意志。

### 【教材分析】

小足球游戏是根据学龄初期儿童的动作特点和实际能力设置的教学内容，具有很强的趣味性、竞争性、集体性。本单元主要以踩球练习为主线，分为4个课时，让学生在"学中玩""玩中学"。本单元的第一课时为熟悉球性，让学生在初步感受踩、推、拨的同时解决触球脚位置的问题；第二课时以如何使球稳为问题导向，解决脚触球时力度轻的重点；第三课时主要是开展控球能力的练习，如看手势前进、后退等练习，提高学生的反应能力和控制球的能力；第四课时主要是进行多方面的综合性考核评价。本单元采用简单的足球技术结合游戏形式，使学生熟悉球性并培养其对小足球的兴趣爱好。

## 【教学目标及评价】

小足球游戏单元计划思维导图如图4–2–1所示，单元目标视角下主要问题的细化与“学练赛评”活动的匹配设计见表4–2–1。

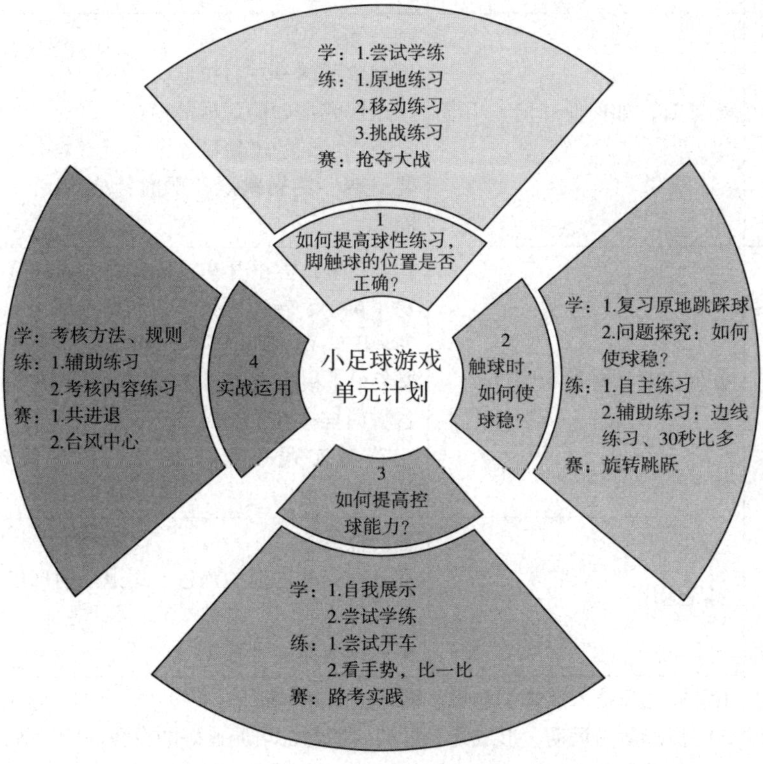


图4–2–1　小足球游戏单元计划思维导图

**表4–2–1　单元目标视角下主要问题的细化与“学、练、赛、评”活动的匹配设计**

| | | | |
|---|---|---|---|
| 单元学习目标 | 运动能力（体能）：通过各种“趣学、巧练、乐赛”的教学模式，使学生体验到小足球踩球的各种练习以及掌握前脚掌触球的技术要领。<br>健康行为：通过趣学、巧练、乐赛的教学模式，激发学生参与体育运动的兴趣。<br>体育品德：通过小组合作，发展学生团结协作、团队竞争的体育精神。 | 单元学习内容 | 小足球游戏 |
| 主要解决问题 | 触球脚的位置、脚触球的力度、控球能力（来去自如） | | |

续 表

| 课次 | 分问题 | 教与学的主要活动 |
|---|---|---|
| 1 | 如何提高球性练习，脚触球的位置是否正确？ | 练一练：看图例尝试完成不同技术动作：原地踩球—原地跳踩球—推球前进—拉球后退—左右/前后拉球。<br>赛一赛：抢夺大战。 |
| 2 | 触球时，如何使球稳，不溜走？ | 练一练：<br>原地跳踩球—左右拉球。<br>小组探究：如何踩球最稳？<br>比一比：谁的球最稳。<br>赛一赛：旋转跳跃（顺时针/逆时针、球不离开圈）。 |
| 3 | 如何提高控球能力？ | 1.学一学：尝试开车［如何让球前进（推）、后退（拉）、转弯（拉）、刹车（踩）］。<br>2.学开车（停车、开车、拐弯）（原地）。<br>3.考车［根据老师（考官）手势做相对应动作：各方向推拉踩］。<br>4.路考实践（赛一赛）：原地踩球—前进（推）—射门。 |
| 4 | 实战运用 | 辅助性练习。<br>赛一赛：共进退（前进、后退→射球门）。<br>台风中心。<br>搬运物资体能考核。 |
| 单元评价 | 1.掌握踩球技术前脚掌触球、踩球轻的基本要领。<br>2.能积极参与运动，形成终身运动的理念，培养良好的自我健康锻炼意识。<br>3.培养学生遵守规则、团结协作、互相鼓励的良好品质。 | |

## 【学情分析】

学校针对“小足球游戏”做了课前学情调查，具体内容见表4–2–2。

**表4–2–2 “小足球游戏”课前学情调查表（$N$=50人）**

| 问题 | 1（一般） | 2（中等） | 3（特别） | 备注 |
|---|---|---|---|---|
| 你了解足球运动吗？ | 35 | 10 | 5 | |
| 你觉得自己的足球技术怎么样？ | 40 | 7 | 3 | |
| 你有参加过足球的相关学习或训练吗？ | 38 | 7 | 5 | |

续 表

| 问题 | 1<br>（一般） | 2<br>（中等） | 3<br>（特别） | 备注 |
|---|---|---|---|---|
| 你喜欢足球运动吗？ | 13 | 7 | 37 | |
| 你想学习足球吗？ | 6 | 7 | 80 | |
| 合计 | 132<br>（52.8%） | 38<br>（15.2%） | 80<br>（32%） | |

经过课前对学生学习情况的调查发现，一年级学生对足球的认知“一般”占52.8%、“中等”占15.2%、“特别”占32%。由此可知，一年级学生对足球运动的认知处于整体偏下水平，但学生渴望学习足球技能。所以，以此为学习的基础和出发点来以学定教，并结合水平一一年级学生的学情，本单元则由简单的足球踩球技术为主线，有针对性地制定了以游戏为载体的教学模式。

## 【教学策略】

根据教材与学情分析，我采用以下教学策略进行施教：

先学后教法：利用问题让学生自主体验、思考，从而建立动作表象，在教师后教的过程中学生对技术动作的认识会更加深刻，且更易于动作的掌握。

情境教学法：情景导入课堂，学生更快投入课堂中，带动课堂氛围。

讲解示范法：采用教师示范讲解和“小老师”榜样示范，激发学习欲望。

游戏竞赛法：紧紧抓住孩子乐于比赛的特点，注重“乐赛”巩固和检验“趣学、巧练”效果。

## 【教学设计】

### “小足球游戏”单元第三课时教学设计

#### （一）设计思路

本课例为“小足球游戏”单元的第三次课，本次课主要解决的重点是提高学生控球能力。在教学设计中，聚焦“趣学、巧练、乐赛、公评”一体化理念，本次课以“学开车”为趣学情景导入，围绕“学开车—考车牌—路考”的学习过程，使学生在趣味的学习氛围中熟练掌握“开车”技能。

## （二）教学流程

“小足球游戏”单元第三课时教学流程思维导图如图4–2–2所示。

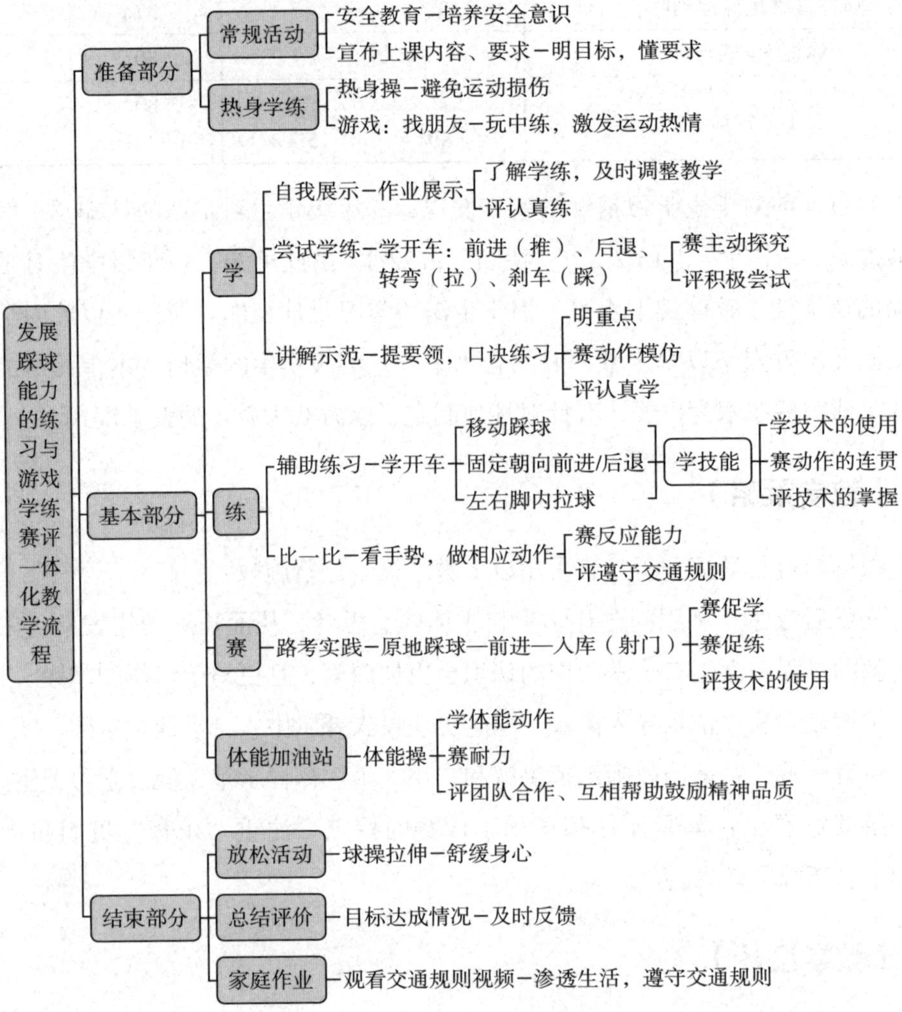


图4–2–2　“小足球游戏”单元第三课时教学流程思维导图

## （三）教学计划

“小足球：发展踩球能力的练习与游戏”单元第三课时教学计划见表4–2–3。

**表4-2-3　“小足球：发展踩球能力的练习与游戏”单元第三课时教学计划**

| | | | | | | |
|---|---|---|---|---|---|---|
| 学习目标 | 运动能力（技能）：在学练赛的环节，提高学生的控球能力。<br>健康行为：通过趣学“开车”的情景，培养学生积极参与、互帮互助的健康行为。<br>体育品德：培养学生善思乐学、团结合作的体育精神。 | | | | | |
| 学习内容 | 发展踩球能力的练习与游戏 | | 场地器材 | 足球场、足球41个、小球门8个、小栏架8个、音响一个 | | |
| 重难点 | 重点：提高控球能力；<br>难点：身体的协调性 | | | | | |
| 流程 | 课堂常规→热身操→骑车“找朋友”游戏→展示上堂课的作业并尝试自主“开车”→学开车（停车、开车、拐弯）→考车［根据老师（考官）手势做相对应动作：各方向推拉踩］→路考实践（赛一赛）：原地踩球—前进（推）—射门→课课练→放松总结 | | | | | |
| 顺序 | 达成目标 | 学习内容 | 教师活动 | 学生学、练、赛、评活动 | 组织形式 | 负荷 |
| 热身学练赛<br><br>8分钟 | 1.集中精神，认真听讲。<br><br>2.明确上课要求。<br><br>3.使学生的身心逐渐进入学习状态，避免运动损伤。<br><br>4.游戏激发学习热情。 | 1.课堂常规，安全教育，安排见习生。<br><br>2.了解本课学习目标、要求。<br><br>趣学：模仿操<br>3.模仿热身操。<br><br>巧练：找朋友<br>4.骑行“找朋友”游戏。 | 1.整队集合，口令指挥，安全提示。<br><br>2.宣布本课内容、学习目标及要求。<br><br>趣学：模仿操<br>3.带领学生进行热身操模仿练习。<br><br>巧练：找朋友<br>4.组织学生在足球场上自由散开踩球走，寻找自己的朋友（规则：学生听到音乐响起时，尝试以踩球前进的方式去寻找自己 | 学：文明礼仪，运动常识，明目标，懂要求。<br><br>巧练：找朋友<br>运用前面所学技能，骑车寻找自己的朋友，注意前脚掌触球的上方。<br><br>赛：根据老师提示，看谁模仿得最像。<br><br>评：动作迅速、集中注意力；遵守规则。 | 1.组织：四列横队。<br>要求：排队快、静、齐。<br>2.找朋友队形：<br>* * * *<br>* * *<br>* * *<br>（球场内自由散开）<br>提醒：注意安全。 | 小<br><br>小<br><br>中<br><br>中 |

续 表

| 顺序 | 达成目标 | 学习内容 | 教师活动 | 学生学、练、赛、评活动 | 组织形式 | 负荷 |
|---|---|---|---|---|---|---|
| 热身学练赛<br>8分钟 | | | 的好朋友，找到朋友后，两人先互相打招呼，然后再原地跳踩球5次；继续寻找下一个，看最后音乐停下，谁找的朋友最多）。 | | | |
| 技能学练赛<br>20分钟 | 1.展示作业，既可了解学生课后的学练情况，又为后续的学练赛进行及时的调整。<br>2.通过辅助练习，提高学生的热情和参与度，“玩”中巩固技能，提高控球能力。<br>3.自主练习：培养学生自主探究的能力，主动与同伴交流、敢于表达自己的看法。 | 1.学生展示上堂课的课后作业练习情况（尝试推球前进/后退）。<br>2.趣学：开车（停车、开车、拐弯）（原地）<br>巧练：自主开车<br>3.练一练：自主尝试开车［如何让球前进（推）、后退（拉）、转弯（拉）、刹车（踩）］ | 1.组织学生自动参与展示并对主动学生给予表扬，鼓励其他学生。<br>趣学：开车<br>2.教师组织学生进行辅助练习：<br>（1）移动踩球；<br>（2）左右脚交叉内拉；<br>（3）身体固定朝向踩球（前进/后退）。<br>巧练：自主开车<br>3.教师组织学生小组散开自行练习开车。 | 学：敢于表现自我，认真听老师的展示、安排。<br>巧练：自主开车<br>练：灵活熟练运用前脚掌控球，学会“开车”技术，巩固技能。<br>乐赛：考车牌、路考实践<br>赛：积极参与比赛，运用技能，遵守比赛规则。 | 1.练习队形组织：四列横队。<br>2.学开车队形组织：<br>****<br>****<br>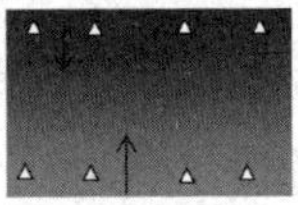<br>****<br>****<br>（学生分成8组，以球场中线为终点，从两边向中进行开车练习）<br>3.练一练组织如下：<br>****<br>***<br>***<br>（自由散开练习、探讨） | 小<br>中<br>中 |

续 表

| 顺序 | 达成目标 | 学习内容 | 教师活动 | 学生学、练、赛、评活动 | 组织形式 | 负荷 |
|---|---|---|---|---|---|---|
| 技能学练赛<br>20分钟 | 4.反应练习，提高学生的注意力。<br><br>5.以赛代练，巩固技能，赛中强调规则，培养学生的规则意识。 | 乐赛：考车牌<br>4.考车［根据老师（考官）手势或言语做相对应动作：各方向推拉踩］。<br><br>乐赛：路考实践<br>5.路考实践（赛一赛）：原地踩球—前进（推）—射门。 | 乐赛：考车牌<br>4.教师组织学生比一比：看看哪位小朋友的反应最快，根据提示做出相应的动作并遵守规则。<br>乐赛：路考<br>5.讲解比赛规则<br>全班分成8组，听教师口令向球场中线进行相关的内容路考原地踩球—前进（推）—射门比一比谁能过关。 | 评：状态高昂，积极主动参与到课堂中，解决动作重点。 | 4.考车队形：同上<br><br>5.比赛队形组织：<br>①②③④<br>* * * *<br>* * * *<br>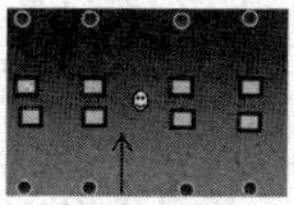<br>* * * *<br>* * * *<br>⑤⑥⑦⑧<br>（全班分成8组，在球场两边同时进行路考实践） | |
| 体能学练赛<br>8<br>分钟 | 发展学生体能，锤炼意志 | 课课练：<br>蚂蚁搬家 | 指导学生坚持不懈完成体能练习 | 认真参与 | 队形：<br>←<br>* * * * * *<br>* * * * * *<br>* * * * * *<br>→<br>* * * * * *<br>（一二排为一组，学生顺时针俯撑移动一圈） | 大 |
| 放松学练赛<br>4<br>分钟 | 1.培养自我放松的意识。<br><br>2.学会总结、归纳知识，开展自评、互评。 | 1.利用球拉伸放松。<br><br>2.评价小结，收拾器材。 | 1.教师领做，学生跟做放松操。<br>2.总结、评价本课学练情况。 | 1.跟教师一起做放松操，恢复身心。<br>2.学生参与评价，师生道别。 | 组织如下图<br>* * * * * *<br>*　　　　*<br>*　@　*<br>*　　　　*<br>* * * * * * | 小 |

续 表

<table>
<tr><th>顺序</th><th>达成目标</th><th>学习内容</th><th colspan="2">教师活动</th><th>学生学、练、赛、评活动</th><th>组织形式</th><th>负荷</th></tr>
<tr><td>放松学练赛<br>4分钟</td><td>3.课后延伸，联系实际，教会学生遵守交通规则。</td><td>3.课后作业：观看交通视频，学交通规则。</td><td colspan="2">3.布置课后作业。</td><td>3.明确作业要求，认真参与。</td><td>（全班同学围成一个圆形，进行放松练习）<br></td><td></td></tr>
<tr><td>生理预测指标数据</td><td colspan="2">平均心率：145 ± 5次/分钟<br>群体运动密度：80% ± 5%<br>个体运动密度：60% ± 5%</td><td>安全措施</td><td colspan="4">1.检查场地、器材安全<br>2.在练习和游戏过程中，提醒学生注意安全<br>3.如遇安全隐患应及时纠正</td></tr>
<tr><td>课后反思</td><td colspan="7">本课是单元的第三次课，课的设计从“学开车”趣学情景贯通到底，并与生活相联系融入交通规则的灌输，课堂栩栩如生；本课的第二个亮点是课堂中教师说得少，学生练得多，提高学生的练习密度；但最后的路考实践环节，评得不够准确。</td></tr>
</table>

# “小篮球运球控球能力”“学、练、赛、评”一体化单元教学设计

[单元水平一（二年级）]

## 【设计理念】

本教学设计以“健康第一”为指导思想，“立德树人”为根本任务。关注学生个体差异，以生为本、以学定教、为未知而教、为未来而学的执教观，紧扣三维核心素养目标。通过“激趣、导学、勤练、乐赛”课堂教学组织，遵循由易到难、由简到繁、由下到上、由分到合、由大肌肉综合运动到小肌肉群精细化运动的原则，采用“多元任务单”“进阶与退阶”的弹性学练、“条件+”

的学练挑战机制和“2+$n$”的互助学习方式，培养小篮球运球控球能力。

## 【教材分析】

### （一）学习小篮球必要性

小篮球具有提升学生专注能力的运动价值，可以提高学生手指灵活性、柔韧性并促进手指力量的发展，能够调动上肢小肌肉群完成精细化的动作，提高学生空间感知能力，发展上、下肢大肌肉群的综合运动能力。

### （二）小篮球运动技术价值

篮球运球是有球队员用手连续触球将球控制在身体的可控范围内，并与球一起有节奏、有目的、有方向地移动，运球是摆脱防守主动进攻最有效的技术动作。

### （三）篮球教学单元计划

篮球因受外力大小、接触部位不同，导致篮球运动的节奏、速度、方向、轨迹、路线等要素不同。在大单元视角下，以“发展运球控球能力”的控球手型、触球部位、触球时机、控球力度、运球速度等技术动作为教学设计重点，以学生的原认知经验为基础，以问题为导向，采用任务单式的教育，围绕篮球运球技术动作之间的内在联系与外在环境条件关系设计了5个分问题6个阶段18课时解决发展小篮球运球控球能力，其中，每个分问题都是独立的教学知识点，分问题之间又是层层递进螺旋式上升的结构化关系。

## 【学情分析】

**学生身心发育规律：**二年级7～8岁的学生，具有从无意识向有意识记忆发展特点，注意力不稳定、不持久。对生动、具体、形象的事物，形式新颖，色彩鲜艳的对象，有较强的兴趣。

**学生集体特征：**我校二年级班额为48～50人，男女比例适中，肥胖儿童占5%左右。有较好的体育课堂规则，有输赢意识能力，有较强的集体荣誉感，具备独立思考问题、解决问题的小组学习能力。

**学生学习篮球经历：**经课前调查发现，二年级学生对篮球的认知“一般”占46.25%、“中等”占35%、“特别”占18.75%，对篮球运动的认知处于整体偏下水平，有较高的拍球基础，参加篮球比赛学生较少。本单元则由学生较熟悉的拍球经历开始逐渐提升篮球控球能力（表4–2–4）。

**表4–2–4　“小篮球运球控球能力”课前学情调查表（$N$=50人）**

| 问题 | 1<br>（一般） | 2<br>（中等） | 3<br>（特别） | 备注 |
|---|---|---|---|---|
| 1.你单手拍球怎么样? | 5 | 35 | 10 | |
| 2.你双手拍两球怎么样? | 25 | 15 | 10 | |
| 3.你喜欢篮球运动吗? | 10 | 25 | 15 | |
| 4.你听说过篮球的运球吗? | 20 | 15 | 15 | |
| 5.你学过篮球中的运球吗? | 35 | 10 | 5 | |
| 6.你认为自己的运球怎么样? | 35 | 10 | 5 | |
| 7.你认为自己的篮球水平怎么样? | 15 | 25 | 10 | |
| 8.你参加过篮球比赛吗? | 40 | 5 | 5 | |
| 合计 | 185<br>（46.25%） | 140<br>（35%） | 75<br>（18.75%） | |

## 【教学方法】

**教法：**“三多三少”讲解法（1分钟）；示范法；“小老师”多对一、多对多互助教学法；巡视纠错指导法；评价调控促进法；教学竞赛法；游戏法。

**学法：**尝试模仿与观察法；自主、合作、探究法；“小老师”互助学练法。

## 【教学目标及评价】

小篮球运球控球能力单元思维导图如图4–2–3所示，单元目标视角下主要问题的细化与“学、练、赛、评”活动的匹配设计见表4–2–5。

图4–2–3 “小篮球运球控球能力”单元思维导图

**表4–2–5 单元目标视角下主要问题的细化与“学、练、赛、评”活动的匹配设计**

| 单元主要解决问题：发展水平一二年级学生小篮球运球控球能力 | |
|---|---|
| 单元学习目标 | 运动能力（体能）：学生能够做到1分钟原地运球250次以上，篮球场无防守条件下直线、曲线运球有节奏不掉球，有防守条件下8秒到前场组织进攻，掌握运球控球力度、节奏、方向等篮球运球动作，增强上、下肢力量、带球运动位移速度、30分钟运球耐力等素质，形成正确的运球姿势。<br>健康行为：学生能够感知身体与球的位置关系，熟练掌握运球动作，积极参与多次单一重复性的动作练习，养成运球时观察全场队友、对手、球筐的位置并做到快速将球安全地运到篮下组织进攻，体验摆脱防守组织进攻运球的快乐，学会比赛场上安全对抗方式与安全距离，能够清晰地表述参与篮球运球学习的真实感受。<br>体育品德：学生能够在长时间多次重复单一动作练习时，坚持练习，培养顽强拼搏精神，在小组赛过程中，学生能够做到目标坚定，顽强拼搏组织有效进攻，做到尊重对手、裁判、遵守规则，培养团队意识，集体主义精神，在练习和比赛结束，不卑不亢正确地面对比赛结果，为赢喝彩，为输鼓劲。 |

续 表

| 课序 | 运球教学分问题 | “学、练、赛、评”主要活动（学什么—练什么—怎么学—学得怎么样） |
|---|---|---|
| 1 | 拍球比多<br>1.认识球体运动。<br>2.了解作用力与反作用力。<br>3.运球手型、上肢用力顺序、体验手指手腕“按压”力。 | 1.趣学：通过视频认识球体运动，了解作用力与反作用力，观察学习运球手型、上肢用力顺序（臂—腕—指），尝试与体验身体与球的位置关系。<br>评：手型、学习态度积极、认真、爱思考。<br>2.巧练：定额练习无防守自主原地练习500次；定时练习有防守对抗练习低运球5～8分钟；四人小组攻防转换合作原地运球抢断练习5～8分钟。<br>评：练习的参与度高，完成任务质量好。<br>3.乐赛：小组无防守原地运球1分钟（3局2胜），比赛中运用正确的手形。<br>评：比赛前认真听规则，比赛中守规则，加油声强，比赛后为彼此喝彩。 |
| 2 | 不同姿势有节奏运球<br>1.触球同一部位时机与空间手型正确。<br>2.找到最快速有节奏运球姿势。<br>3.攻防意识下，学最佳运球姿势。 | 1.趣学：观察示范坐姿、跪姿、蹲姿、站姿、胯下、抬腿等姿势运球手触球。<br>评：观察模仿能力强，尝试体验积极性高，聆听能力强，注意力集中。<br>2.巧练：无人防守自主尝试各种姿势运球（多选一挑战他人）；有防守创意姿势运球（保持长时间控球能力）；多人对抗计时争抢运球。<br>评：练习专注度，参与度，完成度；评有效运球次数、评有效运球时长。<br>3.乐赛：1分钟无人防守四人小组创意运球姿势达人赛（3局2胜）。<br>评：创意姿势连续50次成功秀，比赛中创意、守规则、比赛后胜不骄。 |
| 3 | 不同方向运球<br>1.触球不同部位，观察球方向变化。<br>2.同一落点不同反弹角度，同一接触点不同落点。<br>3.原地单手、双手变向运球。 | 1.趣学：手型、步伐、身法；观察模仿示范触球不同部位，球体变化；视频观看球体运动轨迹；尝试体验触球不同部位时与身体的关系，思考如何控制球。学习“十字象限”变向运球。<br>评：认真听讲程度、尝试体验与思考回答问题、模仿程度。<br>2.巧练：“靶心反射”练习法；无防守单手“十字象限”练习法；有防守单手“十字象限”练习；无防守双手“十字象限”练习法；有防守双手“十字象限”练习。<br>评：十字象限球落点、靶心反射控球落点、触球部位。 |

续 表

<table>
<tr><th>课序</th><th>运球教学分问题</th><th>“学、练、赛、评”主要活动（学什么—练什么—怎么学—学得怎么样）</th></tr>
<tr><td>3</td><td></td><td>3.乐赛：四人小组靶心反射计时赛、3分钟攻防切换一对一挑战赛。<br>评：团队合作能力、比赛中守规则意识、完赛质量、比赛后不气馁。</td></tr>
<tr><td>4</td><td>直线运球<br>1.掌握两点确定一条直线原理。<br>2.为什么要直线运球。<br>3.如何做到球向前直线运动？<br>4.直线运球时球和人的位置关系如何？</td><td>1.趣学：视频学习“两点一线”原理；模仿两人无球、有球直线运动；尝试直线运球用球落点画直线；学习掌握直线上快速运球移动。<br>评：学习专注度、模仿能力、尝试学习能力、直线运球手型、身法。<br>2.巧练：不同长度的直线无防守运球；最长直线快速无防守运球；直线拼接有防守图形运球；无防守直线障碍运球。<br>评：直线运球节奏、速度、姿势；练习参与度、完成度、合作能力。<br>3.乐赛：四人小组无防守25米直线运球接力赛；8人小组直线运球对抗赛。<br>评：直线运球能力与速度、比赛中规则意识、合作能力，享受乐趣。</td></tr>
<tr><td>5</td><td>曲线运球<br>1.折线、曲线运球动作区别。<br>2.“曲线”进攻意识是什么？<br>3.运球突破摆脱防守运球。<br>4.组织有效运球进攻。</td><td>1.趣学：视频学习直线曲线区别；领悟“曲线”进攻意识；尝试与体验趣味字母、数字、图形高低运球。<br>评：学习专注度、模仿能力、尝试学习能力、曲线运球手型、身法。<br>2.巧练：巧画“SOPQUGDB”曲线、“WVYMNLZ”折线、“EHFTK”线段等字母运球、巧过标志桶标志盘运球、巧过消极防守队员曲线运球。<br>评：曲线运球节奏、速度、姿势；练习参与度、完成度、合作能力。<br>3.乐赛：教学比赛：四人创意字母接龙秀；15米森林穿梭曲线运球接力赛；4人对抗曲线运球争霸赛。<br>评：趣线运球空间与时机、比赛中规则意识、合作能力，享受乐趣。</td></tr>
<tr><td>6</td><td>篮球运球单元学业质量检测</td><td>
<table>
<tr><th rowspan="2">单元检测内容</th><th colspan="4">单元检测标准</th></tr>
<tr><th>A</th><th>B</th><th>C</th><th>D</th></tr>
<tr><td>1.1分钟原地运球（必选）</td><td>150次</td><td>130次</td><td>120次</td><td><120次</td></tr>
<tr><td>2.篮球场底线往返运球计时</td><td>30秒</td><td>35秒</td><td>40秒</td><td>>40秒</td></tr>
</table>
</td></tr>
</table>

续 表

<table>
<tr><td rowspan="3">6</td><td rowspan="3">篮球运球单元学业质量检测</td><td>3.篮球场直线运球：底线1—中线—底线1—底线2</td><td>连贯0断球</td><td>断1次球</td><td>断2次球</td><td>断3次球</td></tr>
<tr><td>4.教学竞赛</td><td>有效运球5次</td><td>有效运球3次</td><td>有效运球2次</td><td>有效运球1次</td></tr>
<tr><td colspan="5">检测办法：四项“1+1”或“1+N”检测</td></tr>
<tr><td>教学反思</td><td colspan="6">1.在教学设计之前：研究教材教法、分析运球动作技术技巧、全面考量动作学习价值、动作练习的有效性、实效性、趣味性、科学性，从本学科力学、生物科学、心理学、教育学等综合设计教与学的环节，以问题为导向，建立单元课序间联系。研究学生身心发展规律、心理认知规律、运动技术学习等规律，设计练习内容、频次、强度，练习的组织形式、分组方式、单元学习进度与梯度等。<br>2.在教与学的过程中：观察分析学生学习过程中出现的错误动作，及时准确地纠正错误动作的方法与手段，根据学生学习掌握的程度及时调节练习节奏、形式、内容、方法等。做到及时反思记录课次中好与不足之处，小组的划分，组长的确定等。以接纳、包容、悦纳的心态引导学生掌握正确的动作要领，体验运动乐趣。</td></tr>
</table>

## 【教学策略】

1.“师导生思”以问题为主线引导学生主动探究、合作、自主学习，鼓励和帮助有学习困难的学生独立完成学习，收获学习乐趣。

2.“激趣导学”以篮球趣味运球游戏调动学生的积极性，已知英文字母、数字、图形、颜色等知识迁移到篮球运球学习中，充分发挥学生主观能动性。

3.“因材施教”结合学情分析，选取适合的练习内容、组织形式，采用学习能力分组，做到“零负担”合作学习，优生有挑战、待优生有收获。

4.“以评促学”通过主客体客观评价，形成正确的学习认知与体验。

## 【教学设计】

### “小篮球运球控球能力”“学、练、赛、评”一体化单元第一课时教学设计

#### （一）教学流程

“小篮球运球控球能力”单元第一课时“拍球比多”流程图如图4–2–4所示，小篮球运球控球能力单元第一课时“不同姿势有节奏运球”流程图如图4–2–5所示。

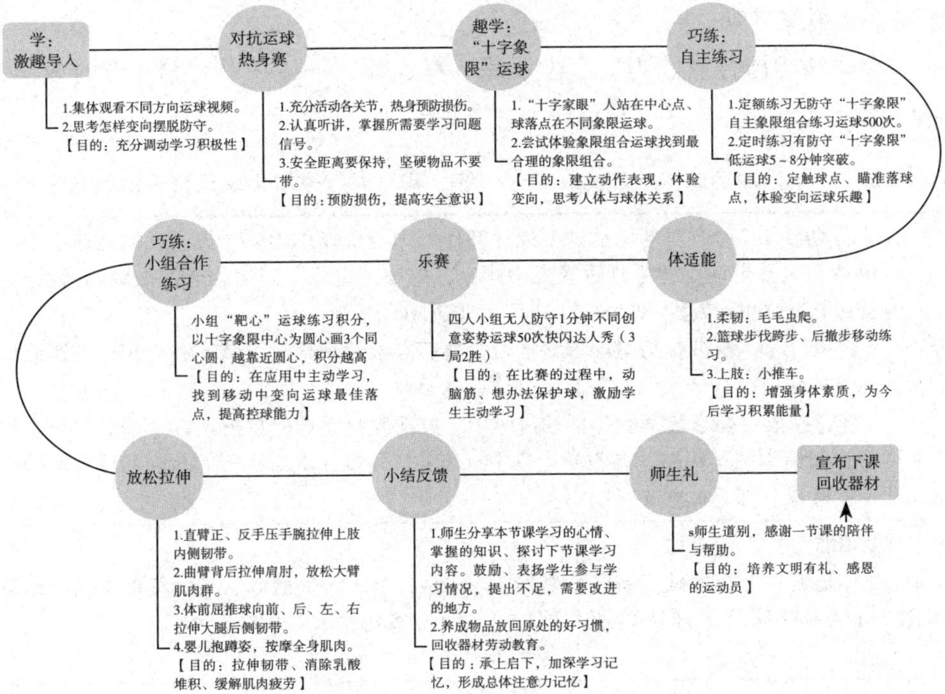


图4–2–4 "小篮球运球控球能力"单元第一课时"拍球比多"流程图

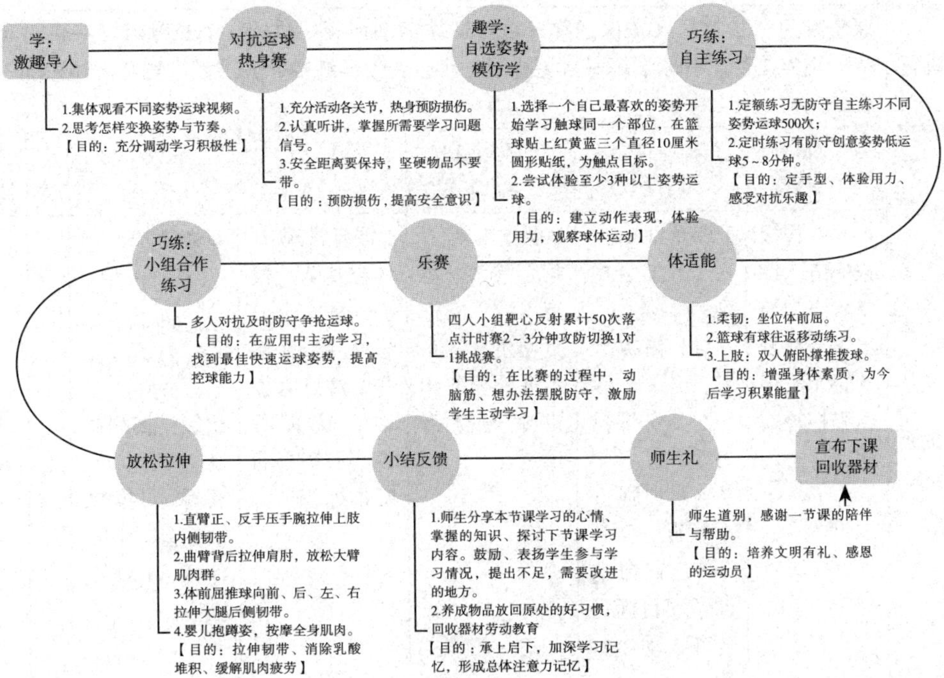


图4–2–5 "小篮球运球控球能力"单元第一课时"不同姿势有节奏运球"流程图

## （二）教学计划

"小篮球运球控球能力""学、练、赛、评"一体化单元第一课时教学计划见表4-2-6。

**表4-2-6　"小篮球运球控球能力""学、练、赛、评"一体化单元第一课时教学计划**

| | | | |
|---|---|---|---|
| 学习目标 | 1.运动能力：通过对球体运动视频认知作用力与反作用力，掌握正确的运球手型、脚法，大臂带动小臂手指手腕发力顺序，感知"按压"用力，能够做到1分钟原地连续运球100次以上，在防守干扰下运球达50次以上。<br>2.健康行为：积极参与运球单元学习，能够准确地表达学习情况和心情，知道篮球运球的作用，与亲人朋友一起玩篮球运球游戏。<br>3.体育品德：在学练赛教学活动过程中，发扬越挫越勇的拼搏精神，培养团结合作意识与集体主义精神，在教学竞赛中，培养守规则、敬对手、尊裁判的体育精神，不论输赢，都为彼此欢呼喝彩。 | | |
| 学习内容 | 1.拍球比多。<br>2.体适能：上肢力量与横向与纵向有球、无球位移速度 | 场地器材 | 篮球场1个、50个篮球、50套红黄蓝圆形标签纸（直径10厘米）音响一台 |
| 重难点 | 重点：五指张开、掌心空出手型触球正上方。<br>难点：手型放松正确、用按压力拍球，动作连贯 | | |
| 流程 | 课堂常规—激趣导入知识迁移—观看球体运动视频—体验、尝试性练习—讲解示范—集体徒手、有球学练—自主练习—小组合作学练赛—分层教学竞赛—体适能—放松评价 | | |

| 顺序 | 达成目标（WHY） | 学习内容（WHAT） | 教师活动（HOW） | 学生活动（HOW） | 组织形式及要求 | 次数 | 负荷 |
|---|---|---|---|---|---|---|---|
| 准备部分 | 1.学生积极快速进入课堂状态，培养学生良好的组织纪律性和精神面貌。 | 1.课堂常规：<br>（1）集合整队。<br>（2）清点人数。<br>（3）安排见习生。<br>（4）加强安全教育。<br>（5）宣布本课学习目标、任务、动作名称。 | 1.课堂常规：集合整队，清点人数，安排见习生，宣布本课的任务和讲解安全事项。 | 1.课堂常规：体委整队，报告人数，全班学生队列整齐，注意力集中，认真听讲，一切行动听指挥。 | 1.课堂常规：<br>××××××××××<br>××××××××××<br>000000000<br>000000000<br>T<br>组织：四列横队。<br>要求：排队快、静、齐，体委口令洪亮。 | 1 | 小 |

续表

| 顺序 | 达成目标（WHY） | 学习内容（WHAT） | 教师活动（HOW） | 学生活动（HOW） | 组织形式及要求 | 次数 | 负荷 |
|---|---|---|---|---|---|---|---|
| 准备部分 | 2.视频教学，以具体形象的直观信号刺激，激发学生学习兴趣，调动学习积极性。 | 2.趣学：观影<br>组织学生观看球体运动视频。 | 2.趣学：观影<br>（1）讲解观看要点。<br>（2）提问：球与地面接触是点还是面？我们怎么才能让球回到手上？ | 2.趣学：观影<br>（1）带着问题观影。<br>（2）积极回答问题。<br>认真观察与思考，找到最佳答案。 | 2.趣学：观影<br>组织如下：<br>×××××××××××<br>×××××××××××<br>000000000<br>000000000<br>T<br>前两排蹲姿，后两排站姿。<br>要求：集中注意力，安静文明观影。 | 1 | 小 |
| | 3.知识迁移，通过创意数字热身游戏，建立身体与球的关系，适应场地器材，预防损伤。 | 3.创意数字热身<br>用球和身体摆数字。<br>1、4、7、0<br>147、258、123<br>2022、2018、2030 | 3.创意数字热身<br>（1）引领示范。<br>（2）口令指挥。<br>（3）语言激励评价与鼓励。 | 3.创意数字热身<br>（1）积极参与。<br>（2）观察模仿。<br>（3）同伴学习。<br>（4）认真思考。 | 3.创意数字热身<br>组织：散点站位。<br>要求：积极参与，独立思考，合作学习态度端正。 | 10 | 中 |
| 基本部分 | 1.建立动作表现，体验用力，观察球体运动 | 1.趣学：尝试体验大力高运球<br>（1）学习观察教师示范大力高运球示范。<br>要点：五指张开<br>掌心空出，双手持球站立，用力下压观察球反弹。 | 1.趣学：尝试体验大力高运球<br>（1）教师示范。<br>（2）语言提示。<br>（3）手势、眼神、动作肯定评价，走近运动能力弱学生。<br>（4）组织个 | 1.趣学：尝试体验大力高运球<br>（1）模仿练习，体验大力运球触球部位，用力顺序。<br>（2）自主练习，一次比一次高。<br>（3）两人挑战，形成动态 | 1.趣学：尝试体验大力高运球<br>组织：篮球场散点。<br>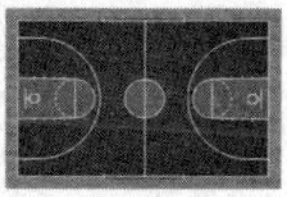<br>要求：积极参与、观察模仿、自主尝试学习、挑战自我高度。 | 4<br>6<br>20 | 中<br>小<br>中 |

续 表

| 顺序 | 达成目标（WHY） | 学习内容（WHAT） | 教师活动（HOW） | 学生活动（HOW） | 组织形式及要求 | 次数 | 负荷 |
|---|---|---|---|---|---|---|---|
| | | （2）尝试体验双手大力拍球至半空比高。 | 人大力拍球比高、自由组合2人比高。 | 挑战平台，3分钟成功挑战3人或9份，以此类推。 | | | |
| 基本部分 | 2.定手型、体验用力、感受对抗乐趣。 | 2.巧练：自主练习<br>（1）定额练习无防守自主原地练习500次。<br>（2）定时练习有防守对抗练习低运球5～8分钟。 | 2.巧练：自主练习<br>（1）组织学生原地坚持500次运球练习3组。<br>（2）组织两人两球低运球5分钟比抢断次数。少为胜。<br>（3）观察、巡视、指导、纠错，激励与鼓励评价。 | 2.巧练：自主练习<br>（1）积极参与，观察同伴，争取做“小老师”。<br>（2）对抗练习，建立攻防意识，积极思考如何保护好球同时破坏对手运球。<br>（节奏、时机） | 2.巧练：自主练习<br>组织：篮球场散点。<br>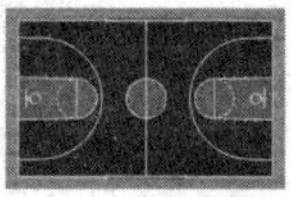<br>要求：主动思考解决护球破坏他人球的目的，达到主动学习目的。 | 2<br>30 | 中<br>中 |
| | 3.在应用中主动学习，提高控球能力。 | 3.巧练：小组合作练习<br>四人小组攻防转换合作原地运球抢断练习5～8分钟。<br>四人2球，两两对抗，相互干扰，有球队员和无球队员相互配合。将球成功运到对方大本营为胜。 | 3.巧练：小组合作练习<br>（1）组织示范。<br>（2）语言提示。<br>（3）指导、纠错。 | 3.巧练：小组合作练习<br>（1）观察模仿。<br>（2）小组角色分工，组长、组员、练习顺序。 | 3.巧练：小组合作练习<br>组织：全班分成4×12+2小组分散在篮球场四等分场地内。<br>要求：培养小组合作意识，建立团队信任，提高团队竞争力。 | 8 | 大 |

续 表

| 顺序 | 达成目标（WHY） | 学习内容（WHAT） | 教师活动（HOW） | 学生活动（HOW） | 组织形式及要求 | 次数 | 负荷 |
|---|---|---|---|---|---|---|---|
| 基本部分 | 4.在比赛的过程中，动脑筋、想办法保护球，激励学生主动学习。 | 4.乐赛：拍球比多<br>小组累积无防守原地运球1分钟（3局2胜），比赛中运用正确的手形。 | 4.乐赛：拍球比多<br>教师组织竞赛语言提示<br>树立公正、公平的竞争意识。 | 4.乐赛：拍球比多<br>积极参与，顽强拼搏，正确地面对比赛输赢。 | 4.乐赛：拍球比多<br>组织：4*12人连续运球次数累计总数比输赢。<br>要求：守规则、敬对手、尊裁判。 | 4 | 大 |
| | 5.增强身体素质，为今后学习积累能量。 | 5.体适能<br>（1）仰卧爬行运球接力。<br>（2）篮球步伐移动练习。<br>（3）仰卧坐姿屈膝抬脚持球转体。 | 5.体适能<br>教师示范引领语言提示<br>巡视纠错。 | 5.体适能<br>积极参与，口令响亮，努力完成每一个动作，坚持就是力量。 | 5.体适能<br>组织：2人一组。<br>（1）首尾相接绕圈移动。<br>（2）四人逆时针移动。<br>（3）四人面向中心顺时针传接球。 | 5 | 大 |
| 结束部分 | 1.调整身心，拉伸韧带、消除乳酸堆积、缓解肌肉疲劳。 | 1.放松拉伸<br>（1）直臂正、反手压手腕。<br>（2）曲臂背后拉伸肩肘。<br>（3）体前屈推球向前、后、左、右。<br>（4）婴儿抱蹲姿，按摩全身肌肉。 | 1.放松拉伸<br>教师领做，学生跟做放松操。<br>拉伸上肢内侧韧带，放松大臂肌肉群，拉伸大腿后侧韧带。 | 1.放松拉伸<br>跟教师一起做放松操，恢复身心。 | 1.放松拉伸<br>组织：四列横队。<br>要求：成四列横队按要求充分放松。 | 1 | 小 |
| | 2.承上启下，加深学习记忆，形 | 2.评价反馈<br>师生分享本节课学习的心 | 2.评价反馈<br>本次学练赛情况，布置作业 | 2.评价反馈<br>学生参与评价，师生道别。 | 2.评价反馈<br>组织：散点站位。 | 1 | 小 |

续 表

| 顺序 | 达成目标（WHY） | 学习内容（WHAT） | 教师活动（HOW） | 学生活动（HOW） | 组织形式及要求 | 次数 | 负荷 |
|---|---|---|---|---|---|---|---|
| 结束部分 | 成总体注意力记忆。养成物品放回原处的好习惯。 | 情、掌握的知识、探讨下节课学习内容。 |  | 回收器材劳动教育。 | 要求：说出真实的体验感受，有哪些收获、心情怎样自评互评。 |  |  |
| 生理预测指标数据 | 1.运动强度：145±5次/分钟<br>2.群体运动密度：80%± 5%<br>3.个体运动密度：65%±5% |  | 安全措施 | 1.检查场地、器材安全。<br>2.在练习和游戏过程中，提醒学生注意安全。<br>3.如遇安全隐患应及时纠正。 |  |  |  |
| 课后反思 | 本节课预设问题与生成问题相吻合，说明设计有效。从学生的角度分析问题，以有趣作为设计基点，牢牢抓住学生对新鲜事物好奇的心理，融入了较高的运动量和运动强度，提高了学生积极完成任务的能力。本节课有95%的学生能够运用正确的手形，教学练习有效，也充分说明了动作定型需要一定量的积累。1分钟运球有85%的学生能够达到100次以上，当学生挑战成功时，由内而发的喜悦奔涌而出。 |  |  |  |  |  |  |

# “原地双手胸前传接球”“学、练、赛、评”一体化单元教学设计

［单元水平二（四年级）］

## 【设计理念】

本课以学生发展为中心，遵循落实“立德树人”根本任务和“健康第一”的指导思想，根据《关于全面加强和改进新时代学校体育工作意见》的文件精神，通过“学、练、赛、评”融合的课堂教学模式，通过改进教学策略、学生的学习方式，运用丰富的游戏，激发兴趣、关注差异来帮助学生掌握基本的篮球传接球技能，提高篮球传接球的能力，促进学生身心发展，养成终身体育意识。

## 【教材分析】

篮球对于培养学生的学习兴趣、发展体能、提高对球的感知能力以及人与球体的距离感、空间感、速度感等能力，培养果敢、机敏、顽强等心理品质，提高抗挫折意识和团队协作等精神具有重要价值。双手胸前传接球是发动进攻的主要手段之一，通过本单元可以很好地发展学生双手胸前传接球技术，能在篮球技战术中合理运用。

## 【教学目标及评价】

篮球原地双手胸前传接球单元计划思维导图如图4-2-6所示，单元目标视角下主要问题的细化与“学、练、赛、评”活动的匹配设计见表4-2-7。

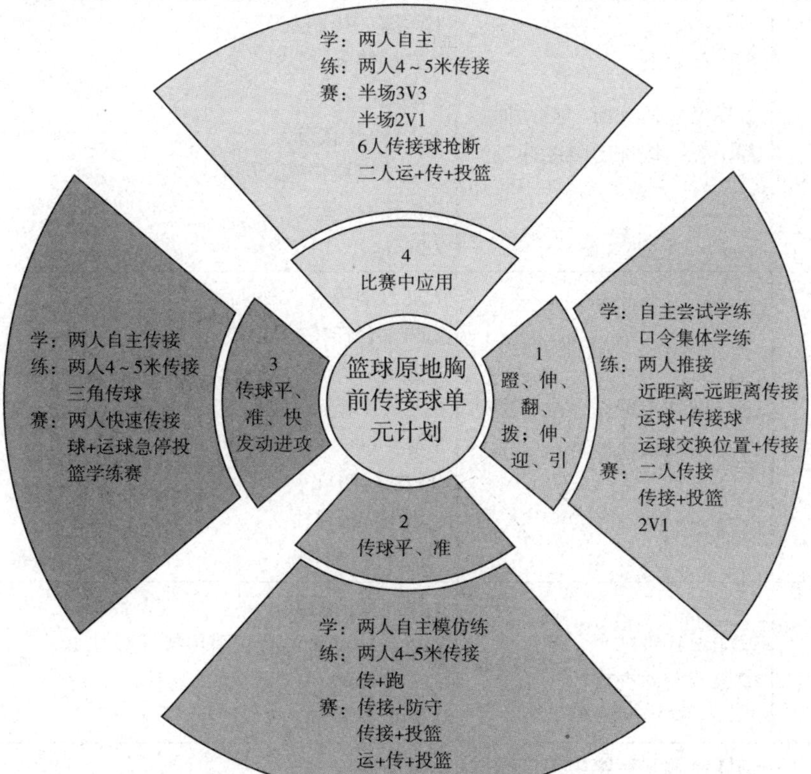


图4-2-6　篮球原地双手胸前传接球单元计划思维导图

**表4–2–7　单元目标视角下主要问题的细化与“学、练、赛、评”活动的匹配设计**

<table>
<tr><td>单元学习目标</td><td colspan="2">运动能力（体能）：通过多样化的“学、练、赛、评”学习，从模仿开始逐渐至熟练掌握原地双手胸前传接球的动作方法，并较熟练运用双手胸前传接球的技术方法与摆脱接球、传球后摆脱技术相结合，理解传接球在比赛中为自己和队友制造进攻机会的作用，为后阶段简单的技术组合比赛奠定基础。<br>健康行为：获得科学的篮球锻炼方法和习惯的习得，并与同伴良好合作，体验合作成功的健康行为。<br>体育品德：培养善于观察、遵守规则、合作学习的意识与能力，培养团队合作意识与责任感、顽强拼搏的体育精神。</td><td>单元学习内容</td><td>原地双手胸前传接球</td></tr>
<tr><td>主要解决问题</td><td colspan="4">传球时“蹬、伸、翻、拨，接球后引缓冲”；传球平、准，接球时主动上步迎球；传球平、准、快，接稳球发动进攻以及发动进攻意识的培养。</td></tr>
<tr><td>课次</td><td>分问题</td><td colspan="3">教与学的主要活动</td></tr>
<tr><td>1</td><td>怎样做到传球时“蹬、伸、翻、拨，接球后引缓冲”？</td><td colspan="3">1.运球“找朋友”。<br>2.尝试体验。<br>3.两人推接。<br>4.运球+传接球。<br>5.运球交换位置+传接。<br>6.传接+投篮。<br>7.2vs1。</td></tr>
<tr><td>2</td><td>怎样做到传球平、准，接球时主动上步迎球？</td><td colspan="3">1.复习学练赛。<br>2.两人合作传接球。<br>3.运+传+跑。<br>4.四人一组面对面“运+传+跑”。<br>5.赛：<br>①传接+防守。<br>②传接+投篮。<br>③运+传+投篮。</td></tr>
<tr><td>3</td><td>怎样做到传球平、准、快，接稳球发动进攻？</td><td colspan="3">1.快速反应游戏。<br>2.两人一组面对面双手传接球。<br>3.三角传球。<br>4.运+传+投篮。</td></tr>
<tr><td>4</td><td>怎样在教学比赛中传接球技术运用和评价（考核）？</td><td colspan="3">1.反应游戏。<br>2.两人一组面对面双手传接球。</td></tr>
</table>

续 表

| 课次 | 分问题 | 教与学的主要活动 |
| --- | --- | --- |
| 4 | | 3.半场“二打一”教学比赛。<br>4.半场“二打二”教学比赛。 |
| 单元评价 | 评运动能力（体能）：熟练掌握原地双手胸前传接球的动作方法，掌握篮球移动步伐，发展上下肢体能。<br>健康行为：积极参与课堂和体育锻炼，能与同伴良好合作。<br>体育品德：遵守规则、团队合作意识、顽强拼搏的体育精神。 | |

## 【学情分析】

四年级学生处于长身体的时期，身体发育还不完善，心理发育不成熟。对篮球已有一定的认识和具备一定的运球能力，但对传接球动作较为陌生，但兴趣浓厚、身体素质较好、力量较弱、协调性较好。

因此学校针对“原地双手胸前投篮”做了课前学情调查，具体情况见表4–2–8。

**表4–2–8　“原地双手胸前投篮”课前学情调查表（*N*=50人）**

| 问题 | 1<br>（一般） | 2<br>（中等） | 3<br>（特别） | 备注 |
| --- | --- | --- | --- | --- |
| 你喜欢打篮球吗？（同向问题） | 15 | 18 | 17 | |
| 你学过篮球中的原地运球吗？ | 8 | 16 | 26 | |
| 你学过篮球中的“原地双手胸前传接球”吗？ | 20 | 13 | 17 | |
| 你认为自己的传接球技术怎么样？ | 19 | 11 | 20 | |
| 你认为自己的篮球水平怎么样？ | 13 | 19 | 18 | |
| 你了解原地双手胸前投篮吗？ | 18 | 9 | 23 | |
| 你的双手投篮的成功率是多少？ | 14 | 19 | 17 | |
| 合计 | 107<br>（30.57%） | 105<br>（30%） | 138<br>（39.43%） | |

经过课前对学生学习情况调查发现，四年级学生对篮球的认知“一般”占30.57%、“中等”占35%、“特别”占39.43%，由此可知，四年级对篮球运动

的认知处于整体偏中等水平，有较高的兴趣，传接球技术比较陌生。由此说明学生有一定的篮球学习经历，传接球技术学习经验欠缺。综上所述，本单元则由比赛较常用的传接术技术开始逐渐提升篮球传接球能力。

## 【教学策略】

通过课前学情调查发现，大部分学生有接触过篮球，也喜欢篮球，但对篮球双手胸前传接球技术相对不太熟悉，较为陌生。四年级的学生学习模仿能力强，基于学情，为了更好地达成学习目标，所以本单元在教法上有针对性地采用了先学后教法、讲解示范法、分层教学法、观察指导法、评价调控法等，在学法上则采用了探究学习、模仿与观察、游戏和比赛法、小组合作学习法等。

## 【教学设计】

### “原地双手胸前传接球”“学、练、赛、评”一体化单元第一课时教学设计

#### （一）设计思路

本课例在教学设计的过程中，聚焦“趣学、巧练、乐赛、公评”一体化理念，在教师的主导作用下，突出学生的主体地位，注重学生的综合素养发展。本节课设置了游戏“运球找朋友”—球性练习—图示、尝试性练习—讲解示范、提炼口诀—集体练习—分解动作练习—分组练习—分层教学—体能课课练，环环相扣，循序渐进，给学生创设“学、练、赛、评”的闭环学习路径。

#### （二）教学流程

“原地双手胸前传接球”“学、练、赛、评”一体化单元第一课时教学流程图如图4–2–7所示。

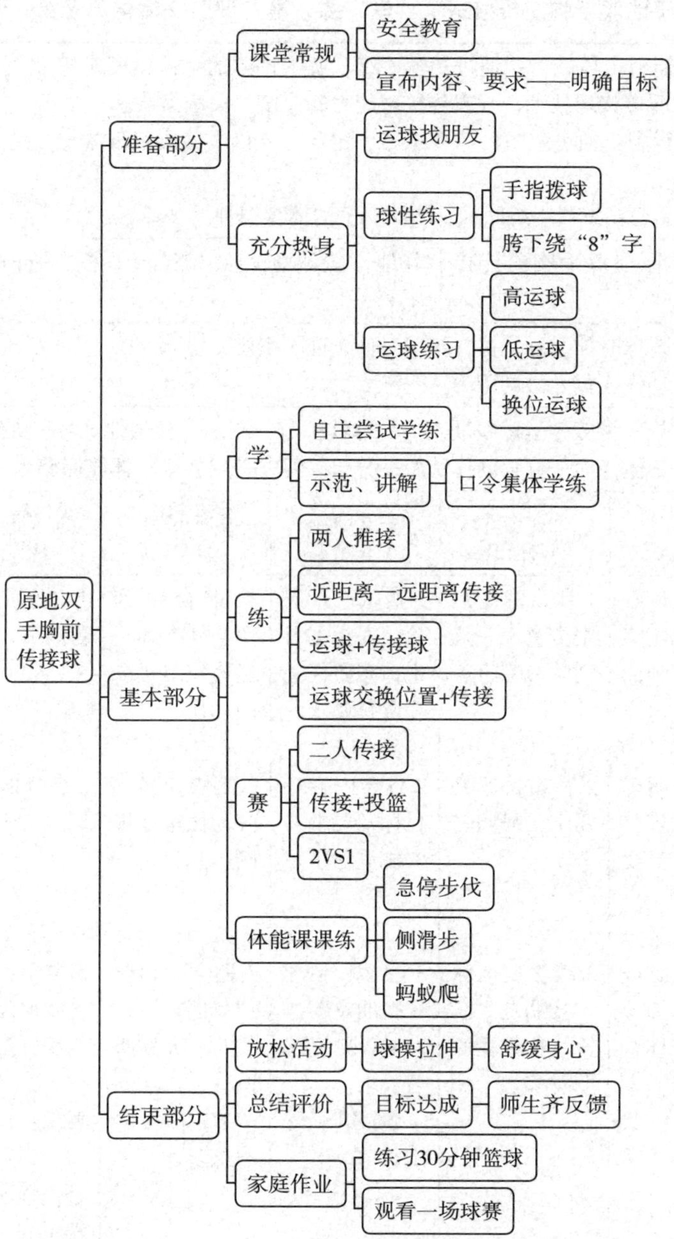


图4-2-7 “原地双手胸前传接球”“学、练、赛、评”一体化单元第一课时教学流程图

## （三）教学计划

“原地双手胸前传接球”“学、练、赛、评”一体化单元第一课时教学计划见表4-2-9。

**表4–2–9　"原地双手胸前传接球""学、练、赛、评"一体化单元第一课时教学计划**

| | | | | | | | |
|---|---|---|---|---|---|---|---|
| 学习目标 | 1.运动能力（体能）：通过"学、练、赛、评"的一体化模式学习，学生初步掌握双手胸前传接球技术，发展传接球能力和速度、灵敏素质。<br>2.健康行为：通过游戏、综合练习、比赛与评价，养成积极参与、提高情绪调控的适应能力。<br>3.体育品德：发展小组团结、团队竞争的体育精神。 | | | | | | |
| 学习内容 | 篮球：原地双手胸前传接球 | | 场地器材 | 篮球场；标志碟若干；标志桶8个；音响一个 | | | |
| 重难点 | 重点：传球时伸、翻、拨，接球时伸、迎、引。<br>难点：动作连贯、协调用力。 | | | | | | |
| 流程 | 课堂常规—游戏"运球找朋友"—球性练习—图示、尝试性练习—讲解示范、提炼口诀—集体练习—分解动作练习—分组练习—分层教学—体能课课练—放松评价 | | | | | | |
| 顺序 | 达成目标（WHY） | 学习内容（WHAT） | 教师活动（HOW） | 学生活动（HOW） | 组织形式及要求 | 次数 | 负荷 |
| 准备部分 | 1.培养良好的组织纪律性和精神面貌。 | 1.课堂常规，安全教育，队列队形练习。 | 1.整队检查人数，安排见习生，布置任务和讲解要求。 | 1.集合做到快、静、齐，迅速作出要求的动作。 | 1.做到快、静、齐。 | 1 | 小 |
| | 2.学生明确学习内容与安全重要性。 | 2.宣布目标及要求，强调安全。 | 2.宣布内容、目标及要求，安排见习生。 | 2.比快、静、齐；比遵守规则。 | 2.会合作。 | | |
| | 3.通过游戏激趣，充分活动身体，学生身心渐入学习状态。 | 3.趣学：运球"找朋友"，比一比谁找的朋友多。 | 3.趣学：运球"找朋友"。<br>（1）讲解练习要求。<br>（2）组织学生练习。 | 3.趣学：运球"找朋友"。<br>（1）认真听讲。<br>（2）积极参与练习。 | 3.趣学：运球"找朋友"。<br>组织：散点站位。<br>要求：积极参与。<br>合作学习态度端正。 | 3 | 中 |
| | 4.通过球性练习方法和各种运球方式来提高学生的球性， | 4.趣学：球性练习和运球。 | 4.趣学：<br>手指拨球，胯下绕"8"字，高低运球练习，换位运 | 4.趣学：<br>（1）积极参与练习。<br>（2）观察模仿。 | 4.趣学：运球"找朋友"。<br>组织：散点站位。<br>要求：积极参 | 8 | 大 |

续 表

| 顺序 | 达成目标（WHY） | 学习内容（WHAT） | 教师活动（HOW） | 学生活动（HOW） | 组织形式及要求 | 次数 | 负荷 |
|---|---|---|---|---|---|---|---|
| 准备部分 | 预防损伤。<br>5.先学后教，了解学情。 | 5.巧练：图片导入内容。<br>6.巧练：口诀要领下练习。 | 球。<br>5.巧练：根据图示尝试性练习。<br>（1）提示学生思考。<br>（2）组织学生尝试练习。 | 5.巧练：根据图示尝试性练习。<br>（1）观察模仿。<br>（2）积极参与练习。<br>6.巧练：<br>（1）边说口诀边练习。<br>（2）积极参与。<br>（3）合作态度端正。 | 与。<br>5.巧练：根据图示尝试性练习。<br>组织：篮球场散点。<br>要求：积极参与。<br>组织：篮球场散点。 | 8 | 中 |
| 基本部分 | 1.学生能基本明白原地双手胸前传接球动作方法。通过练习，学生循序渐进学练。培养学生勇于展示自我。通过组合练习进一步解决重点，突破难点，激发学生趣学、巧练、乐赛的积极性。 | 1.巧练：<br>（1）距离由近到远、小组评比。<br>（2）组合练习：运球+传接球；运球交换位置+传接球。 | 1.巧练：<br>（1）传：蹬、伸、翻、拨。<br>接：伸、迎、引。<br>（2）距离由近到远：组织学生二人一组推球游戏练习；组织学生两人一组近、远距离传接球练习；展示和评价。<br>（3）根据学生练习情况，组织学生组合练习。 | 1.巧练：小组角色分工，组长、组员、练习顺序。 | 1.巧练：根据口诀练习。<br>组织：篮球场固定场地练习。<br>要求：积极参与、乐于合作。 | 6 | 中<br>大 |

续 表

<table>
<tr><th>顺序</th><th>达成目标（WHY）</th><th>学习内容（WHAT）</th><th>教师活动（HOW）</th><th>学生活动（HOW）</th><th>组织形式及要求</th><th>次数</th><th>负荷</th></tr>
<tr><td rowspan="2">基本部分</td><td>2.通过分层练习，关注个体差异，且能够学以致用。</td><td>2.乐赛：<br>根据能力分组分层练习。<br>（1）传接球个数比多。<br>（2）传接球+投篮。<br>（3）二对一比赛。</td><td>2.乐赛：<br>（1）根据学生学习能力，组织学生分层挑战练习。<br>（2）教师巡回指导，做出及时评价。</td><td>2.乐赛：<br>（1）积极参与。<br>（2）合作态度端正</td><td>2.乐赛：<br>组织：散点站位<br>要求：积极参与</td><td rowspan="2">10</td><td>大</td></tr>
<tr><td>3.团队、体育精神培养，防守步法体验。</td><td>3.体能：<br>两人面对面急停步伐与击掌；合作侧滑步击掌；面对面蚂蚁爬。</td><td>3.体能：<br>（1）教师示范引领。<br>（2）语言提示。<br>（3）巡视纠错。</td><td>3.体能：<br>（1）积极参与。<br>（2）乐于合作。</td><td>3.体能<br>组织：两人一组。<br>要求：两人积极配合，坚持。</td><td>大</td></tr>
<tr><td>结束部分</td><td>恢复身心，要领归纳，课外延伸。</td><td>放松评价：情景引入，师生总结、互评、30分钟作业亲子作业布置。</td><td>放松评价：情景音乐放松，小结，评价。</td><td>放松评价：<br>（1）跟教师一起做放松操，恢复身心。<br>（2）学生参与评价，师生道别。<br>回收器材劳动教育。</td><td>1.放松拉伸：<br>要求：成四列横队按要求充分放松。<br>2.评价反馈。<br>组织：散点站位。<br>要求：说出真实的体验感受。</td><td>4</td><td>小</td></tr>
<tr><td>生理指标</td><td colspan="2">1.运动强度：145 ± 5次/分钟<br>2.群体运动密度：80% ± 5%<br>3.个体运动密度：65% ± 5%</td><td>安全措施</td><td colspan="4">1.课前对场地、器材等进行检查，消除安全隐患；<br>2.规则要求简要明确；<br>3.充分热身、进行有针对性的准备活动，尽量避免运动性损伤出现。</td></tr>
<tr><td>课后反思</td><td colspan="7">在准备活动部分，教师通过引导，让学生在篮球场上进行自由玩球练习，既激发学生的学习兴趣，又达到热身的效果，为后面的学习做好了铺垫。把传接球的技术动作编成朗朗上口的口诀，方便学生记忆和学习。在学生进行传接球练习时，让学生自主选择两人一组，既调动学生自主性，又保证学生的练习密度。</td></tr>
</table>

# “原地双手胸前投篮”“学、练、赛、评”一体化单元教学设计

［单元水平二（四年级）］

## 【设计理念】

本课以《义务教育体育与健康课程标准（2022年版）》为依据，坚持“健康第一”的教育理念，结合学生的认知水平、身心发展规律以及动作技能形成规律，以发展学生核心素养为目标，通过“学、练、赛、评”一体化教学模式，达成“趣学、巧练、乐赛、公评”的学习氛围，帮助学生在体育锻炼中享受乐趣、增强体质、健全人格、锤炼意志，为学生形成终身体育锻炼奠定坚实的基础。

## 【教材分析】

篮球具有普及性高、趣味性强的特点，活动形式丰富多样，深受小学生的喜爱。原地双手胸前投篮是篮球运动中最基本的投篮方法，是行进间投篮和跳起投篮的基础。这种投篮方式虽然出手点较低，但出手前球的稳定性好，出手力量更大。结合四年级学生身心发育特点和运动技能形成规律，将本单元分为5课时，课时学习由易到难、由简单到复杂，层层递进。通过一个单元的学习，以达到熟练掌握原地双手胸前投篮的技术，并能在比赛中和其他篮球技术有效结合以及简单战术运用的目的。

## 【学情分析】

四年级学生处于身体发育的重要阶段，他们思维活跃，有很强的求知欲和表现欲，有一定创新探索能力，特别善于模仿各种动作，自信心强，且具备一

定的运动能力，一至三年级的篮球学习已经为学生储备了一定的篮球基础、知识和技能。因此，四年级学生已具备一定的运球和传接球能力，且能够积极地在篮球游戏和比赛中运用。

学校针对“原地双手胸前投篮”做了课前学情调查，具体见表4-2-10。

**表4-2-10　“原地双手胸前投篮”课前学情调查表（*N*=50人）**

| 问题 | 1<br>（一般） | 2<br>（中等） | 3<br>（特别） | 备注 |
|---|---|---|---|---|
| 你喜欢打篮球吗？ | 10 | 12 | 28 | |
| 你学过篮球中的原地运球吗？ | 12 | 31 | 7 | |
| 你学过篮球中的“原地双手胸前传接球”吗？ | 3 | 38 | 9 | |
| 你认为自己的传接球技术怎么样？ | 18 | 25 | 7 | |
| 你认为自己的篮球水平怎么样？ | 32 | 10 | 8 | |
| 你了解原地双手胸前投篮吗？ | 37 | 10 | 3 | |
| 你的双手投篮的成功率是多少？ | 26 | 8 | 16 | |
| 合计 | 138<br>（39.4%） | 134<br>（38.3%） | 78<br>（22.3%） | |

通过课前学情调查发现，四年级学生对篮球的认知“一般”占39.4%、“中等”占38.3%、“特别”占22.3%，由此可知，四年级学生有很浓厚的篮球兴趣，且具备一定的篮球基础，原地运球和原地双手胸前传接球掌握较好，对原地双手胸前投篮这一内容比较陌生，双手投篮命中率较低，因此，本单元教学采用了合作探究法、游戏法、讲解示范法、小组合作学习法和分层教学法等，循序渐进帮助学生熟练掌握本单元学习内容，达成学习目标。

## 【教学目标及评价】

篮球原地双手胸前投篮单元计划思维导图如图4-2-8所示，单元目标视角下主要问题的细化与“学、练、赛、评”活动的匹配设计见表4-2-11。

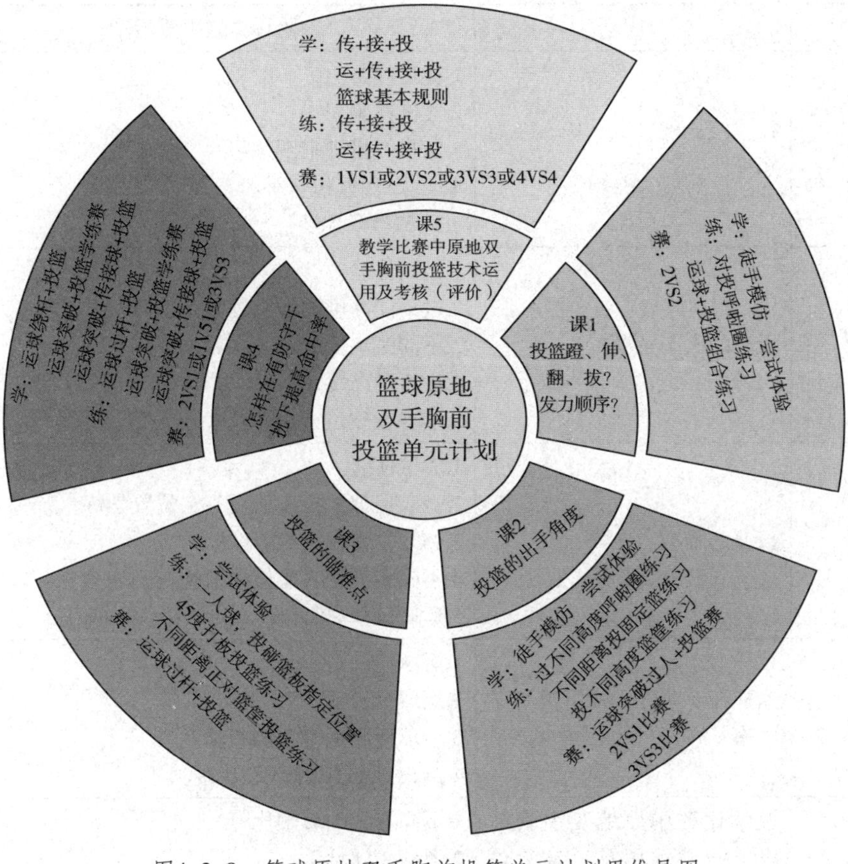


图4-2-8　篮球原地双手胸前投篮单元计划思维导图

**表4-2-11　单元目标视角下主要问题的细化与“学、练、赛、评”活动的匹配设计**

| | | | |
|---|---|---|---|
| 单元学习目标 | 运动能力（体能）：通过多样化的“学、练、赛、评”一体化学习，熟练掌握原地双手胸前投篮的动作方法，能与运球、传接球、抢篮板技术衔接，掌握简单的战术，在比赛中学会运用。发展学生灵敏、协调、速度等素质。<br>健康行为：培养终身运动的意识和良好的自我健康管理能力。<br>体育品德：养成遵守规则意识，培养团结合作和勇于拼搏的体育精神。 | 单元学习内容 | 原地双手胸前投篮 |
| 主要解决问题 | 投篮的稳（发力顺序）、角度（出手角度）、与投篮的准（篮筐瞄准点），以及抢篮板意识的培养 | | |

续 表

| 课次 | 分问题 | 教与学的主要活动 |
|---|---|---|
| 1 | 投篮蹬、伸、翻、拨？发力顺序？ | 1.徒手模仿。<br>2.尝试体验。<br>3.对投、投呼啦圈练习。<br>4.运球+投篮组合练习。<br>5.2VS2教学比赛。 |
| 2 | 投篮的出手角度？ | 1.尝试体验。<br>2.过不同高度呼啦圈练习。<br>3.不同距离投固定篮练习。<br>4.投不同高度篮筐练习。<br>5.运球突破过人+投篮。 |
| 3 | 投篮的瞄准点？ | 1.尝试体验。<br>2.一人一球，投碰篮板指定位置学练。<br>3.45° 打板投篮练习。<br>4.不同距离正对篮筐投篮练习。<br>5.运球过杆+投篮。 |
| 4 | 怎样在有防守干扰下提高命中率？ | 1.运球绕杆+投篮。<br>2.运球突破+投篮学练赛。<br>3.运球突破+传接球+投篮。<br>4.2VS1或1VS1或3VS3比赛。 |
| 5 | 教学比赛中原地双手胸前投篮技术运用及考核（评价）。 | 1.不同形式的教学比赛。<br>2.考核（评价）。 |
| 单元评价 | 运动能力（体能）：基本掌握原地双手胸前投篮技术，与学过的篮球其他技术进行灵活组合，能够在游戏和比赛中运用原地双手胸前投篮技术，懂得简单的篮球规则。<br>健康行为：在练习、游戏、比赛、考核等活动中，表现出积极、主动参与的行为。<br>体育品德：能够与同伴友好相处，尊重对手，遵守规则，服从裁判，正确看待输赢。 | |

## 【教学策略】

1. 引导学生自主尝试、合作探究以及找朋友游戏巧妙导入本课。

2. 讲解示范法，讲解动作技术要领并做正确的正面、侧面示范，让学生形成完整的动作表象。学生带着问题认真观察视频，结合动作口诀进行模仿和学练赛，目的是让学生更快、更好地掌握原地双手胸前投篮的动作技术。

3. 分层教学，关注个体差异，因材施教，根据学生对学习内容的掌握情况进行分层教学，让所有学生都能体验篮球课堂带来的成就感和幸福感。

4. 通过设计组合技术动作练习、二对一实战练习和游戏比赛，进一步解决本课重难点，提高学生运用所学动作的能力，让学生充分享受篮球运动所带来的快乐，同时培养学生团结合作、顽强拼搏和敢于挑战的良好品质。

## 【教学设计】

### 篮球原地双手胸前投篮单元第一课时教学设计

#### （一）设计思路

本课例以培养学生核心素养为目标，聚焦“趣学、巧练、乐赛、公评”一体化新样态课程理念，“以学定教”，突出学生的主体地位，注重学生的全面发展。依据四年级学生身心发展规律和动作技能形成规律，本课通过“模仿学练”“自主尝试学练”“两人一组对投学练赛”“投过呼啦圈学练赛”“不同距离投固定篮学练赛”“组合技术学练赛”等练习和比赛来激发学生的学习兴趣并提高其主观能动性，从而提高课堂效率。评促“学练赛”，培养学生顽强拼搏、积极进取、坚持不懈的精神品质。

#### （二）教学流程

原地双手胸前投篮“学、练、赛、评”一体化教学流程思维导图如图4–2–9所示。

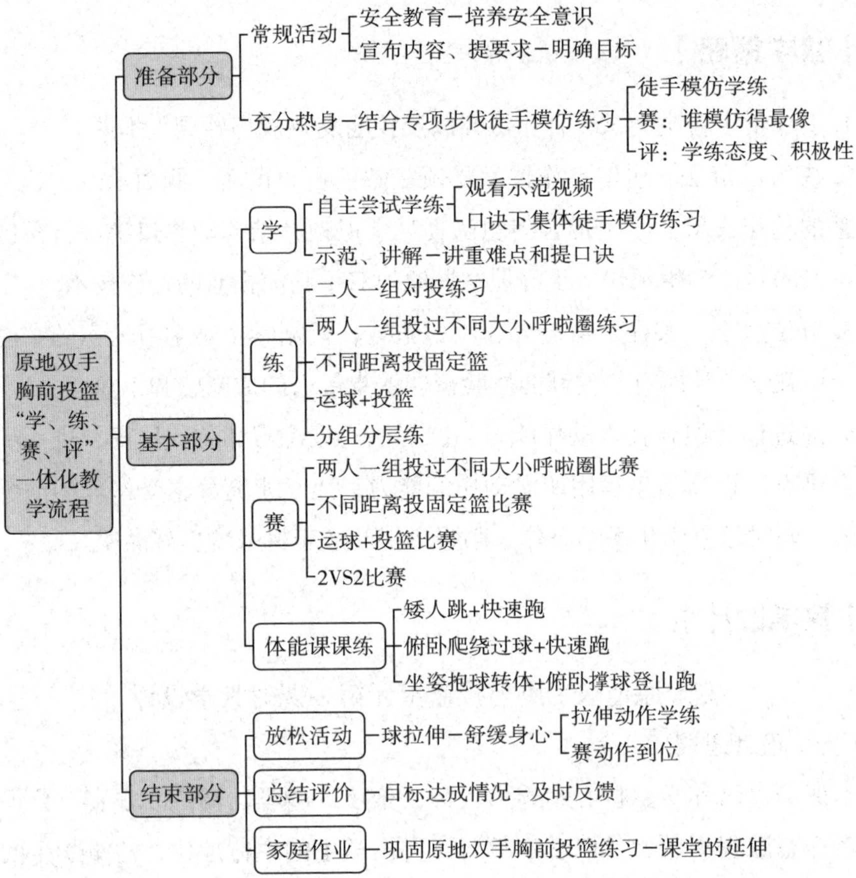


图4-2-9　原地双手胸前投篮“学、练、赛、评”一体化教学流程思维导图

## （三）教学计划

**表4-2-12　水平二“小篮球：原地双手胸前投篮”单元第一课时教学计划**

<table>
<tr><td>学习目标</td><td colspan="3">1.运动能力（体能）：80%的学生初步掌握原地双手胸前投篮的技术动作，距离篮筐4米位置，10次投篮至少有3次命中。60%的学生能结合行进间运球后完成投篮，发展学生反应、灵敏、协调等素质。<br>2.健康行为：培养体育锻炼的意识、习惯以及良好的自我健康管理能力。<br>3.体育品德：养成遵守纪律和规则的好习惯，培养团结协作、敢于拼搏的体育精神。</td></tr>
<tr><td>学习内容</td><td>1.小篮球：原地双手胸前投篮。<br>2.体能课课练。</td><td>场地器材</td><td>篮球场两块、篮球41个、扩音机1台、显示屏一台。<br>25个小（25个大）呼啦圈。</td></tr>
<tr><td>重难点</td><td colspan="3">重点：投篮时蹬、伸、翻、拨。<br>难点：两手均匀用力。</td></tr>
</table>

续表

| 流程 | 课堂常规—结合脚步徒手热身—观看示范视频—体验、尝试性练习—讲解示范、提炼口诀—集体徒手、有球学练—投呼啦圈学练赛—小组合作学练赛—分层教学—课课练—放松评价 | | | | | | |
|---|---|---|---|---|---|---|---|
| 顺序 | 达成目标<br>（WHY） | 学习内容<br>（WHAT） | 教师活动<br>（HOW） | 学生活动<br>（HOW） | 组织形式及要求 | 次数 | 负荷 |
| 准备部分 | 1.学生积极快速进入课堂状态，培养学生良好的组织纪律性和精神面貌。<br>学生明确学习内容与要求，并能始终关注自我和他人安全。 | 1.课堂常规<br>（1）集合整队。<br>（2）清点人数。<br>（3）安排见习生。<br>（4）宣布本课学习目标及要求。 | 1.课堂常规<br>整队召集学生集合，检查人数，安排见习生。宣布本课内容、学习目标及要求，进行安全教育。 | 1.课堂常规<br>集合做到快、静、齐，报数，身体不舒服者见习。注意力集中，认真听讲，运动过程中要注意自己及他人安全。 | 1.课堂常规。<br>组织如下：<br>******<br>******<br>******<br>******<br>@<br>要求：快、静、齐 | 1 | 小 |
| | 2.通过徒手模仿练习，充分活动身体，同时为主教材的学习作铺垫。 | 2.趣学：模仿“初学达”热身。<br>结合步伐，徒手模仿老师动作，比一比，谁模仿得最像。 | 2.趣学：模仿“初学达”热身。组织学生做徒手模仿练习。 | 2.趣学：模仿“初学达”热身。<br>认真听讲、积极模仿。 | 2.趣学：模仿“初学达”热身。<br>组织如下：<br>******<br>******<br>******<br>******<br>@<br>要求：注意安全。 | 10 | 中 |
| | 3.集体观看原地双手胸前投篮示范视频，尝试模仿练习。 | 3.趣学：观影<br>（1）观看示范视频。<br>（2）两人一组模仿练习。 | 3.趣学：观影<br>（1）提问题，让学生带着问题仔细观察。<br>（2）组织学练。 | 3.趣学：观影。<br>（1）带着问题进行思考，踊跃回答问题。<br>（2）认真模仿。 | 3.趣学：观影。<br>组织如下：<br>******<br>******<br>******<br>******<br>@<br>要求：积极思考。 | 10 | 小<br>中 |

续 表

| 顺序 | 达成目标（WHY） | 学习内容（WHAT） | 教师活动（HOW） | 学生活动（HOW） | 组织形式及要求 | 次数 | 负荷 |
|---|---|---|---|---|---|---|---|
| 准备部分 | 4.学生了解原地双手胸前投篮动作方法，理解并记住口诀。 | 4.巧练：集体和自主练习相结合。<br>口诀下集体徒手模仿练习。<br>口诀：蹬、伸、翻、拨。 | 4.巧练：集体和自主练习相结合。<br>讲解、示范原地双手胸前投篮动作，提炼动作口诀。 | 4.巧练：集体和自主练习相结合。<br>认真观察老师示范，记住动作口诀，慢动作体验。 | 4.巧练：集体和自主练习相结合。<br>组织如下：<br>******<br>******<br>******<br>******<br>@<br>要求：正确发力顺序。 | 30 | 大 |
| 基本部分 | 1.通过二人一组有球练习，投呼啦圈学练，不同距离投固定篮，解决重点。<br><br>2.培养学生大胆展示自我的自信心。 | 1.巧练：合作练习。<br>（1）二人一组对投练习（结合运球）。<br>（2）两人一组投过不同大小呼啦圈练习。<br>（3）不同距离投固定篮。<br><br>2.学生进行展示和评价。 | 1.巧练：合作练习。<br>提要求、引导学生练习，巡回指导并及时纠正学生错误动作。<br><br>2.组织学生进行展示，师生共同评价。 | 1.巧练：合作练习。<br>学生积极体会投篮：蹬、伸、翻、拨。<br><br>2.观察动作，积极进行评价。 | 1.巧练：合作练习。<br>组织：两人一组或四人一组。<br>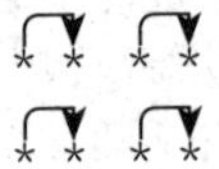<br><br><br>要求：积极学练。<br><br>2.组织：<br><br>要求：相互观察学习。 | 20<br>20<br>20<br>2<br>20 | 中<br>中<br>中<br>小<br>中 |

续表

| 顺序 | 达成目标（WHY） | 学习内容（WHAT） | 教师活动（HOW） | 学生活动（HOW） | 组织形式及要求 | 次数 | 负荷 |
|---|---|---|---|---|---|---|---|
| | 3.组合练习进一步解决重点，突破难点，激发学生巧练、乐赛的积极性。 | 3.乐赛：组合技术赛。<br>（1）原地运球+投篮。<br>（2）行进间运球+投篮。 | 3.乐赛：组合技术赛。<br>组织学生进行练习、比赛，提示注意重点和难点。 | 3.乐赛：组合技术赛。<br>按要求、积极练习和比赛。 | 3.乐赛：组合技术赛。<br>组织：<br>*<br>*<br>*<br>*<br>要求：积极学练。 | 20<br>20 | 中<br>中 |
| 基本部分 | 4.关注个体差异，分层分组教学，对技术动作进一步巩固提高，并且能够学以致用。 | 4.乐赛：分层赛。<br>乐赛：分层赛<br>（1）层次一：没能掌握投篮动作的为一组。<br>（2）层次二：10中3以下的为一组。（增加距离继续练习）<br>（3）投篮动作掌握较好的为一组进行2VS2比赛。 | 4.乐赛：分层赛。<br>教师让学生按照能力分组，巡回指导，激励评价。 | 4.乐赛：分层赛。<br>学生能在自己区域，积极参与学练和比赛。 | 4.乐赛：分层赛。<br>组织：<br>* *<br>* *<br><br>要求：积极学、练、赛。 | 20<br>2<br>2<br>2 | 中<br>大<br>大<br>大 |
| | 5.发展学生上肢及核心力量，促进身体素质全面均衡发展 | 5.体能课课练。<br>（1）抱球滑步。<br>（2）俯卧来回拨球。<br>（3）面对面推球。<br>（4）推球侧滑步 | 5.体能课课练。<br>（1）边讲边带学生练，提要求、定规则。<br>（2）组织学生比一比、赛一赛。<br>（3）自评、互评和师评 | 5.体能课课练。<br>（1）边听边练，明要求、知规则。<br>（2）明白比赛规则，积极比赛。<br>（3）公平公正评价 | 5.体能课课练。<br>组织如下：<br>******<br>******<br>******<br>******<br>@<br>要求：遵守规则 | 2<br>2 | 大<br>大 |

续 表

<table>
<tr><th>顺序</th><th>达成目标<br>（WHY）</th><th>学习内容<br>（WHAT）</th><th>教师活动<br>（HOW）</th><th>学生活动<br>（HOW）</th><th>组织形式及要求</th><th>次数</th><th>负荷</th></tr>
<tr><td rowspan="2">结束部分</td><td>1.调整身心，使学生肌肉疲劳得到缓解，快速恢复到运动前心率。</td><td>1.放松拉伸。伴随音乐放松身心。</td><td>1.放松拉伸。教师领做，引导学生充分放松。</td><td>1.放松拉伸。跟着教师的节奏进行充分放松。</td><td>1.放松拉伸。组织如下：<br>******<br>******<br>******<br>******<br>@<br>要求：充分放松。</td><td>1</td><td>小</td></tr>
<tr><td>2.学会总结、能正确评价自己和别人。</td><td>2.评价反馈。评价小结，回顾知识点<br>布置课后作业。</td><td>2.评价反馈。总结、评价本课学练赛评情况,布置课后作业。</td><td>2.评价反馈。听总结、客观对自己学练赛进行评价，明确课后作业。</td><td>2.评价反馈。组织：四列横队。要求：自评互评。</td><td>1</td><td>小</td></tr>
<tr><td>生理预测指标数据</td><td colspan="2">1.运动强度：145 ± 5次/分钟<br>2.群体运动密度：80% ± 5%<br>3.个体运动密度：60% ± 5%</td><td>安全措施</td><td colspan="4">1.检查场地、器材安全。<br>2.在练习和游戏过程中，提醒学生注意安全。<br>3.如遇安全隐患应及时纠正。</td></tr>
<tr><td>课后反思</td><td colspan="7">整节课整体上还比较满意，课的密度和强度都达到一节课的要求，教学目标达成，重难点突出，但还存在以下问题：<br>1.集合的次数过多，影响了学生练习的连续性和课的流畅性。<br>2.语言不够精练，重难点讲解和把握得还欠缺。<br>3.各环节的衔接不够顺畅。<br>4.对课中生成的问题没能及时发现并有效解决。</td></tr>
</table>

# “小足球——脚背正面运球”“学、练、赛、评”一体化单元教学设计

［单元水平二（四年级）］

## 【设计理念】

本单元以“健康第一”为指导思想，以“立德树人”为根本任务，通过“学、练、赛、评”一体化循环教学模式，达到“享受乐趣、增强体质、健全人格、锤炼意志”课程改革目标。基于小足球单元的“趣学、巧练、乐赛、公评”课堂教学，以技术动作为载体，提升学生对足球的控球能力，激发学生终身参与足球运动的兴趣，养成良好的运动习惯。

## 【教材分析】

小足球是小学阶段重要的学习内容之一，深受学生的喜爱，具有很强的集体性和趣味性。通过足球活动能发展学生的多项身体素质。本单元学习脚背正面运球技术，脚背正面运球技术在比赛中常用于快速推进摆脱对手，给进一步进攻创造有利条件，其运用价值非常高。通过练习，提高学生的速度、灵敏度等素质，培养学生竞争意识和团结合作的精神。本单元分为5个课时，将学习脚背正面运球技术存在的问题细分为多个容易解决的分问题，由易到难，在各个课时中逐一解决。在掌握动作技术的基础上，结合大单元中前面所学踢球、传接球进行简单组合，促进技能的形成，并运用于比赛。

## 【教学目标及评价】

足球脚背正面运球单元计划思维导图如图4-2-10所示，单元目标视角下主要问题的细化与“学、练、赛、评”活动的匹配设计见表4-2-13。

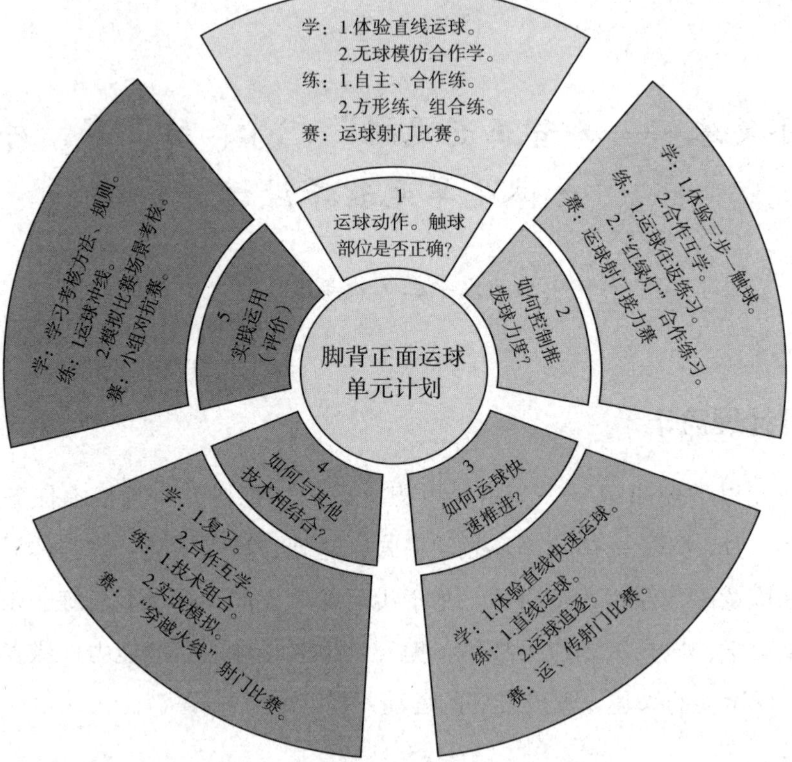


图4-2-10　足球脚背正面运球单元计划思维导图

**表4-2-13　单元目标视角下主要问题的细化与"学、练、赛、评"活动的匹配设计**

<table>
<tr><td>单元学习目标</td><td colspan="2">运动能力（体能）：通过脚背正面运球技术多样化的学练赛评活动，从模仿开始逐渐至熟练掌握脚背正面运球技术，并能在实战比赛中灵活运用脚背正面运球技术动作，发展速度、协调、灵敏等素质。<br>健康行为：培养积极参与，享受足球学习乐趣的健康行为。<br>体育品德：发扬团结合作、互帮互助、积极进取的优良品质。</td><td>单元学习内容</td><td>脚背正面运球</td></tr>
<tr><td>主要解决问题</td><td colspan="4">脚背正面运球动作正确；力度、方向控制好；灵活运用于比赛</td></tr>
<tr><td>课次</td><td>分问题</td><td colspan="3">教与学的主要活动</td></tr>
<tr><td>1</td><td>运球动作、触球部位是否正确?</td><td colspan="3">1.尝试体验。<br>2.无球模仿、合作学。<br>3.自主、合作练习。</td></tr>
</table>

续 表

| 课次 | 分问题 | 教与学的主要活动 |
|---|---|---|
| 1 | | 4.触球比多。<br>5.运球射门比赛。 |
| 2 | 如何控制推拨球力度？ | 1.自主探究。<br>2.运球往返练习。<br>3.“红绿灯”合作练习。<br>4.运球射门接力赛。 |
| 3 | 如何运球快速推进？ | 1.自主探究。<br>2.沿直线运球练习。<br>3.运球追逐赛。<br>4.运球接力赛。 |
| 4 | 如何与突破、传球、射门技术结合？ | 1.复习脚背正面运球。<br>2.技术组合练习。<br>3.实战模拟练习。<br>4.穿越火线射门积分赛。 |
| 5 | 实战运用（评价） | 1.运球冲线（定量评价）。<br>2.模拟比赛场景考核（定性评价）。<br>3.小组对抗赛。 |
| 单元评价 | 1.了解脚背正面运球动作方法和在比赛中的运用价值；能利用脚背正面直线快速运球20米；能与变向、传接球、射门技术组合运用。<br>2.能积极参与学习，学练过程中有安全意识，同伴间互帮互助，享受足球带来的乐趣。<br>3.体现出积极进取、顽强拼搏的精神品质。 | |

## 【学情分析】

本单元的授课对象是水平二四年级学生，在大单元中，通过前面课时学习，学生已有脚内侧、脚背正面踢球及传接球技术基础，但技术水平上仍不稳定，爱玩好赛，因此课堂上通过“趣学、巧练、乐赛、公评”相融合的模式，帮助学生掌握动作，学会运用技术，促进技能的形成。

学校针对“小足球——脚背正面运球”做了课前学情调查，具体内容见表4-2-14。

表4-2-14 "小足球——脚背正面运球"课前学情调查表（$N$=50人）

| 问题 | 1<br>（一般） | 2<br>（中等） | 3<br>（特别） | 备注 |
|---|---|---|---|---|
| 你喜欢踢足球吗? | 7 | 25 | 18 | |
| 你学过足球脚背正面运球吗? | 44 | 2 | 4 | |
| 你知道足球中的"脚背正面运球"吗? | 32 | 12 | 6 | |
| 你认为自己的脚背正面运球技术怎么样? | 33 | 15 | 2 | |
| 你认为自己的足球水平怎么样? | 20 | 10 | 20 | |
| 合计 | 136<br>（54.4%） | 64<br>（25.6%） | 50<br>（20%） | |

经过课前对学生学习情况调查发现，学生对足球脚背正面运球的认知"一般"占54.4%、"中等"占25.6%、"特别"占20%。由此可知，该班学生对足球的认知处于整体偏下水平，但还是比较喜欢足球运动，且对自己足球能力水平较为自信。根据分析，本单元则先从基础技术动作学习开始，再逐渐过渡到技术组合和实战运用，提升学生的足球水平。

## 【教学策略】

根据教材与学情分析，我们采用以下教学策略进行施教：

（1）先学后教法。利用问题让学生自主体验、思考，从而建立动作表象，在教师后教的过程中学生对技术动作的认识会更加深刻，且更易于动作的掌握。

（2）讲解示范法。通过示范让学生直观了解动作。

（3）游戏竞赛法。利用游戏竞赛激发学生兴趣，让更多学生能喜欢上足球的学习，尤其是女生。

（4）情境法。利用比赛中脚背正面运球的场景简化成课堂中的练习、比赛，有利于学生形成实战意识，提高足球水平。

## 【教学设计】

### “小足球：脚背正面运球”单元第一课时教学设计

**（一）设计思路**

本课时为新授课，以学习脚背正面运球技术动作为主，以运球知识和技术运用能力为辅。各环节以学、练、赛、评有机融合的模式进行设计，环节之间过渡衔接自然紧密，有效提高练习密度。鼓励技术动作熟练学生，结合大单元前面课时已学习脚背正面踢球、传接球等技术动作，根据比赛运用特点进行简单技术组合，帮助学生建立系统的运动思维。在学习过程中渗透足球规则和品德教育，培养学生学科核心素养。

**（二）教学目标**

运动能力（体能）：了解脚背正面运球的实用价值，通过学习，掌握脚背正面运球技术动作，并能直线运球5米距离；发展协调、下肢力量等素质；培养学生学以致用意识。

健康行为：能积极参与，享受足球学习的乐趣。

体育品德：培养规则意识、竞争意识、顽强拼搏品质以及团结互助的精神。

**（三）教学重难点**

重点：运球动作、触球部位正确。

难点：动作协调连贯。

**（四）教学方法**

教法：①讲解示范法；②先学后教法；③评价调控法；④观察指导法。

学法：①模仿与观察法；②合作学习法；③探究学习法。

**（五）教学流程**

“小足球：脚背正面运球”“学、练、赛、评”一体化单元教学流程思维导图如图4-2-11所示。

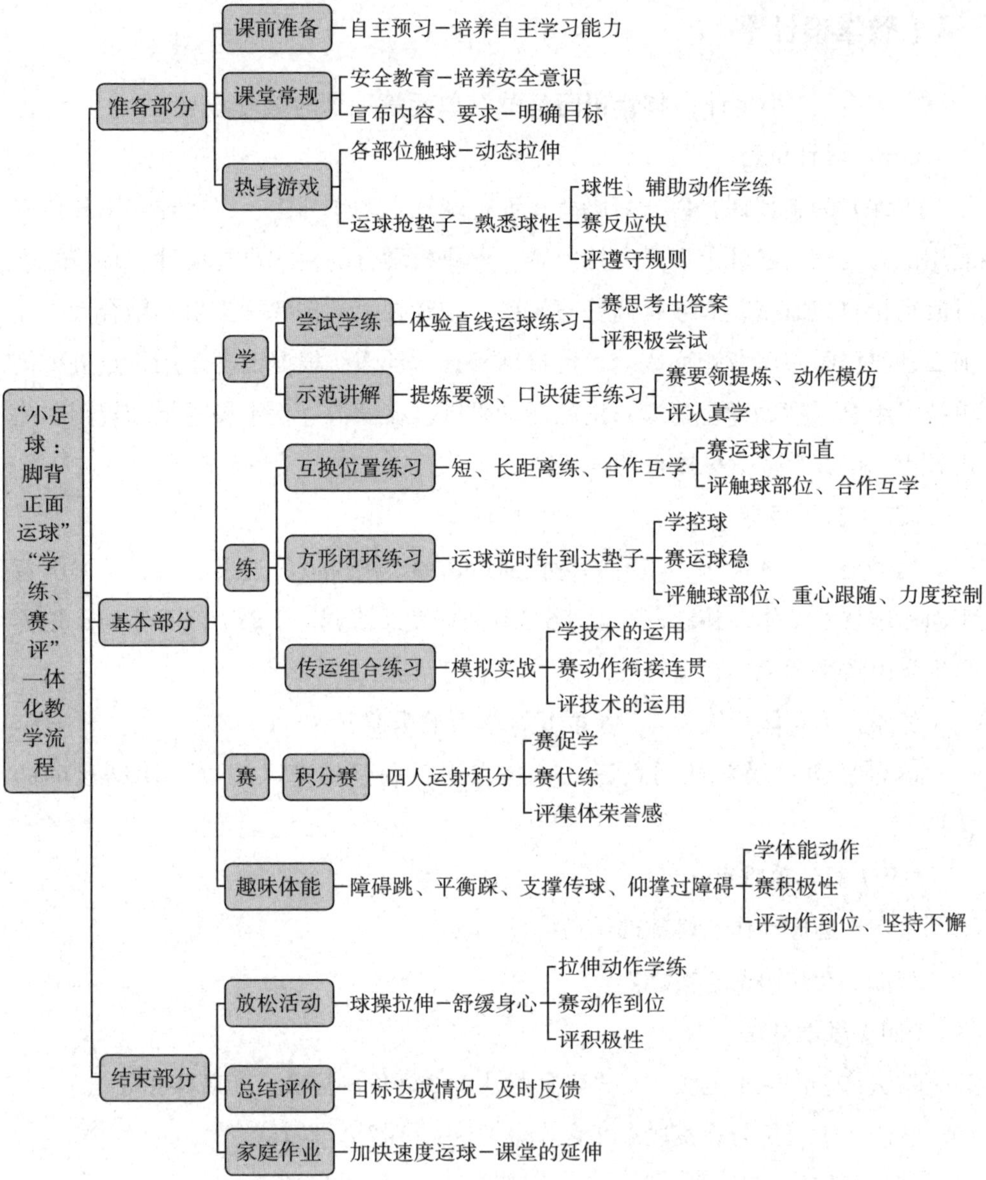


图4–2–11　“小足球：脚背正面运球”“学、练、赛、评”一体化单元教学流程思维导图

### （六）场地器材

足球场；足球41个、球门10个、标志垫40个、音乐播放机1台。

### （七）密度强度

运动强度：145±5次/分钟。

群体运动密度：80% ± 5%。

个体运动密度：60% ± 5%。

**（八）教学安全与提示**

（1）检查场地、器材安全。

（2）在练习、比赛和游戏过程中，提醒学生注意安全。

**（九）教学计划**

水平二“小足球：脚背正面运球”单元第一课时教学计划见表4–2–15。

**表4–2–15　水平二“小足球：脚背正面运球”单元第一课时教学计划**

<table>
<tr><td>学习目标</td><td colspan="6">运动能力（体能）：了解脚背正面运球的实用价值，通过学习，掌握脚背正面运球技术动作，并能直线运球5米距离；发展协调、下肢力量等素质；培养学以致用意识。<br>健康行为：能积极参与，享受足球学习的乐趣。<br>体育品德：培养规则意识、竞争意识、顽强拼搏品质以及团结互助的精神。</td></tr>
<tr><td>学习内容</td><td colspan="2">小足球：脚背正面运球</td><td>场地器材</td><td colspan="3">足球场；扩音机1台；<br>足球41个；小球门8个、标志垫40个。</td></tr>
<tr><td>重难点</td><td colspan="6">重点：运球动作、触球部位正确<br>难点：动作协调连贯</td></tr>
<tr><td>流程</td><td colspan="6">课堂常规—反应游戏—尝试练习—示范讲解—自主练习—方形练习—组合练习—比赛—体能—放松评价</td></tr>
<tr><th>顺序</th><th>达成目标（WHY）</th><th>学习内容（WHY）</th><th>教师活动（HOW）</th><th>学生活动（HOW）</th><th>组织形式</th><th>负荷</th></tr>
<tr><td rowspan="2">热身学练赛<br>8分钟</td><td>1.集中精神，认真听讲。</td><td>1.课堂常规，安全教育，安排见习生。</td><td>1.整队集合，口令指挥，安全提示。</td><td>1.集合做到快、静、齐，认真听口令，迅速作出要求的动作。</td><td>1.组织如下：<br>******<br>******<br>******<br>******<br>@<br>要求：四列横队。</td><td rowspan="2">小</td></tr>
<tr><td>2.明要求。</td><td>2.了解本课学习目标、要求。</td><td>2.宣布本课内容、学习目标及要求。</td><td>2.注意力集中，认真听讲，积极回答问题。</td><td>2.组织同上。</td></tr>
</table>

续 表

| 顺序 | 达成目标（WHY） | 学习内容（WHY） | 教师活动（HOW） | 学生活动（HOW） | 组织形式 | 负荷 |
|---|---|---|---|---|---|---|
| 热身学练赛<br>8分钟 | 3.培养学生运动前做好准备活动习惯，激发学生兴趣。增强学生球感，提高学生对球的支配和控制能力。 | 3.趣学：反应游戏。<br>（1）慢跑、后踢、垫步、垫步击掌听指令身体各部位触球。<br>（2）听指令抢颜色小杯垫做扣球、踩球等球性练习。 | 3.趣学：反应游戏。<br>用语言引导，组织学生进行游戏，示范相应动作。引导学生加强球性练习。 | 3.趣学：反应游戏。<br>热身跑动，听指令做动作。<br>比一比谁的反应快，谁模仿得最像。 | 3.组织如下：<br>* * * * * *<br>@<br>* * * * * *<br>要求：四列横队。 | 中 |
| 技能学练赛<br>20分钟 | 1.发挥学生主体地位，提高学生自主探究能力。 | 1.尝试练习：体验直线运球。 | 1.利用问题引导（将球运成直线动作要领怎么样？）；标记“小老师”。 | 1.积极尝试、思考，在教师引导下认真练习，比一比哪个小组找到问题的答案。 | 1.组织如下<br>* * * * * *<br>↕↕↕↕↕↕<br>* * * * * *<br>要求：往返运球。 | 中 |
| | 2.初步建构动作概念。 | 2.趣学：提炼要领、示范讲解；无球模仿合作练习。 | 2.趣学：动作示范，语言激励，引导学生掌握脚背正面运球的动作；渗透互帮互助品质。 | 2.趣学：认真听讲，主动学习，比谁动作模仿得像。 | 2.组织如下：<br>* * * * * *<br>@<br>* * * * * * | 小 |
| | 3.初步解决重点，正确触球部位，帮助学生掌握脚背正面运球方法，培养学生合作探究学习的能力。 | 3.巧练：自主练习<br>（1）短距离绕同伴运球。<br>（2）5米距离互换位置运球练习。 | 3.巧练：引导学生进行同伴评价，合作互学。 | 3.巧练：自主、合作学练；<br>比运球时不丢球；互相评价触球部位是否正确。 | 3.组织如下：<br>* * * * * *<br>↕↕↕↕↕↕<br>* * * * * *<br>要求：长距离往返运球。 | 中 |

续 表

| 顺序 | 达成目标（WHY） | 学习内容（WHY） | 教师活动（HOW） | 学生活动（HOW） | 组织形式 | 负荷 |
|---|---|---|---|---|---|---|
| 技能学练赛<br>20分钟 | 4.加强脚背正面运球练习，突破难点。 | 4.巧练：方形练习<br>四人一组同时运球，并提示：脚背绷紧，脚尖朝下。 | 4.巧练：教师讲解比赛方法，引导学生用脚背正面运球。 | 4.巧练：自主学练；比运球方向。 | 4.组织如下：<br>* * * *<br>↓↑ ↓↑<br>* * * *<br>要求：口字形运球。 | 大 |
| | 5.形成足球能力的意识。 | 5.巧练：传运组合练习：四人两球传运组合。 | 5.巧练：讲解练习方法，引导学生形成实战意识。 | 5.巧练：思考传运结合的意义。 | 5.组织如4。 | 中 |
| | 6.学以致用，以赛促学、促练。 | 6.乐赛：运球射门积分赛。 | 6.乐赛：教师讲解比赛方法，引导学生用脚背正面运球。 | 6.乐赛：分组运用技术进行积分赛；评价技术运用效果。 | 6.组织如下：<br>*→⊐<br>*→⊐ | 大 |
| 体能<br>8<br>分钟 | 发展学生体能，锤炼意志 | 体能：<br>（1）小碎步跳障碍。<br>（2）小碎步加单脚踩垫子。<br>（3）支撑四角手传球。<br>（4）后撑并脚过障碍 | 体能：<br>组织学生练习体能，鼓励学生坚持、努力。比一比哪组最积极？ | 体能：<br>模仿动作；比积极性；评价动作到位，坚持不懈 | 散点 | 大 |
| 放松<br>3<br>分钟 | 1.培养自我放松的意识。<br>2.学会总结、归纳知识，开展自评、互评。 | 1.利用球拉伸放松。<br>2.评价：反馈小结，收拾器材；课后作业：脚背快速运球。 | 1.教师领做，学生跟做放松操。<br>2.评价：总结本课学练情况。 | 1.模仿动作；比积极性；动作到位。<br>2.评价：互评。 | 组织如下<br>* * * * * *<br>@<br>* * * * * * | 小 |

续 表

| | | | |
|---|---|---|---|
| 生理预测指标数据 | 1.运动强度：145±5次/分钟<br>2.群体运动密度：80%±5%<br>3.个体运动密度：60%±5% | 安全措施 | 1.检查场地、器材安全。<br>2.在练习和游戏过程中，提醒学生注意安全。<br>3.如遇安全隐患应及时纠正。 |
| 课后反思 | 本课主要通过热身环节辅助练习、问题导向的自主尝试练习以及同伴合作互学等方法让学生掌握基本动作，通过组合练习、比赛等帮助学生强化动作的同时，逐渐形成实战意识。本节课将部分专项体能融入学生停下听讲解时，教师提醒学生利用踩球、揉球等球性练习动起来，增加运动密度的同时发展学生体能。教师在执教过程中能抓住德育契机，培养学生谦让、互帮互助、团结合作、顽强拼搏等优良品质。不足之处为技能的评价还不到位，学生展示的面还不够广。 | | |

# “脚背内侧踢球技术”“学、练、赛、评”一体化单元教学设计

［单元水平三（五年级）］

## 【设计理念】

本单元以学生发展为中心，遵循落实“立德树人”根本任务和“健康第一”的指导思想，通过“学、练、赛、评”融合的课堂教学模式，达到“趣学、巧练、乐赛、公评”的教学效果，在课堂教学中，以游戏为抓手激发学生运动兴趣，在“学、练、赛、评”中关注学生个体差异，帮助学生提高足球控球技术，发展足球控球能力，促进学生身心健康发展，促进学生核心素养与终身体育意识的养成。

## 【教材介绍】

教材分析：发展足球控球能力与游戏是水平三小学足球教学内容的重点。本单元以小足球脚背内侧传球作为授课内容。小足球脚背内侧传球技术在比赛

中常用于高远传球，学生在有一定足球基础和战术意识的前提下，综合运用该技术，制造进攻和得分机会。本单元脚背内侧踢球技术共分为6个学时，循序渐进，由易到难，从技术到战术，从单个技术到技术的综合运用再到考核评价，对于学生足球能力的提高和运用及学生终身体育的意识培养有促进作用。

## 【教学目标及评价】

脚背内侧踢球技术单元计划思维导图如图4-2-12所示，单元目标视角下主要问题的细化与“学、练、赛、评”活动的匹配设计见表4-2-16。

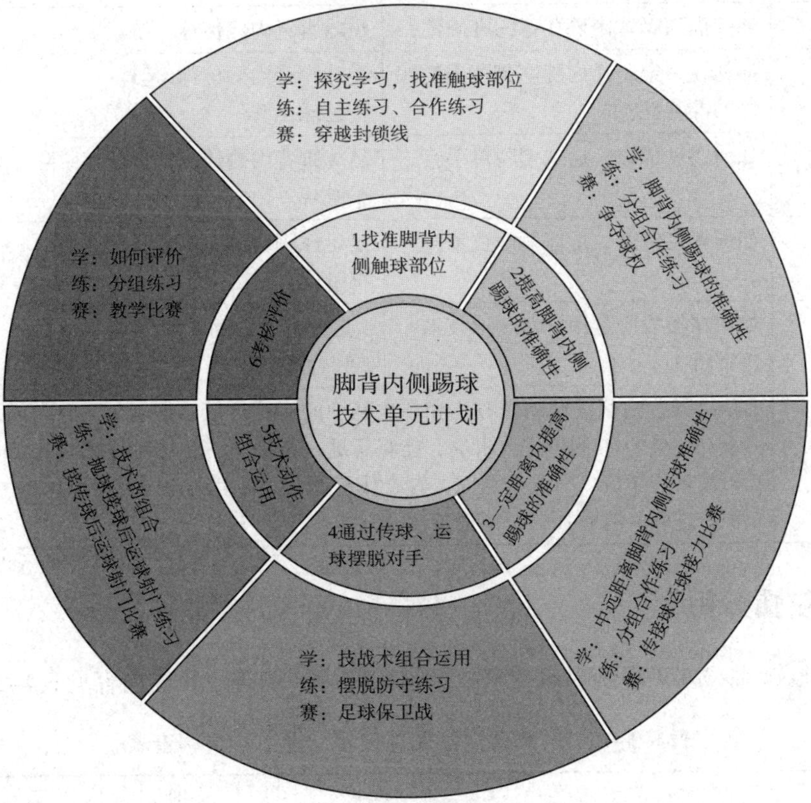


图4-2-12　脚背内侧踢球技术单元计划思维导图

**表4–2–16　单元目标视角下主要问题的细化与"学、练、赛、评"活动的匹配设计**

<table>
<tr><td>单元学习目标</td><td colspan="2">运动能力（体能）：通过多样化的"学、练、赛、评"学习，从模仿开始逐渐至熟练掌握脚背内侧踢球技术的动作方法，能与其他足球技术衔接，完成简单的战术。<br>健康行为：运用所学简单技战术参与足球教学比赛。<br>体育品德：知道足球比赛基本规则；培养团队合作意识与责任感、顽强拼搏的体育精神。</td><td>单元学习内容</td><td>脚背内侧踢球技术</td></tr>
<tr><td>主要解决问题</td><td colspan="4">找准脚背内侧触球部位，提高脚背内侧踢球的准确性，在一定距离内提高脚背内侧踢球的准确性，技术、战术的组合应用，如何进行考核评价。</td></tr>
<tr><td>课次</td><td>分问题</td><td colspan="3">教与学的主要活动</td></tr>
<tr><td>1</td><td>如何找准脚背内侧触球部位?</td><td colspan="3">熟悉球性，找准脚背内侧；游戏。</td></tr>
<tr><td>2</td><td>如何提高脚背内侧踢球的准确性?</td><td colspan="3">足球脚背内侧传球；游戏。</td></tr>
<tr><td>3</td><td>如何在一定距离内提高脚背内侧踢球的准确性?</td><td colspan="3">足球脚背内侧传球+运球。<br>传运球比赛。</td></tr>
<tr><td>4</td><td>如何通过传球、运球摆脱对手?</td><td colspan="3">足球脚背内侧传球、运球摆脱防守技术。<br>小游戏。</td></tr>
<tr><td>5</td><td>如何衔接传球、运球射门技术?</td><td colspan="3">接足球脚背内侧传球后运球射门。<br>小游戏。</td></tr>
<tr><td>6</td><td>如何在实战中运用脚背踢球技术?（评价）</td><td colspan="3">1.足球脚背内侧定点传球。<br>2.综合考核。</td></tr>
<tr><td>单元评价</td><td colspan="4">1.知道脚背内侧踢球动作方法和在比赛中的运用价值，能利用脚背内侧踢球技术传球，为队友制造进攻机会，能将运球、传接球、运球射门技术组合运用。<br>2.积极参与学练，有安全意识，有合作意识，互帮互助，享受足球乐趣。<br>3.积极进取，有顽强的拼搏精神。</td></tr>
</table>

## 【学情分析】

学校针对"脚背内侧踢球技术"做了课前学情调查，具体内容见表4–2–17。

**表4–2–17　"脚背内侧踢球技术"课前学情调查表**

<table>
<tr><td rowspan="2">你喜欢踢足球吗?</td><td>喜欢</td><td>一般</td><td>不喜欢</td></tr>
<tr><td>75%</td><td>20%</td><td>5%</td></tr>
<tr><td rowspan="2">你学过脚背内侧踢球吗?</td><td>学过</td><td>一般</td><td>没学过</td></tr>
<tr><td>10%</td><td>10%</td><td>80%</td></tr>
</table>

续 表

| | | | |
|---|---|---|---|
| 你知道足球中的“脚背内侧踢球”吗？ | 知道 | 一般 | 不知道 |
| | 12% | 13% | 75% |
| 你认为自己的踢球技术怎么样？ | 很好 | 一般 | 不好 |
| | 5% | 60% | 35% |
| 你认为自己的足球水平怎么样？ | 很好 | 一般 | 不好 |
| | 5% | 60% | 35% |

了解了以上具体学情，则可以以此为学习的基础和出发点来以学定教，有针对性地进行分层教学和因材施教。

## 【教学策略】

通过课前学情调查发现绝大部分同学没有学过脚背内侧踢球技术，绝大部分的同学足球基础较差，而足球脚背内侧踢球技术属于技术难度较高的内容，学生比较难掌握，所以制定了趣学、巧练、乐赛、公评教学策略，在教学中利用游戏法、比赛法降低学习的难度，激发学生的学习兴趣，在学练环节关注学生个体差异，充分利用自主探究学习、小组合作探究学习发挥学生学习的主体作用，让学生在“趣学、巧练、乐赛”中掌握足球脚背内侧踢球技术。

## 【教学设计】

### 水平三“脚背内侧踢球技术”单元第二课时教学设计

#### （一）设计思路

本课时为脚背内侧踢球技术单元第二课时，学生在第一课时已初步掌握脚背内侧传球动作。本课时要解决传球力度的控制问题，动作能做到协调连贯。通过多样化、趣味化的练习方式，提高踢球力度控制能力及身体重心的控制，从而提高踢球的准确性。

#### （二）教学流程

足球脚背内侧踢球技术第二课时教学流程思维导图如图4–2–13所示。

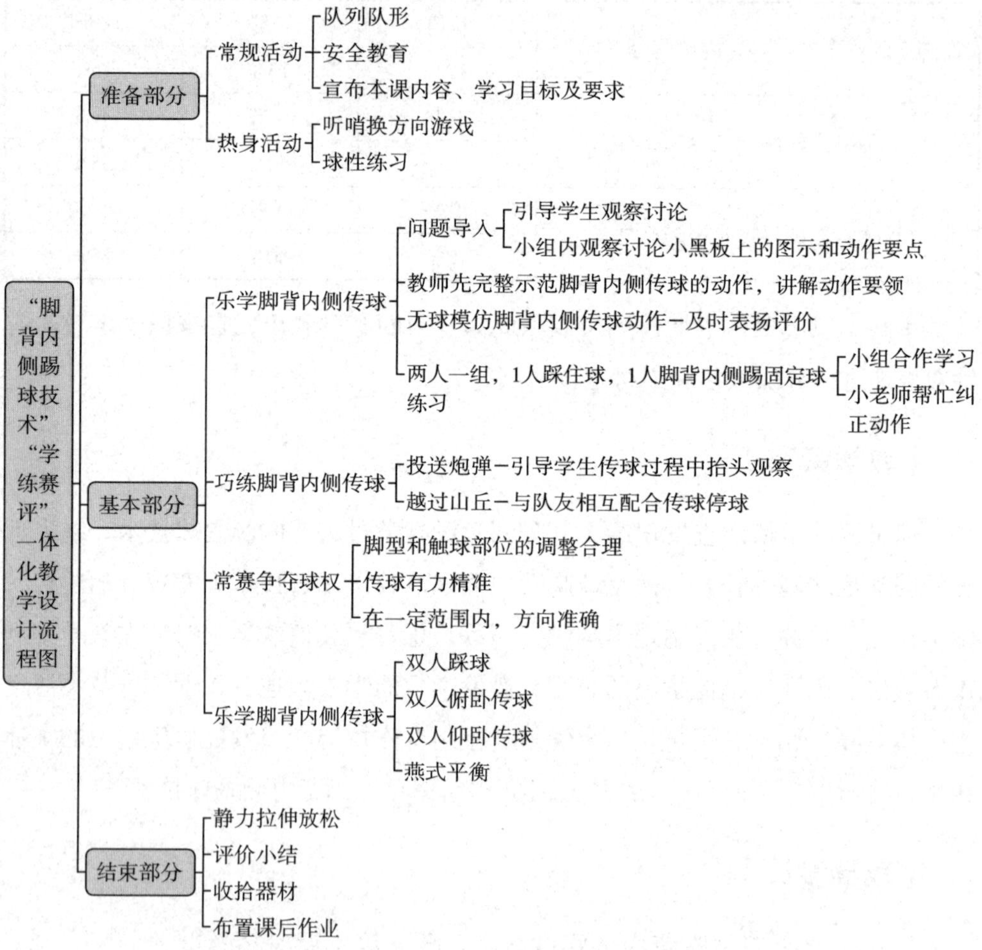


图4-2-13 "脚背内侧踢球技术"第二课时教学流程思维导图

## （三）教学计划

水平三"脚背内侧踢球技术"单元第二课时教学计划见表4-2-18。

**表4-2-18 水平三"脚背内侧踢球技术"单元第二课时教学计划**

| | |
|---|---|
| 学习目标 | 1.运动能力：知道并能够说出脚背内侧踢球的触球部位及动作要领，能够找准脚上的部位、触球的部位，把握出球的方向与力度。<br>2.健康行为：逐渐养成体育锻炼的意识和习惯，有安全意识，能够在练习中调控情绪，感受足球运动所带来的乐趣。<br>3.体育品德：培养学生遵守规则、团结协作、吃苦耐劳的品质。 |

续 表

| | | | |
|---|---|---|---|
| 学习内容 | 1.足球脚背内侧传球技术。<br>2.小游戏与比赛。 | 场地器材 | 足球场1块；足球21个；标志桶20个；训练环20个；标志碟若干；训练背心40件；音乐播放机1个。 |
| 重难点 | 重点：传球部位的准确性。<br>难点：摆腿动作的连贯性。 | | |
| 流程 | 课堂常规—激趣热身—观看球体运动视频—体验、尝试性练习—讲解示范—集体徒手、有球学练—自主练习—小组合作学练赛—分层教学竞赛—体适能—放松评价 | | |

| 顺序 | 达成目标（WHY） | 学习内容（WHAT） | 教师活动（HOW） | 学生活动（HOW） | 组织形式及要求 | 次数 | 负荷 |
|---|---|---|---|---|---|---|---|
| 准备部分 | 1.培养学生良好的组织纪律性和良好精神面貌，做到快静齐。 | 1.课堂常规：队列队形，安全教育，安排见习生。 | 1.课堂常规：整队集合，口令指挥，安全提示。 | 1.课堂常规：集合做到快、静、齐，认真听口令，迅速做出相应动作，赛一赛看谁做得最好。 | 1.课堂常规：组织以下四列横队<br>* * * * * * * *<br>* * * * * * * *<br>* * * * * * * *<br>* * * * * * * *<br>@ | 1 | 小 |
| | 2.学生明确学习内容与要求。 | 2.本课学习目标、强调预防运动损伤与自我保护。 | 2.宣布本课内容、学习目标及要求。 | 2.注意力集中，认真听讲，积极回答问题。 | 2.组织同上。 | 1 | 小 |
| | 3.通过专项热身充分活动身体，适应运动状态；通过球性球感训练，增强学生对球的控制能力，学生动作连贯、反应速度快、秩序好、灵敏素质好。 | 3.趣学热身：听哨换方向游戏：<br>（1）两人一组，围绕两个标志物做慢跑、高抬腿、后踢腿、侧滑步。<br>（2）学生A带球（踩球、拨球）跑，学生B跟在后面跑。 | 3.趣学讲解示范，巡查引导，组织学生进行热身，引导学生交流合作，注意安全，预防运动损伤。<br>引导学生在动态过程中控制好球，听到指令后反应要快。 | 3.趣学乐赛：积极按要求充分活动开。整体热身秩序好。比赛看谁的热身动作做得最到位；学习并知道游戏规则，比赛看谁的反应最快，动作最准确。教师及时地对学生进行评价鼓励。 | 3.趣学两人一组，组织如下：<br>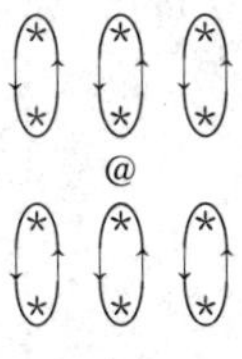 | 1 | 中 |

续 表

| 顺序 | 达成目标（WHY） | 学习内容（WHAT） | 教师活动（HOW） | 学生活动（HOW） | 组织形式及要求 | 次数 | 负荷 |
|---|---|---|---|---|---|---|---|
| 基本部分 | 1.脚背内侧传球动作流畅连贯、触球部位正确、脚型正确。 | 1.趣学小组合作探究脚背内侧传球：<br>（1）小组内观察讨论小黑板上的图示和动作要点。<br>（2）教师先完整示范脚背内侧传球的动作，讲解动作要领。<br>（3）无球模仿脚背内侧传球动作。<br>（4）两人一组，1人踩住球，1人脚背内侧踢固定球练习。 | 1.趣学小组合作探究引导学生观察讨论小黑板上的图示和动作要点，讲解示范动作要领，规范脚背内侧传球动作。<br>表扬动作标准的学生，请小组内技术动作最好的学生当“小老师”帮忙纠正动作。 | 1.趣学小组合作探究动作连贯、重心平稳、脚型和触球部位正确。认真思考学习，积极模仿练习掌握正确动作。<br>合作学习<br>引导学生学会互评，纠正同伴的错误动作。 | 1.趣学小组合作探究4人一组，组织如下：<br>******<br>******<br>@<br>******<br>****** | 1<br>1<br>2<br>2–3 | 小<br>小<br>小<br>中 |
| | 2.脚背内侧传球部位准确，能把球踢起来，动作连贯。 | 2.巧练小组合作学习脚背内侧传球：<br>（1）投送炮弹，两人一组相距4米短距离脚背内侧传球。<br>（2）越过山丘，两人一组相距8米脚背内侧传球越过标志桶。 | 2.巧练小组合作学习引导学生传球过程中抬头观察，与队友相互配合传球停球，相互指导纠正。 | 2.巧练小组合作学习传球中注意斜向助跑、支撑脚的站位、摆动腿的摆动。 | 2.巧练小组合作学习两人一组，组织如下：<br>******<br>↕↕↕↕↕↕<br>******<br>@<br>******<br>↕↕↕↕↕↕<br>****** | 10 | 中 |

续 表

| 顺序 | 达成目标（WHY） | 学习内容（WHAT） | 教师活动（HOW） | 学生活动（HOW） | 组织形式及要求 | 次数 | 负荷 |
|---|---|---|---|---|---|---|---|
| 基本部分 | 3.学生相互传球，传球后跑位排队、能把球踢起来、传球部位准确、方向不偏、动作连贯 | 3.乐赛争夺弹药，4人一组，传球后到队友后排队，如果传球在标志物范围内和越过了中间的山丘，则领一个弹药“标志碟”，结束看哪个小组的得分多。 | 3.乐赛组织学生练习，巡回指导并及时纠正学生错误动作，通过做对动作可争夺弹药的形式来比赛，强化学生动作定型，巩固学生传球动作，培养学生竞争意识。 | 3.乐赛脚型和触球部位的调整合理、传球有力精准，在一定范围内，方向准确。 | 3.乐赛4人一组，组织如下：<br>******<br>******<br>↕↕↕↕↕↕<br>******<br>******<br>@ | 10<br>10 | 中<br>大 |
| | 4.积极完成、动作协调，出汗，锻炼下肢、腹部、上肢、背部力量。发展学生体能，培养不断超越自我的优良品质。 | 4.体适能课课练：<br>（1）双人踩球。<br>（2）双人俯卧拍球。<br>（3）双人仰卧传球。<br>（4）燕式平衡。4个动作循环2次，中间间隔5秒。 | 4.体适能组织学生课课练，及时鼓励、评价学生，融入社会主义核心价值观。 | 4.体适能细致看教师示范，跟着一起做。动作跟上音乐节奏、动作规范。 | 4.体适能组织如下：<br>******<br>******<br>@<br>******<br>****** | 3<br>2 | 大<br>大 |
| 结束部分 | 1.培养运动后自我放松的意识。 | 1.放松拉伸<br>静力拉伸放松。 | 1.放松拉伸<br>教师领做，学生跟做放松操。 | 1.放松拉伸<br>跟教师一起学做放松操，恢复身心。 | 1.放松拉伸<br>组织如下：<br>******<br>******<br>@<br>******<br>****** | 1 | 小 |

续 表

| 顺序 | 达成目标（WHY） | 学习内容（WHAT） | 教师活动（HOW） | 学生活动（HOW） | 组织形式及要求 | 次数 | 负荷 |
|---|---|---|---|---|---|---|---|
| 结束部分 | 2.学会总结、归纳知识，开展自评、互评。 | 2.评价反馈<br>评价小结，收拾器材；<br>课后作业：观看梅西或C罗在比赛中的脚背内侧传球动作视频，模仿练习熟练后踢给队友看。 | 2.评价反馈<br>总结、评价本课学、练、赛情况。 | 2.评价反馈<br>教师对学生个体和小组及整体学习进行评价。引导学生参与自我评价和小组自评。师生道别。 | 2.评价反馈<br>组织如下：<br>******<br>******<br>******<br>******<br>@ | 1 | 小 |
| 生理预测指标数据 | 1.运动强度：145±5次/分钟<br>2.群体运动密度：75%左右<br>3.个体运动密度：55%±5% | | 安全措施 | 1.检查场地、器材安全。<br>2.在练习和游戏过程中，提醒学生注意安全。<br>3.如遇安全隐患应及时纠正。 | | | |
| 课后反思 | 对比第一节课，这节课学生明显更积极主动参与学练，教学中增加游戏的设计，让学生能够做到巧学、趣练、乐赛。虽然学习的技术动作有难度，但是学生通过游戏、比赛，能够完成老师布置的学习任务，不论是个人还是小组都能够获得成功的喜悦，让学生能够享受这种体育带来的乐趣，同时学生还要不断加强练习和巩固。 | | | | | | |

# 第五章

# "趣学、巧练、乐赛、公评"一体化课堂观察与评价

我们团队在研究"趣学、巧练、乐赛、公评"一体化教学的同时也对体育课堂进行了深入的观察与评价。为了充分了解老师与学生分别在课堂上的教学状态和学习情况，当然也为了教师更好地"教会"和学生更好地"学会"与"会学"，我们先后自行研制了《"趣学、巧练、乐赛、公评"一体化教学学生学习观察记录表》《"趣学、巧练、乐赛、公评"一体化教学教师活动观察评价记录表》和《"趣学、巧练、乐赛、公评"小学体育一体化课堂教学评价量表》，并将其长期应用在对内或对外的研讨课、公开课和展示课之中，收到了良好的效果。

# 第一节 课堂观察之学生篇

目前一些学校确实存在“三无”体育课的问题，即无运动负荷、无战术、无比赛。无运动负荷的体育课根本没办法让学生红红脸与出出汗，无战术和无比赛的体育课，学生也完全感受不到运动带来的体育精神。这样的课毫无意义。“练习密度“和”运动强度”是体育课堂众多评价指标中最直接指向学生身体健康的两个关键指标。毫不夸张地说，如果两个指标达不到国家规定的要求，学生在课上就等于没有参加体育锻炼。因此，我们制定了“学生学习观察记录表”，其主要包括“学生学习阶段心率、学习阶段运动强度、个体练习时间、群体练习时间和动态学情分析”五个部分的观察内容（表5–1–1）。

**表5–1–1 “趣学、巧练、乐赛、公评”一体化教学学生学习观察记录表**

授课者：________ 上课内容：________ 上课地点：________ 上课时间：________

| 项目 | 观察记录数值 | | | | | | | | | | | | | | | | | | | | 评价指标体系 | | | |
|---|---|---|---|---|---|---|---|---|---|---|---|---|---|---|---|---|---|---|---|---|---|---|---|---|
| 学习阶段心率 | 练习1 | | 练习2 | | 练习3 | | 练习4 | | 练习5 | | 练习6 | | 练习7 | | 练习8 | | 练习9 | | 练习10 | | 总心率P（次/分钟） | 平均心率（次/分钟） | 心率等级（次/分钟） | |
| | 前 | 后 | 前 | 后 | 前 | 后 | 前 | 后 | 前 | 后 | 前 | 后 | 前 | 后 | 前 | 后 | 前 | 后 | 前 | 后 | | | | |
| | P0 | P1 | / | P2 | / | P3 | / | P4 | / | P5 | / | P6 | / | P7 | / | P8 | / | P9 | / | P10 | | | 120～140 | |
| | | | | | | | | | | | | | | | | | | | | | | | 141～160 | |
| | | | | | | | | | | | | | | | | | | | | | | | 161以上 | |

续 表

<table>
<tr><th>项目</th><th colspan="10">观察记录数值</th><th colspan="4">评价指标体系</th></tr>
<tr><td rowspan="6">学习阶段运动强度</td><td>d1</td><td>d2</td><td>d3</td><td>d4</td><td>d5</td><td>d6</td><td>d7</td><td>d8</td><td>d9</td><td>d10</td><td rowspan="2">总运动强度d</td><td rowspan="2">平均运动强度</td><td colspan="2" rowspan="2">强度等级</td></tr>
<tr><td>P1/P0</td><td>P2/P1</td><td>P3/P2</td><td>P4/P3</td><td>P5/P4</td><td>P6/P5</td><td>P7/P6</td><td>P8/P7</td><td>P9/P8</td><td>P10/P</td></tr>
<tr><td rowspan="4"></td><td rowspan="4"></td><td rowspan="4"></td><td rowspan="4"></td><td rowspan="4"></td><td rowspan="4"></td><td rowspan="4"></td><td rowspan="4"></td><td rowspan="4"></td><td rowspan="4"></td><td rowspan="4"></td><td rowspan="4"></td><td>1.15 ~ 1.34</td><td></td></tr>
<tr><td>1.35 ~ 1.50</td><td></td></tr>
<tr><td>1.5 ~ 1.69</td><td></td></tr>
<tr><td>1.7 ~ 2.00</td><td></td></tr>
<tr><td>时间</td><td>T1</td><td>T2</td><td>T3</td><td>T4</td><td>T5</td><td>T6</td><td>T7</td><td>T8</td><td>T9</td><td>T10</td><td>总练习时间T</td><td>练习密度%</td><td colspan="2">练习密度等级</td></tr>
<tr><td rowspan="2">个体练习</td><td rowspan="2"></td><td rowspan="2"></td><td rowspan="2"></td><td rowspan="2"></td><td rowspan="2"></td><td rowspan="2"></td><td rowspan="2"></td><td rowspan="2"></td><td rowspan="2"></td><td rowspan="2"></td><td rowspan="4"></td><td rowspan="4"></td><td>81% ~ 90%</td><td></td></tr>
<tr><td>71% ~ 80%</td><td></td></tr>
<tr><td rowspan="2">群体练习</td><td rowspan="2"></td><td rowspan="2"></td><td rowspan="2"></td><td rowspan="2"></td><td rowspan="2"></td><td rowspan="2"></td><td rowspan="2"></td><td rowspan="2"></td><td rowspan="2"></td><td rowspan="2"></td><td>61% ~ 70%</td><td></td></tr>
<tr><td>60%</td><td></td></tr>
<tr><td rowspan="6">动态学情分析</td><td>$R_1$</td><td>$R_2$</td><td>$R_3$</td><td>$R_4$</td><td>$R_5$</td><td>$R_6$</td><td>$R_7$</td><td>$R_8$</td><td>$R_9$</td><td>$R_{10}$</td><td>累积总人数R</td><td>技术掌握百分比%</td><td colspan="2">密度等级</td></tr>
<tr><td rowspan="3"></td><td rowspan="3"></td><td rowspan="3"></td><td rowspan="3"></td><td rowspan="3"></td><td rowspan="3"></td><td rowspan="3"></td><td rowspan="3"></td><td rowspan="3"></td><td rowspan="3"></td><td rowspan="5"></td><td rowspan="5"></td><td>81%以上优</td><td></td></tr>
<tr><td>61% ~ 80%良</td><td></td></tr>
<tr><td>46% ~ 60%中</td><td></td></tr>
<tr><td rowspan="2">%</td><td rowspan="2">%</td><td rowspan="2">%</td><td rowspan="2">%</td><td rowspan="2">%</td><td rowspan="2">%</td><td rowspan="2">%</td><td rowspan="2">%</td><td rowspan="2">%</td><td rowspan="2">%</td><td rowspan="2">30% ~ 45%差</td><td rowspan="2"></td></tr>
<tr></tr>
</table>

说明：

1. 结合教学设计使用，练习1对应学生的一个活动，用"P"表示，如"$P_0$"表示安静心率。

2. 阶段心率强度指数（d）=运动后心率/运动前心率，是对学生身体刺激的承受负荷。

3. 练习密度分为个体运动密度和群体运动密度，用字母“T”表示“time”简写，用于学生学习情况观察记录，统计后用练习密度呈现，反映学生参与学习的程度。

4. 动态学情分析：通过学习、练习、竞赛掌握技术的学生人数，用学生人数/总人数=教学的效能，用字母“R”表示，用已掌握或达成学习目标人数占总人数的百分比说明教学效果。

## 一、学生学习阶段心率

简而言之，学生学习阶段心率是指学生在体育课堂中的某一学习活动环节（阶段）的前、后心率。一般来说，我们会按顺序记录下练1……练*N*的“活动前”和“活动后”的即时心率。如表5-1-1所示，为了简便操作，除了体育课的练习1需要在活动前后记录之外，练习2及之后通常只需要记录活动后的心率即可。因为上一个活动与下一个活动之间间隔很短，没有专门的放松活动或剧烈运动，此时心率的变化微小，可以忽略不计。如果一堂体育课有10个活动环节，那我们可以通过观察记录将获得11个心率数据，那么总心率和平均心率就可以轻而易举地算出，最后参照心率等级就可以做出较为科学合理的评价。为什么我们要强调“阶段心率”，它的意义何在？

“阶段心率”不是一个“点”而是一个“面”。对于每一个练习活动来说，“阶段心率”比单一的一个点上的心率数据更具有代表性和权威性。它与练习活动一一对应，是每一个练习活动过程的具体体现，教师可以及时而正确地把握每一个“阶段心率”的正常与否。同时能快速发现异常，并能第一时间找到相对应的练习活动进行教学上的调整与完善。因此，它具有客观性、代表性和便利性。

## 二、学习阶段运动强度

运动强度是相对应于学习阶段心率而言的，是指在某一学习环节的前、后心率之反比，即学习阶段运动强度。如表5-1-1所示，练习1的活动前的阶段心率是$P_0$，活动后的阶段心率是$P_1$，那么练习1学习阶段运动强度就是$P_1/P_0$，即等于$d_1$。以此类推，就可以算出每一个学习活动的阶段运动强度。如果一堂体育课有10个活动环节，那么$d_1+d_2+d_3+\cdots+d_{10}$之和就等于本堂课学习活动的总运动强度，总运动强度/10，则是该节体育课的平均运动强度。最后参照强度等级就可以进行科学合理的评价。如表5-1-1所示，我们团队所强调的阶段运动强度与阶段心率和学生的练习活动也是一一对应的，如果阶段运动强度出现较大的浮动幅度，那么此时学生身体所承受的运动负荷则过高或过低，教师则能更快地找到问题所在，并能及时调整教学计划。

## 三、个体练习与群体练习

个体练习和群体练习，与目前所定义的个体运动密度和群体运动密度相对应。个体运动密度是指一节体育实践课单个学生的运动时间占课堂总时间的比例。群体运动密度是指一节体育实践课的所有学生总体运动时间占课堂总时间的比例。目前新课程标准指出，每节课个体运动密度不应低于50%，群体运动密度不应低于75%。

## 四、动态学情分析

为了让大家对我们团队研究与倡导的"动态学情"有更清晰的认识，下面我们将做进一步解释与说明。

为什么要把学生的"动态学情"也列入要观察的必要内容之一呢？原因有以下几点：

第一，我们所研究的学情是特指学生对新学运动技术的掌握程度。"动态学情"是指学生在"学、练、赛"过程中对新学动作技术的掌握程度的变化。随着课堂学习的逐渐深入，学生对所学动作技术总会有或多或少的点滴进步，甚至会有个别学生已经掌握新动作技术。因此，学生在学习过程中的学情是不断变化的，也是动态发展的。可以说，学生的学会是等同于教师的教会。于是，观察记录下每个学习活动中有多少学生已经学会，这既是教师的基本功，是教师教会多少的充分体现，同时也是我们采用"教别人"方法策略的最佳时机。因为，让更多已经学会的"小老师"通过"教别人"，不仅大大有利于学生互帮互学的学习共同体氛围的构建，更有利于课堂学习目标的达成。因此，这是我们将其列为学习观察的必要内容的原因之一。

第二，充分了解和掌握学生的基础学情是“以学定教”的根本保证。体育课堂的实质就是让学生通过“学、练、赛、评”一体化学习，从“不会”逐渐走向“半会”，再从“半会”逐步走向“学会”和“会学”。那么，何为学生的“不会”“半会”与“学会”“会学”？这就需要教师通过课前的调查研究、课中的仔细观察与记录来把握。教师在课前有了对学生基础学情的基本把握，才能制定出因材施教的教学方案。教师只有在课中牢牢把握住学生的动态学情，才能相应地改变教学策略与教学方法，有的放矢地进行个性化学习方案的指导与调整，从而提高学生的学习质量和教学效果。因此，充分了解与把握学生的动态学情不是可有可无的，而是每一位教师应该高度重视和必须具备的基本功。所以，这是我们将其列为学习观察的必要内容的原因之二。

第三，“动态学情”的变化是衡量一节体育课是否成功的关键所在。课前有了对学生基础学情的了解，教师就有了评价学生能否达成学习目标的第一依据。在教学过程中，教师通过仔细观察就可以一一记录下已经掌握新学动作技术的学生个数。如表5-1-1中$R_1$则表示在练习1阶段达成或掌握所学动作技术的学生个数，$R_1+R_2+R_3+\cdots+R_{10}$则为整节体育课的已掌握所学动作技术的学生总数R，R/N（学生总人数）则是技术掌握百分比。最后参照“密度等级”则可以进行较为科学合理的评价。通过实践研究，我们将密度等级分为“优、良、中、差”四个等级。一般来说，体育的“技术掌握百分比”的密度等级在30%～45%的则为“差”，密度等级在46%～60%的则为“中”，密度等级在61%～80%的则为“良”，密度等级在80%以上的则为“优”。但是，这不是一堂体育课的最终定论，而是最有力、不可或缺的重要参考依据。

因此，基于观察学生学习效果的视角，我们可以根据本节体育课的“学习阶段心率”“学习阶段运动强度”“个体练习与群体练习”和“动态学情分析”四个方面角度进行测量，即最后以“平均心率、平均运动强度、练习密度和技术掌握百分比”来综合评判一堂体育课中学生学习的优良和教师教学效果的好坏。所以，这是我们将动态学情列为学习观察的必要内容的原因之三。

# 第二节　课堂观察之教师篇

## 一、教师活动观察评价

我们不仅可以从学生在课堂中的学的角度来评价一堂体育课，还可以从课堂中教师的教的视角来观察与衡量体育课堂的质量。如何学会"观课"和主要从哪些方面进行"观课"是体育教师的一项基本功。除此之外，学习他人成功或失败的经验的同时，"观课"更重要的意义在于能帮助上课教师找出和找准自身进步发展的方向，从而实现"双赢"。因此，我们相应制定了"教师活动观察评价记录表"，其包括学习目标完成情况、解决教学重难点情况、教学环节、教学方法、教学组织及诊断建议六个方面的观察记录内容，见表5–2–1。

**表5–2–1　"趣学、巧练、乐赛、公评"一体化教学教师活动观察评价记录表**

授课者：________　上课内容：________　上课地点：________　上课时间：________

<table>
<tr><td rowspan="3">学习目标完成情况</td><td>运动技能</td><td></td><td rowspan="3">解决教学重难点情况</td><td rowspan="3"></td></tr>
<tr><td>健康行为</td><td></td></tr>
<tr><td>体育品德</td><td></td></tr>
<tr><td>内容</td><td colspan="2">趣味、创意</td><td colspan="2">有效、高效</td></tr>
<tr><td>教学环节</td><td colspan="2"></td><td colspan="2"></td></tr>
<tr><td>教学方法</td><td colspan="2"></td><td colspan="2"></td></tr>
<tr><td>教学组织</td><td colspan="2"></td><td colspan="2"></td></tr>
<tr><td>诊断建议</td><td colspan="4"></td></tr>
</table>

调表说明：

1. 本表选用了学习目标、教学重难点、教学环节、教学方法、教学组织五个维度的指标反馈教师的教学质量。

2. 学习目标是评价的量化指标，通过目标的具体化达成来检验，是第一指标。

3. 重难点解决，主要观察教师的策略方法及其效果如何。

4. 在教学环节、教学方法和教学组织上，主要观察教师对其的设计是否有创意、有趣味，是否有效或高效。

5. 诊断建议，主要是为促进授课教师的教学能力发展。

**（一）学习目标达成情况**

在上文所提到的关于学生学习观察记录表的内容中就说明了达成学习目标在一堂体育课中的重要性，因此，我们在教师活动观察评价记录表中也设有该条观察指标。虽然说学习目标应该是一个密不可分的整体，但鉴于体育学科的独特性与习惯性，也为了更为清晰可见，我们结合学科素养目标将其细化为“运动技能（体能）、健康行为和体育品德”三个方面。如表5-2-1所示，我们主要通过观察记录这三面的达成来评价一堂体育课的学习目标的完成情况。比如关于运动技能上的观察，我们会从学生的基础学情和动态学情出发，记录下在课前已经有多少学生已经掌握了所学动作技术，而在教学过程中则重点记录下新增了多少学生已经掌握了所学动作技术，两个数量相加即是已掌握动作技术的学生总人数。这样，基本上能了解和掌握学生在运动技能方面的达成情况。而对健康行为和体育品德的评价方法是一致的，如在观察学生的健康行为方面，我们主要关注学生在课堂中如出现良好或不良的行为后，教师是否及时激励或引导教育。

**（二）解决教学重难点情况**

从学科教学内容的科学系统来看，组成基本知识体系的主要环节为教学重点；从教育学的活动要求来看，培养学生能力，掌握学习方法是教学重点；从情感教育和品德养成来看，激发学生积极的情感，形成正确的价值观，是教学重点。如何观察教师是怎么解决教学重点的呢？一般来说，体育教师在课中都会向学生交代新学动作技术的教学重点所在，并希望能引起学生的广泛关注。所以，我们可以就上课教师所提出的重点是什么，并依此记录下与教学重点有关的学习活动有多少、时间有多长，这就可以有效说明教师在解决教学重点上体现出的重视程度与执行力。

教学难点是指课堂中大多数学生在学习上所遇到的难以解决的问题和瓶颈。如何观察教师是怎样突破难点的呢？在实践中，我们重点关注教师在学生遇到困难之后所采取的策略与方法中有效数量，解决的力度有多大，学生继续学习是否顺利和多少学生已经掌握了所学动作技术。一般来说，我们关注这些方面就可以比较合理地对教师在突破教学难点上进行评价。

如表5–2–1所示，在教学环节、教学方法和教学组织上，我们的观察表中主要设有“趣味、创意”和“有效、高效”两栏。如在教学环节的观察上，主要看教师是否理解和运用了我们所倡导的“趣学”理念，同时是否对每一个教学环节进行了整合与优化，是否高效实现了“精讲多练”和“边讲边练”。又如在教学方法上，主要观察教师所应用的教学方法是否新颖和是否能让学生积极主动参与其中，并享受到乐趣；同时还要考量教师所采用的教学方法是否灵活多样、是否吸引学生学习以及是否有效或高效。再如在教学组织上，主要观察教师在课堂上如何组织争当“小老师”进行“教别人”的积极行动及营造的学习氛围，同时是否注重组织“自主、合作与探究”学习方式的落实。

教师活动观察评价记录表，实质上是对教师专业发展进行诊断性评价，其能较好地帮助教师逐渐提升从而打造出高效课堂的能力。

## 二、教师课堂教学评价量表

为了更全面地、合理地评价教师的体育教学综合能力，我们团队还专门设计了“趣学、巧练、乐赛、公评”一体化课堂教学评价量表，这对体育教师在专业能力和综合素养上有很大的帮助。如表5–2–2所示，在一级指标上，我们设置了真实性、完整性、精准性、新颖性、全面性、高效性、健康性和安全性。下面，我们将一一陈述一堂体育课为什么要包含这“八性”，这“八性”的意义何在?

### （一）真实性

我们一线体育教师对某些公开课都持有特别反感的态度，因为这些公开课在某种层面上有“作秀”“表演”的成分。“千教万教教人求真，千学万学学做真人”，因此，一切课堂都应该是真实的，而且必须是真实的。否则，我们就是在做“伪教育”、在培养“伪真人”。为了体现课堂的真实性，我们设置了“教学过程”和“新的生成”两项指标。“教学过程”选取“教师交代清楚，指令明确，分组环节的组织调度能力”来呈现课的真实性。假如说，教师在课中基本不用怎么交代清楚，但学生反应迅速且良好，这说明学生在课前就已经“操练”过了，这不真实。任何一堂课都会有过程的生成，也有资源的生成，否则课堂也是不真实的。在“新的生成”中，我们列举了几个具有代表性的小案例，如“学生对教师有质疑时，教师怎么回应与教育引导”，有个别教师遇到这种“尴尬”会选择“视而不见”，而有些教师会视这种为“难得的资源”，从而积极、理性地去解决。以上都很好地说明了任何一堂体育课都必须具有真实性。

**表5-2-2　“趣学、巧练、乐赛、公评”一体化课堂教学评价量表**

时间：________　地点：________　上课教师：________　上课主题：________

| 一级指标及权重 | | 二级指标及权重 | | 三级指标及分值 | |
|---|---|---|---|---|---|
| 指标 | 权重 | 主要指标 | 权重 | 具体表现（评分点） | 分值 |
| 真实性 | 10 | 教学过程 | 4 | 教师交代清楚，教师指令明确，分组环节的组织调度能力。 | |
| | | 新的生成 | 6 | 应该有意想不到的新的生成，有过程的生成也有资源的生成：如在小组竞赛时，最后的小组仍能顽强拼搏，教师怎么引导？学生摔跤时，教师如何解决引导？学生对教师有质疑时，教师怎么回应与教育引导？等等。 | |
| 完整性 | 10 | 课堂常规 | 4 | 清点人数、师生问好、安排见习生、检查着装、安全意识、队列队形、慢跑、体能练习、收拾器材、师生道别等。 | |
| | | “学、练、赛、评”教学环节 | 6 | “学、练、赛、评”四要素均有体现，并在全过程有不同程度的体现。 | |
| 精准性 | 10 | 单元下学习目标 | 2 | 目标细化并设计合理、具体，表述清楚，学生明白。 | |
| | | 重难点设置 | 3 | 是否准确，是否符合学生的学情。 | |
| | | “巧练” | 3 | 学生是否进行个性化学习。 | |
| | | “公评” | 2 | 评价是否因人而异、有针对性，并且具有发展意义。 | |

续 表

| 一级指标及权重 | | 二级指标及权重 | | 三级指标及分值 | |
|---|---|---|---|---|---|
| 指标 | 权重 | 主要指标 | 权重 | 具体表现（评分点） | 分值 |
| 新颖性 | 10 | "学、练、赛、评"组织形式 | 5 | "教别人"与合作、探究小组形式运用，学生是否主动参与。 | |
| | | "学、练、赛、评"方法手段 | 5 | 方法是否新颖有趣、灵活多样；手段是否有效或高效；学习氛围是否浓厚。 | |
| 全面性 | 10 | 因材施教关注全体学生 | 10 | 是否有了解基础学情；是否全面观察与关注全体学生，并及时提供个性化方案的帮助与激励。 | |
| 高效性 | 30 | 讲解、示范、指导效果 | 7 | 坚持1分钟示范讲解，示范多面性；指导方法高效。 | |
| | | 重难点解决 | 8 | 是否围绕重难点设置问题，教学环节是否均围绕重难点进行解决，效果是否明显。 | |
| | | 学习目标达成 | 10 | 是否大多数学生达成了学习目标，并具有成功的喜悦。 | |
| | | 场地、器材等运用 | 5 | 是否坚持"用足、用完、用充分"的原则。 | |
| 健康性 | 10 | 密度、负荷达成 | 10 | 是否达到国家新课程标准规定的要求，学生状态良好。 | |
| 安全性 | 10 | 安全要求及防范 | 10 | 是否经常性地提出安全要求及做足防范，无安全事故发生。 | |
| 合计 | 100分 | | 备注 | | |

评课教师：

## （二）完整性

2021年，广东省出台了"体育课堂教学常规"，可见它在"立德树人"上的重要性和必要性。"学、练、赛、评"一体化是我们团队长期实践研究的教学模式，因此，我们从"课堂常规"和"学、练、赛、评"两方面入手对课堂的完整性进行评价。在"课堂常规"方面，包括清点人数、师生问好、安排见习生、检查着装、安全提示、队列队形、慢跑、体能练习、收拾器材、师生道别等，从教学常规角度上看，能体现出一节体育课的完整性。“学、练、赛、评”作为一堂体育课中必不可少的教学关键环节，本身就表现出一堂体育课的完整性。在此基础上，我们还强调在每一个教学环节要有完整的不同程度的“学、练、赛、评”，以体现我们所倡导的一体化理念。基于以上两方面的深入观察，就基本能确定一堂体育课是否具有完整性。

**（三）精准性**

经过实践研究，我们认为精准性主要体现在以下四个方面：一是基于单元进行学习目标的设置，目标要细化、合理和具体，表述要清楚，让学生一听就明白。二是学习重难点的设置要准确，既要符合运动项目的发展规律，也要符合学生基础学情。要满足以上两个方面，就需要教师在课前做好教材分析与学情调查，以确保“以学定教”“因材施教”的顺利展开。三是强调“巧练”，要求教师在课堂中要充分关注每一个学生，从而更好地指导学生进行个性化学练。四是强调“公评”，评价反馈是否因人而异、有针对性，对学生成长进步是否具有发展意义。如果一堂体育课的学习目标含混不清，重难点设置不够准确，练习方法不当，评价也不得力，这样的体育课没有效果可言。因此，只要重点关注了以上四个方面，基本上可以认定这堂体育课具有精准性，教学效果肯定也是不错的。

**（四）新颖性**

“趣学”是我们团队研究课题的主要关键词之一，新颖的事物必定能吸引学生的注意力，甚至还可以激发学生的学习兴趣。“教别人”是我们团队一直倡导并经过反复实践和验证的，是主动学习、高效学习的学习形式。所以我们主要从“学、练、赛、评”的组织形式和“学、练、赛、评”的方法手段来进行观察，并以此来评价一堂体育课是否具有新颖性。一是“教别人”与合作、探究形式的运用是否广泛，学生在其中是否主动参与。二是教学方法是否新颖有趣、灵活多样，教学手段运用是否有效甚至高效，课堂上的学习氛围是否浓厚。以上是在“新颖性”方面需要我们关注的重点。

**（五）全面性**

关于全面性在教育上的意义有两个方面：一是教育发展的全面性，即任何一个学生都是教育发展中要关注的人；二是教育要全面关注每一个学生的差异所在，从而进行因材施教。因此，我们从“因材施教”和“关注全体学生”两个维度上，设置了“是否有了解基础学情，是否有全面观察与关注全体学生，并及时提供个性化方案的帮助与激励”作为评价一节体育课是否具有全面性的观察指标。因为班级人数多，而教师的精力、能力等有限，在“因材施教”和“关注全体学生”上，部分教师往往很难做到和做好。要做好，不仅需要教师用心去做大量的前期准备工作，更需要教师的心中对每一个学生都充满着爱。

**（六）高效性**

当前，新课程标准要求体育课的个体运动密度在60%以上、群体运动密度在75%以上，运动强度要做到140～160次/分钟。这就意味着体育教师在课中要做到“该讲当讲”“精讲多练”和“边讲边练”，以保障学生有更充足的时间进行身体锻炼。因此，我们从四方面入手，一是在讲解、示范、指导效果上，是否坚持1分钟示范讲解，示范多面性和指导方法高效。二是在重难点解决上，教师是否围绕重难点设置问题，教学环节是否围绕重难点进行解决，效果是否明显。三是在学习目标达成上，是否大多数学生达成了学习目标，并具有成功的喜悦。四是在场地、器材等运用上，是否坚持用足、用完、用充分。从以上四个方面来观察并评价一堂体育课的高效性，对一线体育教师如何打造出高效体育课堂具有良好的参考借鉴意义。

**（七）健康性和安全性**

我们认为“健康第一”不仅是体育课的重要思想和指导理念，更是落实体育课程育人的出发点与目标所在。因此，我们结合当前国家要求主要选取“练习密度”和“运动强度”两个硬性指标作为评价维度，将是否达到国家新课程标准规定的要求，并具有成功的喜悦作为具体的评价指标予以落实。而“安全性”作为体育课的必要的教学前提，是培养学生的防范意识与安全行为的重要窗口。目前，新课程标准尤其关注“练习密度与运动强度”的高效达成，如何在安全的前提下保证学生获得身心健康发展显得尤为重要。所以，我们从教师是否经常性地提出安全要求及做足防范，无安全事故发生来进行观察评价，以体现体育课堂的安全性。

# 第六章

# “趣学、巧练、乐赛、公评”一体化教学的常见问题

在两年多的研究过程中，“趣学、巧练、乐赛、公评”一体化教学模式是经过我们集体的反复思考、讨论和实践验证得来的。该教学模式直至今日还处于不断修改和完善之中，是从“模糊期”走向“清晰期”，是从“零散”走向“集中”再走向“提升”的一个发展的过程。在发展提炼和勇于实践的过程中，该教学模式也有一些需要注意的问题。一是要避免“趣学”中的为趣而趣；二是避免“巧练”中的学情忽视；三是避免“乐赛”中的浅表体验；四是避免“公评”中的主体缺失；五是避免“学、练、赛、评”认知偏差。接下来，我们将一一作详细的解释与说明。

# 第一节　有关“趣学”“巧练”的问题

## 一、避免“趣学”中的为趣而趣

我们工作室团队在落实“趣学、巧练、乐赛、公评”一体化教学中，刚开始有部分学员在体育课的准备环节比较容易将“趣学”等同于“激发兴趣”，其“趣”还仅仅停留在花样热身、调动学生情绪的表面的“趣味性”上。我们所认为的“趣学”，是基于上面所提及的既要体现表面的“趣味性”，又要密切结合本节课所学的动作技术，通过动作技术分解，将“部分动作活动”有机地融合在课的准备活动中。也可以将完整的动作技术通过简易化或生活化的创新，然后将其融会到准备活动之中。如此一来，尽管学生存在个体差异或基础经历不同，也会使所有学生对学动作技术所要求积累的相关经验有所触及，不仅进一步缩小了学生之间的认知差异，更为新知识的掌握提供了密切而有效的学习支架。这种学习支架搭建好了，就更有利于学习的正迁移。

如在双手胸前投篮教学中，就可以将生活中的“双手推大门”这一动作引入准备活动中，让学生朝不同方向进行学练。因为学生的学练更加贴近生活，学生更容易掌握；因为让学生充分动起来“开门了”，学生的学习就会变得更有趣味性。更重要的是，不同程度的学生都在“双手胸前投篮”这一动作技术之前就有了或多或少的经验累积，为往后的进一步学习奠定了必要基础。所以，我们所倡导的“趣学”，不仅强调在花样热身、调动学生情绪的表面上的“趣味性”，更是强调与主教材密切融合的深层次的“趣味性”。

同时，在准备部分的“趣学”上，有些教师会忽视对“健康行为”和“体育品德”内容上的及时“评价与反馈”。评价与反馈应该贯穿整节体育课，从而发挥“评价与反馈”在促进“学练赛”中的巨大作用和深远意义。

## 二、避免“巧练”中的学情忽视

其实我们所倡导的“巧练”，就是在关注学生个体差异、因材施教上的方法“练对了”。对“练对了”的把握，关键在于教师必须要有“以学定教”的教育教学观念，以便更好地认真落实以下三个方面。第一，教师要在上课前对全体学生在将要学习的动作技术基础上找出与之相关联的学习经历，对此进行全面而彻底的摸底调查。第二，依据调查所得出的学生的基础学情，设置与基础学情和所学动作技术相关联的学习内容和挑战任务。第三，在课中落实相关联的学习内容和挑战任务时，教师还要尽可能地仔细观察每一个孩子的“新学情”的生成，然后及时提供有针对性的指导与帮助。教师如果在关注学生上应付不过来，也可以同时邀请水平能力较高的学生替代教师对同伴进行观察与帮助。

以上三点做法，主要是强调教师要重视起“学情”研究，在充分了解把握广大学生的“基础学情”和“动态学情”的发展变化，并以此设置相关联、有效甚至高效的“巧练”活动。让每一位学生在一堂课的结束后，各方面都能在原有的基础上有所进步与成功。所以，教师对学生学情的把握上显得特别重要，既是如何达成“巧练”的关键，更是“以学定教”教育教学观念的充分体现。

# 第二节　有关“乐赛”“公评”的问题

## 一、避免“乐赛”中的浅表体验

《〈体育与健康〉教学改革指导纲要（试行）》和《义务教育体育与健康课程标准（2022年版）》指出，学校体育教学要强调“教会、勤练、常赛”。这一指导意见的提出，无疑给学校体育教学注入一剂“强心针”，不仅促进了一线体育教师在课堂中要树立“赛”的意识，而且促使体育教师要积极思考如何将“常赛”落到实处。为了贯彻落实以上国家政策文件所要求的“常赛”规定，不少体育教师不惜在每一节体育课的基本部分的最后环节，都来一场关于本堂课所学运动技术上的“轰轰烈烈”的比赛。有些比赛场面“热闹非凡”，而有的比赛场景却“惨不忍睹”。例如，在一节第一课时的前滚翻的课堂上，某某老师在基本部分的最后时段组织学生进行了一场比赛。本想让课堂热热闹闹地走向高潮，可未曾想，学生为了比快，在垫子上乱成了“一锅粥”，完全没有前滚翻的样式。学生看似“很快乐”，实质上这种快乐不能常驻他们的内心，很快就会跑得无影无踪。而此时，上课老师的心情也一定是极其糟糕的。

其实，教师要想组织一场让学生享受乐趣和乐此不疲的比赛是有前提要求的。组织动作技术上的比赛，就要满足“两个前提”和“一个务必”。一个前提是，比赛要基于大多数学生已经基本掌握动作技术，并在比赛规则上要对动作质量和比赛要求作出强调。否则，比赛的场面和情景往往会出现意料不及的尴尬。另一个前提是，比赛动作的评判标准务必基于大多数学生的普遍水平而稍稍有一点“拔高”，让学生“跳起来”就可以够得着，比赛的热情就有了。因为挑战性过强了，会严重打击学生的自信心；而挑战性过低了，会严重抑制学生参与的积极性。“一个务必”是，比赛的动作务必是教师已经“教会”学生的，也即学生已经"学会"了的。

简而言之，要使学生享受到比赛的真正快乐，并为之而乐此不疲，教师就必须牢牢把握以上所提及的"两个前提"和"一个务必"。

## 二、避免"公评"中的主体缺失

评价的重要意义在于如何更高效地促进和激励学生"学""练""赛"的成效。《〈体育与健康〉教学改革指导纲要（试行）》指出，打破以往只对运动技术、体质健康等某一方面的评价，要更加注重"知识、能力、行为、健康"综合评价指标体系的建立。《义务教育体育与健康课程标准（2022年版）》指出，评价内容主要包括"运动能力的发展""健康行为的形成"和"体育品德的养成"三个方面。评价时特别注意以下三点：一是注重评价方法多样化；二是重视过程评价；三是加强运用信息化技术开展实时和精准的评价。体育教学中要注重多元评价、过程性评价和终结性评价。评价的形式可以是"师评生""生评生"，甚至可以是"生评师"。这就意味着核心素养下的学习评价要实现全方位和全过程。只有这样，才能充分体现学生在教育机会上的公平，才能展现课堂中的师生平等与民主。因此，基于全方位的、多元化的、全过程的，以及充分体现公平、民主和平等的评价，才是我们目前所迫切需要的评价，也就是我们工作室团队所倡导的"公评"核心内涵。

但不难发现，尽管《〈体育与健康〉教学改革指导纲要》和《义务教育体育与健康课程标准（2022年版）》均把评价改革作为新的风向标，但习惯于"一言堂""满堂灌"的教师还无法一下子转变评价理念，依然更多地以"师评生"为主。这无疑是有心或无心地"剥夺"了课堂中处在"主体地位"的学生的评价权利。有些教师就算课堂中有出现"生评生"或"生评师"的环节，也不过是形式上、表面上的浅尝辄止，几乎起不到评价与激励的应有作用及意义。

总体来说，如果评价中缺失了作为评价主体的学生一员，那么此种课堂评价是站不住脚的，也是毫无意义的。

## 三、避免"学、练、赛、评"认知偏差

不少体育教师在落实"学、练、赛、评"一体化教学的过程中，是按照

“先学—后练—再赛—后评”的先后顺序来组织教学的。这种“单向、线性流动”的程序操作，是对“学、练、赛、评”一体化教学的认知偏差。诚然，这是不科学、不合理的。“学”“练”“赛”“评”相互之间应该是互相嵌入和交融的。“学”有个人的自学、有与伙伴合作的学、有和老师合作的学，也有向书本、从网络中去学等。当一个学生产生了“学”的动机或欲望，自然就会选择自己喜欢的方式与途径来学习。随着学生想学欲望的增强，内驱力同时产生，学生就会有“想学得更好”的驱动力，同时也就确立了个人的学习目标。学生一旦确立了“学得更好”（学）的学习目标，就会有“反复练”（练）的行动和“想与他人比一比”（赛）的欲望，以及期待获得“他人肯定”（评）的强烈欲望和需求。在这一过程中，其实是“学、练、赛、评”四要素交互嵌入和相互融合的过程，也是“一体化”的真正表达。

“趣学、巧练、乐赛、公评”一体化教学，虽说是我们工作室团队创建和领航而来，但毕竟也是一个新生事物，在实践中肯定会出现这样或那样的问题。以上所列常见问题并不代表全部，在实践中所面临或产生的其他问题仍需依据学生的实际情况加以思考与解决。

# 第七章

# 总结与展望

我们紧紧围绕“趣学、巧练、乐赛、公评”一体化教学进行了长达两年多的深入研究，这其中有不少宝贵的经验和教训，也相应取得了一些成绩。但更重要的是，我们能在总结的同时发现自身研究的不足之处，从而更好地在接下来的研究中加以完善。这一切都非常值得我们团队一起进行总结与分享。接下来，我们将从学员区内外送教情况及效果、学员参加教学能力大赛获奖情况、在教师技能大赛上的社会效应和“一体化”教学学习兴趣问卷调查及成效等方面进行分析和归纳。同时，通过分享研究期间所撰写的课题论文和个人成长感悟，希望能从中吸取经验和教训，更能“取人之长”和“补己之短”，为下一步工作室乃至个人自身的成长发展提供参考方向。

# 第一节　教学模式实施效果

近两年来，我们工作室各成员大胆地将“趣学、巧练、乐赛、公评”一体化教学模式运用于自身的课堂教学之中，并积极通过上研讨课、公开课、区外送课和参加教学比赛等形式来检验教学效果。实践证明，采用“趣学、巧练、乐赛、公评”一体化教学模式进行教学，能大大促进学生的学习积极性，能有效甚至高效地提升体育课堂教学效果与教学质量，是符合当前新课程改革精神及要求和深受广大师生喜欢的一种全新的体育课堂教学模式。

## 一、学员区内、外送教情况及效果

自从工作室提出“趣学、巧练、乐赛、公评”一体化教学模式之后，各学员的探索与实践精神高涨，一直保持着高昂的热情与冲动。大家不仅继续在理论上积极主动的探究与完善，还在行动上掀起了研课、送课的热潮。各学员纷纷以研讨课、送课的形式进行实践验证，先后送课香洲区、高新区、斗门区、金湾区、横琴新区等兄弟学校，与广大一线体育教师互相切磋、交流研讨，取得了良好成效。由表7-1-1可见，两年来，工作室累计区内、外送教共30节，其中区级29节，市级1节。随着“趣学、巧练、乐赛、公评”一体化教学模式的实施与推广，学生在课堂上不仅表现出更为积极主动的学习与合作态度，更表现出能享受到运动中的乐趣。同时，工作室全体成员对此教学模式的永无止境的追求精神不断发扬光大，也大大提升了自身教学能力和团队的战斗力，这让我们十分欣慰。但是，我们由表格数据也发现了问题，即送课的级别不高。市级及以上的仅有一节课，送课的区域主要集中在香洲区、斗门区和金湾区，这需要下一步进行调整和完善。

表7-1-1　2021年、2022年工作室学员区内、区外送教统计表

| 项目 | 香洲区 | 高新区 | 斗门区 | 金湾区 | 横琴新区 | 高栏港 | 万山区 | 合计 |
|---|---|---|---|---|---|---|---|---|
| 区级研讨课 | 15 | 2 | 7 | 4 | 1 | 0 | 0 | 29 |
| 市级研讨课 | 0 | 0 | 1 | 0 | 0 | 0 | 0 | 1 |
| 总计 | 15 | 2 | 8 | 4 | 1 | 0 | 0 | 30 |

## 二、学员参加教学能力大赛获奖情况

2021年，学员张珂瑞老师代表工作室参加香洲区体育教师教学能力大赛，获得一等奖第1名和唯一“教学能手”的荣誉称号。2022年，学员吴伟伟老师和周振鹍老师代表工作室参加香洲区体育教师教学能力大赛，吴老师荣获一等奖第1名和唯一“教学能手”的荣誉称号；周老师荣获一等奖。2021年，学员黄秋红老师和张珂瑞老师代表工作室参加珠海市体育教师教学能力大赛，均荣获一等奖；2021年代表工作室参加广东省体育教师教学能力大赛，均获得个人和团体一等奖。另外，由表7-1-2可见，工作室两年来在区、市、省级能力大赛中累计共获13项一等奖，平均每位学员荣获区级以上一等奖奖励（工作室学员共12人）。以上成绩和数据，充分说明我们工作室团队所研究和推广的“趣学、巧练、乐赛、公评”一体化教学模式是符合当前新课程改革的精神和方向的，并得到了区、市、省级体育评委专家的高度认可。

表7-1-2　2021年、2022年工作室学员课堂教学参赛获奖统计表

| 获奖项目 | 教学能手 | 一等奖人次 | 二等奖人次 | 三等奖人次 | 合计 |
|---|---|---|---|---|---|
| 区级教学能力大赛 | 2 | 6 | — | — | 8 |
| 市级教学能力大赛 | 未设 | 3 | 3 | 2 | 8 |
| 省级教学能力大赛 | 未设 | 4 | — | — | 4 |

另从表7-1-3可见，工作室成员积极参加2021年度广东省“中小学体育与健康课程资源”征集活动，周振鹍老师的课例“原地双手胸前传接球”在活动中被评为“小学组优秀资源”；吴运照、朱振彪等老师的课例“居家体能锻炼”，在活动中被评为“小学组精品课程”。

表7-1-3　广东省"中小学体育与健康课程资源"征集活动课例获奖统计表

| 成员 | 课例名称 | 获奖项目 | 级别 |
|---|---|---|---|
| 周振鹍 | "原地双手胸前传接球" | 被评为"小学组优秀资源" | 省级 |
| 吴运照、朱振彪等 | "居家体能锻炼" | 被评为"小学组精品课程" | 省级 |

## 三、在教师技能大赛上的社会效应

2022年11月，在第四届香洲区小学体育教师教学能力大赛中，我们惊喜地发现，有不少现场参赛选手采纳了我们团队所研究的"趣学、巧练、乐赛、公评"一体化教学理念，并积极应用到现场比赛的说课环节当中。

本届参加现场说课比赛的体育教师共有52人，他们分别从田径类、体操类、篮球类和足球类中抽取现场说课内容。如表7-1-4所示，在50米快速跑、肩肘倒立、篮球原地运球和脚背正面运球的13位参赛选手当中，其中有5位参赛教师运用了我们的"趣学、巧练、乐赛、公评"一体化教学理念，占38.4%；在原地投掷沙包（垒球）、跪跳起、篮球行进间运球和足球脚内侧运球的13位参赛选手当中，其中有7位选手采用了我们的"趣学、巧练、乐赛、公评"一体化教学理念，占53.8%；在立定跳远、后滚翻、篮球双手胸前传接球和足球脚内侧接地滚球的13位参赛者当中，其中有4人运用了我们的"趣学、巧练、乐赛、公评"一体化教学理念，占30.7%；在单脚交换跳短绳、前滚翻、篮球双手胸前投篮和足球脚底接地滚球的13位参赛选手当中，有5名教师应用了我们的"趣学、巧练、乐赛、公评"一体化教学理念，占38.4%。同时，从表7-1-4可以看出，在52名参赛选手当中，共有21名参赛教师运用了我们的"趣学、巧练、乐赛、公评"一体化教学理念，占40.4%。以上说明我们所倡导的"趣学、巧练、乐赛、公评"一体化教学理念得到了不少一线体育教师的认可，并产生了积极的社会效应。

表7-1-4　参赛选手运用"趣学、巧练、乐赛、公评"理念情况统计表

| 人数 | 田径类 | 体操类 | 篮球类 | 足球类 | 采纳人数 | 占比（%） |
|---|---|---|---|---|---|---|
| 13人 | 50米快速跑 | 肩肘倒立 | 原地运球 | 脚背正面运球 | 5 | 38.4 |
| 13人 | 原地投掷沙包 | 跪跳起 | 行进间运球 | 脚内侧运球 | 7 | 53.8 |

续 表

| 人数 | 田径类 | 体操类 | 篮球类 | 足球类 | 采纳人数 | 占比（%） |
| --- | --- | --- | --- | --- | --- | --- |
| 13人 | 立定跳远 | 后滚翻 | 双手胸前传接球 | 脚内侧接地滚球 | 4 | 30.7 |
| 13人 | 单脚交换跳短绳 | 前滚翻 | 双手胸前投篮 | 脚底接地滚球 | 5 | 38.4 |

## 四、“一体化”教学学习兴趣问卷调查及成效

从确定研究“趣学、巧练、乐赛、公评”一体化教学模式开始，我们团队除了认真做好上课教师和学生课堂学习两方面的观察之外，还对工作室成员所上的研讨课、公开课和赛课等30节体育课共450名学生在学习兴趣方面进行了抽样的、不记名的问卷调查。

为了调查掌握学生对“趣学、巧练、乐赛、公评”一体化教学体育课堂的满意度，即说明学生对一体化体育课的学习兴趣如何。我们设置了5个小问题，分别是“这样上体育课，你喜欢吗”“这节体育课，你的身体得到充分锻炼了吗”“你与同学合作愉快吗”“这节体育课，你有成就感吗”“这样累的体育课，你还想上吗”。每个问题的答案选项见表7–1–5。

**表7–1–5　“一体化”教学课后学生学习兴趣问卷调查表**

| 具体问题 | 请同学在相应的（　　）内打上“√” |
| --- | --- |
| ①这样上体育课，你喜欢吗？ | 很喜欢（　　）一般（　　）不喜欢（　　） |
| ②这节体育课，你的身体得到充分锻炼了吗？ | 很充分（　　）一般（　　）不充分（　　） |
| ③你与同学合作愉快吗？ | 很愉快（　　）一般（　　）不愉快（　　） |
| ④这节体育课，你有成就感吗？ | 很有成就感（　　）一般（　　）没有成就感（　　） |
| ⑤这样累的体育课，你还想上吗？ | 很想上（　　）一般（　　）不想上（　　） |

我们团队认为，上完一节体育课，如果学生认为自己的身体得到了锻炼（增强体质）、有成就感（掌握、发展了动作技能）、与同伴合作愉快（享受乐趣）、尽管累还想上（真的喜欢）的话，那就足以说明学生对“本节体育课”产生了浓厚的学习兴趣，反之则兴趣低下。所以，我们设计了表7–1–5，在课后即时抽样15名学生并进行了不记名的问卷调查，具体情况见表7–1–6。

**表7–1–6 “趣学、巧练、乐赛、公评”一体化教学学习兴趣统计表**

| 年份 | 班级数 | 抽样人数 | 学习兴趣高 | 占比（%） | 学习兴趣中等 | 占比（%） | 学习兴趣低 | 占比（%） |
|---|---|---|---|---|---|---|---|---|
| 2021 | 11 | 165 | 150 | 90.9 | 15 | 9.1 | 0 | 0 |
| 2022 | 19 | 285 | 271 | 95.1 | 14 | 4.9 | 0 | 0 |
| 合计 | 30 | 450 | 421 | 93.6 | 29 | 6.4 | 0 | 0 |

如表7–1–6所示，2021年，我们团队共计上了30节研讨课，每班抽取15名学生，合计共对165名学生进行了问卷调查。其中，在“趣学、巧练、乐赛、公评”一体化教学模式中学习兴趣高的有150人，占90.9%；学习兴趣中等的有15人，占9.1%。2022年，我们团队共计上了19节研讨课，每班同样抽取15名学生，合计共对285名学生进行了问卷调查。其中，在“趣学、巧练、乐赛、公评”一体化教学模式中学习兴趣高的有271人，占95.1%；学习兴趣中等的有14人，占4.9%。综上所述，两年来对30个班的450名学生进行了问卷调查，有421（占93.6%）名学生对“趣学、巧练、乐赛、公评”一体化教学模式表现出浓厚的学习兴趣，说明该模式深受绝大多数学生的喜欢，同时效果显著。

# 第二节　工作室成员的经验总结

## “趣学、巧练、乐赛、公评”一体化小学体育创新课堂的教学策略研究

——以“巧练”点亮课堂，让“乐赛”激励志趣

### 一、研究目的

#### （一）研究背景

中共中央办公厅和国务院办公厅印发的《关于全面加强和改进新时代学校体育工作的意见》（以下简称《意见》）指出：义务教育阶段体育课程帮助学生掌握1～2项运动技能，2016年中共中央颁发的《“健康中国2030”规划纲要》（以下简称《纲要》）也提出了“基本实现每个学生熟练掌握1项以上的运动技能”的目标。由此可见，先后发布的两份文件都直指体育课程教学的核心：掌握1项以上的“运动技能”。然而，如今体育课中“运动技能”教学存在学生经过多年体育课的学习却不能熟练掌握1项技能的问题。毛振明教授也指出体育课上“运动技能”教学存在“蜻蜓点水、低级重复、浅尝辄止、半途而废”的弊端。体育课上学生“学不会，学不了，讨厌学”的现象普遍存在。由此可见，每个学生熟练掌握1项以上的运动技能是体育课堂教学最根本的任务。

#### （二）研究目的

针对小学阶段“小空间”“大班额”“短时效”断点断层断崖式体育课堂教学现状，我在××市××体育名师工作室主持人的引领下，经过一年的教学

分析与实践研究，依据新课改理念，“健康第一”的指导思想，以生为本，以学定教，以技固本的课堂教学为魂，深挖教材之源，打破常规思维格局，重塑教材结构，将课堂还给学生，打造大单元背景下“趣学、巧练、乐赛、公评”一体化小学体育创新课堂教学，旨在实现义务教育阶段学生至少掌握1项运动技能的目标，具备“享受乐趣、增强体质、健全人格、锤炼意志”健康的生活能力。

## 二、研究方法

### （一）文献资料法

在中国知网、维普数据库等文献网站找到“学、练、赛、评”主题文章共147篇，其中19篇与体育有关，从2004—2021年多以探究“学、练、赛、评”教学模式呈现，对于练习的方式方法的探究较少。查找“巧练+体育”主题文章2篇，“乐赛”主题文章48篇，与体育有关的文章为0。由此可知，对“学、练、赛、评”教学模式中“练”与“赛”方式方法的研究尚属空白，可见，本研究具有新时代小学体育教学的研究价值和现实意义。

### （二）数理统计法

运用SPSS和Excel数据分析软件对体育课堂中教师行为、学生行为、学生练习方式、学生竞赛方式产生的数据进行统计和分析。

### （三）教育行动研究法

通过一年的“教学—反思—教研—再教学”的实践研究，将“学赛练评”理念用在体育教学设计中，观察分析30节“趣学、巧练、乐赛、公评”一体化小学体育创新课堂的教学，观察学生在“趣学、巧练、乐赛、公评”一体化创新课堂教学研究中的学习行为、情感态度、意志品质变化以及学生对技能掌握情况进行研究，归纳总结“趣学、巧练、乐赛、公评”一体化小学体育创新课堂的教学策略。

### （四）问卷调查法

随机抽取30节课上课班级学生400人进行调查。发放问卷400份，回收问卷400份，回收率为100%，有效问卷388份，有效率为97%。

## 三、结果与分析

### （一）体育教学“趣学”策略

“学而时习之，不亦说乎。”体育课堂上的学习是以身体的练习为主，通过视觉、听觉、触觉等身体器官和部位感知身体与时空的关系，体验身体各部位的姿态、速度、力量等机能形态变化的关系。体育运动技能学习是将健康知识点、动作节点按照一定逻辑关系串联在一起形成肌肉记忆和认知记忆的学习过程。

我经过研究发现，体育课中的“趣学”是教师以运动技术为依托，结合学生身心特点、年龄特点、身体发育特征、教育教学规律、素质敏感期、运动技能学习规律等，将技术动作拆分与整合后有计划、有步骤、有组织地将有效信息通过讲解或示范的方法传递给学生。比如，篮球运球课上可以结合运球时运动的轨迹，做原有知识的迁移与融合。运球写数字、汉字或者运球画图形等方式变枯燥的、单一的运动为有趣的、有生活化的运球就是“趣学”。“趣学”是融合文化知识、学科知识、生活常识、生活体验等综合知识唤醒与运动技能学习的全过程，其目的是调动学生已有知识储备迁移到新学习知识技能，降低学生心理上对新事物的恐惧与抵触，充分激发学生学习的积极性，从而达到技能学习从表象建立过渡到自动化学习的目的。最终实现学生主动地“学”。我在××市小学体育课堂上进行“趣学”教学行动研究，设计学习任务单，通过学生的学习任务单调查分析，见表7-2-1。

**表7-2-1　大单元篮球运球第一课时学生学习单认知调查统计表（$N$=400人）**

| 项目 | 没有掌握 | 占比（%） | 基本掌握 | 占比（%） | 掌握 | 占比（%） |
|---|---|---|---|---|---|---|
| 运球用五指张开手型 | 20人 | 5 | 180人 | 45 | 200 | 50 |
| 运球触球上部 | 30人 | 7.5 | 150人 | 37.5 | 220 | 55 |
| 运球时按拍用力动作 | 50人 | 12.5 | 110人 | 27.5 | 240 | 60 |

由表7-2-1可知，在大单元篮球运球第一课时学生学习单认知统计数据显示，对篮球运球技能的手形、触球、运球的用力方法方面知道的占比分别为95%、92.5%、87.5%，说明91.67%的学生基本掌握运球技能。

### （二）“巧练”是掌握技能的关键

《〈体育与健康〉教学改革指导纲要》指出“练”即练习，是亲自体验、反复操作、熟能生巧的过程。“练”的两个明显的特点就是参与和重复。参与度高低和重复率大小决定着“练”所能达到的效果。其独特功能在于通过练习能学会技术、掌握技能、提升技能。

针对“大班额”“小空间”“短时间”断点断层断崖式的体育课堂教学现状，我通过教学行动研究发现，体育课是学生学习与掌握技能的主阵地，体育课的主要任务是师生合作完成运动技能信息传递与交换，包括教师“引、纠、评、辅、示”，学生的“观、仿、练、赛、思”，师生合作“展、练、赛、评、拓”教学行为。在小学体育40分钟的课堂中，时间是“勤练”的前提，“巧练”是“勤练”的保障，是学生掌握技能的关键。

“巧练”是指以学生为本，以技能动作为练习内容，以练习次数、速度、时间、距离等元素为条件变量，以学生学习质量为因变量（出手角度、出手速度、出手角度等）。“巧”在于将条件变量与因变量有机结合，创设进阶和退阶练习内容，比如，一分钟原地定点投篮（条件变量：时间+距离+投篮动作=进球的成功率）；一分钟罚篮线后原地定点单手肩上投篮（变量关系：进球成功率=时间+距离+投篮技术动作难度）。

**1. 一分钟“精讲巧练”策略**

在40分钟一堂的体育课中，不同项目不同年龄所需要讲解的需求程度不同，因此，不能对规定时长“一刀切”，应按需讲解。从讲解示范面、讲解的形式、讲解的对象等方面进行精讲。比如，非必要不集合全班所有学生统一讲解，变集中讲解为巡视小组练习指导性讲解，进而采取有针对性的纠错方式，引导，辅导性讲解；以儿童化的语言进行精讲表述，口诀式表达，朗朗上口的儿歌等形式表达，提高讲解的质量；见缝插针式地讲解，观察学生的学习情况，到最需要的学生身旁，进行辅助性讲解，保障学生练习的时间，做到1分钟讲解。

由表7–2–2可知，不同授课的课型，对讲解的要求不同。

表7-2-2 精讲巧练策略研究分析（$N$=30节课）

| 项目 | 新授课 | 练习课 | 巩固提高课 | 复习课 | 考核课 |
|---|---|---|---|---|---|
| 讲解示范 | 教师镜面+正面示范 | 教师镜面示范 | 学生展示示范 | 小组展示示范 | 个人展示 |
| 讲解形式 | 集中讲解、巡视小组练习指导性讲解、辅助性讲解 | 有针对性地纠错，引导，辅导性讲解 | 集中讲解为巡视小组练习指导性讲解 | 观察学生的学习情况，到最需要的学生身旁，进行辅助性讲解 | 有针对性地纠错，引导，辅导性讲解 |
| 师生比 | 1∶40 | 1∶10 | 1∶10 | 1∶10 | 1∶1 |
| 讲解总时间 | 10分钟 | 5分钟 | 6分钟 | 8分钟 | 10分钟 |

**2. 提高“巧练”效率的“2*n*”多点接触策略**

学习最高效的方式是“教别人”的主动学习。针对体育课“大班额”的现状，教师与学生的师生比为1∶40。“大班额”的体育课堂上以一对多的辅导为主，极少能做到一对一辅导。

在技能练习中可采用“点对点、人助人、组对组”多点接触式的练习方式。即充分调动骨干学生的学习积极性，邀请这些学生做“小老师”帮扶学习能力较弱的学生，形成教师对40名学生的面，激发骨干教师10名学，形成11对30名学生，而后是1名教师对20名学生辅导，10名骨干教师对10名学生，形成2*n*倍增的学习效率。充分发挥学生主动学习的积极性，增加同伴学习的效应。将全体学生按技能学习能力分层，解决大班额学习低效费时的难题，达到在学习的过程中及时辅导、及时反馈的高效学习，提高技能学习，为“勤练”增速提质。比如，在54人二年级前滚翻第一次课教学中，前15分钟多数以学生的自主学习为主，2人一组辅助练习，可以在15分钟的时间里观察学生的学习状态和学习能力，发现骨干学生并将骨干学生选派到指定的学生身旁，形成同伴学习共同体，发挥同伴学习的最大作用，1个A级骨干辅导B级骨干学生，A、B骨干学员再去帮助C级学生，形成C1和C2级学生，以此类推，一名骨干学生通过3轮成功辅导可成功地带动8名学生进步，那么，10名骨干学生成功辅导2轮则可以带动40人有效练习。由此可见，“教他人”学习的练习组织策略，既增加了骨干学生的技能学习能力，巩固了自身技能的学习，又能激发学生参与练习的积极性，从而达到“巧练”增速提质的目的。以原地双手胸前传接球为例采用“2*n*”多点接触教学策略后学生对技术动作掌握情况分析，见表7–2–3。

**表7–2–3　2*n*多点接触教学前、后1分钟原地传接球（篮球）对比分析（*N*=40人）**

| 项目 | 教学前 | 教学后 | *F* | *P* |
|---|---|---|---|---|
| 1分钟传接球次数 | 27.75 ± 6.89 | 41.43 ± 8.06 | 2.509 | 0.022 |

由此可见，1分钟原地传接球（篮球）$P=0.022<0.05$，说明采用2*n*多点接触教学前与教学呈现显著差异。

**3.“3 × 3”循环形式增加“巧练”密度的教学策略**

常言道“事不过三”，在技能练习的过程中，也存在这种设计原则。进行篮球运球练习设计见表7–2–4。

**表7–2–4　篮球运球技能练习设计参数**

| 参值 | | 高 | 低 |
|---|---|---|---|
| $A_1$（器材） | 有球 | 有球高运球 | 有球低运球 |
| $A_2$（器材） | 无球 | 无球高运球 | 无球低运球 |
| $B_1$（测量） | 时间 | 一分钟高运球 | 一分钟低运球 |
| $B_2$（测量） | 次数 | 50次累计高运球 | 50次累计低运球 |
| $C_1$（状态） | 原地 | 原地高运球 | 原地低运球 |
| $C_2$（状态） | 行进 | 行进间高运球 | 行进间低运球 |

由表7–2–4可知：A1，B1，C1组合为一分钟原地高运球（有球）练习；A1+B2+C1=50次累计原地高运球练习；A1，B1，C2组合为一分钟行进间高运球练习（行进间还可以延伸出距离变量，可以进行进阶或退阶练习），以此类推，可以设计出多种有规律的组合，通过这种有规律的组合运用到不同的课堂中，有效地提高了练习的效益。练习参数表就是“3 × 3”中的第一位“3”第二位“3”所表示的含义是组别，在练习的过程中最适宜的组数为三组。三组练习可以达到怎样的练习效果呢？（表7–2–5）

**表7–2–5　一分钟篮球原地高运球（有球）练习组别效应设计**

| 组别 | 组织形式/技能动作要求级别/强度 | |
|---|---|---|
| A组 | 1人/看目标、多球、听信号初级/低等 | 1 |
| B组 | 2人/干扰、看目标、多球、方向中级/中等 | 2 |
| C组 | 4人/攻防、多球、方向、目标高级/高等 | 3 |

由表7–2–5可见：在组织练习的过程中，可以采用A组单循环模式练习3次，变技术技能动作要求便可以形成进阶或退阶练习；A、B、C组顺序练习，每组练习内容相同，组织形式不同，练习的效益也不同，简单的几个参数变化，就能形成不同的练习效益，就一堂课40分钟而言完成A组3次单循环练习已经是最大的组别数。A、B、C三个层面每个层面各练习3组，总时长就是3×3×单组耗时，以每组练习用时3分钟计算，3×3×3=27分钟，占用了课堂1/2的时间在练习上了，如果一堂课40分钟有30分钟为练习时间，一堂课的练习率可以达到75%，那么，每组的练习次数最大值建议为3次，三次练习既能达到练习的目的，又能起到观察与反馈的最佳作用，“A组+反馈+B组+反馈+C组+反馈”练习模式更有助于技能的学习与掌握。

**4. 四人小组强化“巧练”效益的教学策略**

《〈体育与健康〉教学改革指导纲要》指出将“以教定学”观念转向“以学定教”，充分把握学情，关注个体差异，合理把握教师的主导作用和学生主体作用的有效发挥，促进每一个学生的健康发展。体育课上学练的主体是学生，课堂上学生主要活动就是亲自体验每一个动作（即“练”）。孔子曰：“三人行，必有我师焉；择其善者而从之，其不善者而改之。”合作学习有助于学生学习主体掌握、运动技能的掌握，那么小组合作学习的规模以多少最为适合呢？我通过行动研究发现，体育课中的小组合作学习由2～8人最为适宜，其中，4人小组为常用规模，学习小组的规模设计参数分析见表7–2–6。

**表7-2-6　篮球学习小组的规模设计参数分析（*N*=40人）**

| 分组人数 | 角色分工 | | 职务 | | 组数被关注度（%） | |
|---|---|---|---|---|---|---|
| | 练习者 | 观察者 | 组长 | 组员 | | |
| 2 | 1 | 1 | 1 | 1 | 20 | 5 |
| 4 | 3 | 1 | 1 | 3 | 10 | 10 |
| | 2 | 2 | | | | |
| 8 | 7 | 1 | 1 | 7 | 5 | 20 |
| | 6 | 2 | 2 | 6 | | |
| | 4 | 4 | — | — | | |

由表7-2-6可见：以一个班40人为例，进行不同人数的分组。分组后学习的角色和职务不同，导致全班总的组数不同。以2人进行分组，全班要分成20组，每组被关注度就是5%；以4人进行分组，全班分成10组，每组被关注度就是10%；以8人进行分组，全班分成5组，每组被关注度就是20%。其中，8人小组是4人小组的翻倍，以此类推，12人小组也是4人小组的倍数。那么，小组合作学习最适合的规模是4人小组。以4人小组为基数可以生成更多变化，可以充分发挥4人小组中每名学生的最大潜能，让小组的学生人人有事做。如4人小组练习3分钟（180秒），组内成员在组长指导下练习的时间是45秒/人。在“大班额”体育课上，四人小组合作学习规模是进行“巧练”最佳分组人数。贯彻落实“以生为本，以学定教”对学情的把握从精准设计小组合作学习的人数开始。

**（三）“乐赛”是掌握技能的“兴奋剂”**

《〈体育与健康〉教学改革指导纲要（试行）》指出：“改变单一学习知识或某项技术的现状，从综合育人、培养体育核心素养的高度和体育课程一体化的思路，强化教会、勤练、常赛过程与结果，有效促进体育教学改革目标的达成。”“赛”是要通过竞赛来比输赢、比高低、比快慢等。“赛”的最大特点就是“比”。在“比”中了解学习结果，在“比”中培养竞争意识，在“比”中形成优良品格。在一堂体育课中“赛”在哪里？怎么“赛”？我通过行动研究发现体育课中不能没有“赛”。“赛”是学生技能掌握的“兴奋剂”，“赛”连接“学”与“练”，一起构成技能学习的“铁三角”。“赛”是“学”“练”的展示空间，“赛”的结果反馈“学”“练”的基本情况，让技能掌握好的学生更好，技能掌握不足的学生改进。总之，经过“赛”这一技能展示的载体，能够激发学生继续“学、练”的动力，“赛”是“学、练”技能的“兴奋剂”，能够让学生充分体验到“学、练”的乐趣。“乐赛”的目的是学生乐于参“赛”，教师乐于组织“赛”，即“时时赛、人人赛、样样赛”。更重要的是通过“赛”让学生比出快乐、赛出人格。

**1. 体育课中“赛”的时机**

在一堂体育课中，依据“以人为本”的理念，学生的“练”占用了大量的时间，那么，“赛”又将何去何从呢？以40分钟篮球课为例，见表7–2–7。

**表7–2–7　40分钟篮球课中赛的时机与内容设计分析（*N*=40人）**

| 赛的形式 | 准备部分 | | 基本部分 | | 结束部分 | |
|---|---|---|---|---|---|---|
| | 课堂常规 | 热身活动 | 学 | 练 | 放松 | 小结 |
| 时时赛 | 比注意力 | 比参与率 | 比模仿率 | 比练习状态 | 比舒展度 | 比完成任务情况 |
| 人人赛 | 与己比 | 与相邻（前后左右）的同伴比、与教师比 | 与己、与师比 | 与己、与同伴比 | 与己、与师比 | 与己、与同伴 |
| 样样赛 | 比动作 | 比动作速率、比舒展度、比精神度 | 比听讲状态、比观看认真度、比动脑思考与问题回答率等 | 比速度、力量、幅度、等动作素质 | 比动作、比态度、比注意力 | 比自己的进步 |

由表7–2–7可见：“赛”在体育课中的各个环节，比的条件、比的时机、比的内容等比的参数与体育教学完成教学目标相呼应，有重点、有策略地完成技术技能的学习与掌握。“赛”是一种形式，“赛”的指标与参数取决于技术“时空、事物和人”的关系，树立正确“赛”的观念，学中有赛，赛中有学，练中有赛，赛中有练，三者相辅相成，是技能学习的重要教学环节。

**2. 体育课中“赛”的方法**

体育教学工作说到底就是要通过教学达到育人目的，那么在教学“赛”的环节细化“享受乐趣、增强体质、健全人格、锤炼意志”目标的方法有哪些呢？

由表7–2–8可见：“赛”基本参数有规模、规则、奖惩以及组织形式，在每堂课中的“赛”可以从技术的角度逐一探索，让“赛”的组织成为习惯，以“赛”为抓手提高学生的参与乐趣，竞赛意识，提升学生的健康行为能力，增强学生的体质健康，达到享受体育运动的乐趣。

**表7–2–8　篮球直线往返运球迎面接力赛设计（*N*=40人）**

| 项目 | 规模 | 规则 | 奖惩 | 教育意义 |
|---|---|---|---|---|
| 学 | 1人、2人、4人 | 运球成直线<br>运球节奏<br>运球速度等 | 及时鼓励语<br>激励手势 | 激励学生尝试、体验、学习。 |
| 练 | | | | 鼓励学生完成任务、肯定学生；<br>练习状态、激励学生继续练习。 |
| 第一轮 | 4人10米 | 比稳、<br>比节奏 | 过程性奖惩：<br>奖守规则、奖不掉球、奖动作节奏好等 | 渗透规则意识、加强动作节奏。 |
| 第二轮 | 4人20米比速度比控球 | | 过程性奖惩：<br>奖遵守规则、奖不掉球、奖传接球好 | 渗透规则意识、加强控球能力、加强同伴之间合作。 |
| 第三轮 | 8人20米比合作比速度 | | 结果性奖惩：<br>奖优胜、奖文明 | 树立正确的“输赢”价值观、培养竞争与合作意识。 |

**3. 体育课中“赛”的组织形式**

常言道：“百炼成钢，熟能生巧。”“学”与“练”是掌握技术技能不可缺少的环节，然而，体育课中的“赛”是掌握技术技能精巧环节，好像一条线将零散的学习知识和练习的步骤串联起来形成学生本体体验。那么，一堂40分钟的体育课，如何进行教学“赛”的组织呢？以40人的篮球运球为例见表7–2–9。

**表7–2–9　创新体育课中“赛”的组织形式分析表（*N*=30节）**

| 类别 | 组别 | | | 体育课教学过程 | | | | | |
|---|---|---|---|---|---|---|---|---|---|
| | 个人 | 组内 | 组间 | 热身部分 | | 基本部分 | | 放松部分 | |
| | | | | 学 | 练 | 学 | 练 | 学 | 练 |
| 挑战赛 | √ | √ | √ | √ | √ | √ | √ | √ | √ |
| 积分赛 | √ | √ | √ | √ | √ | √ | √ | √ | √ |

续 表

| 类别 | 组别 | | | 体育课教学过程 | | | | | |
|---|---|---|---|---|---|---|---|---|---|
| | 个人 | 组内 | 组间 | 热身部分 | | 基本部分 | | 放松部分 | |
| | | | | 学 | 练 | 学 | 练 | 学 | 练 |
| 达人赛 | — | √ | √ | √ | √ | √ | √ | √ | √ |
| 淘汰赛 | — | √ | √ | — | √ | — | √ | — | — |
| 对抗赛 | — | √ | √ | — | √ | — | √ | — | — |

由表7-2-9可见："赛"的组织形式多样，其中挑战赛、积分赛适于课堂的整个过程和组别，为常用竞赛组织形式，在教学过程中，达人赛、淘汰赛、对抗赛多用于小组内和小组间，以及教学过程的练习环节。说明"赛"的组织形式多样，多呈现于教学的练习环节，学习环节多以挑战赛、积分赛、达人赛进行组织。

## 四、结论与建议

### （一）"趣学"是掌握技能的前提

体育教学"趣学"策略，通过对学生进行调查问卷分析可知，趣味学习有利于课堂教学质量的提升，此"趣"有两种含义，第一，"趣"在教学设计，深挖教材知识点，联系学生生活实际化抵触为接受；第二，"趣"在激趣，通过游戏、竞赛、模仿等方法激发学生的学习兴趣。

### （二）"巧练"是掌握技能的关键

通过对30节"趣学、巧练、乐赛、公评"一体化创新课堂教学行动研究观察与分析可知，采用一分钟"精讲巧练"策略做到讲解形式多样化、讲解对象个性化、讲解师生比优良化。对随机抽取40个样本1分钟原地胸前传接球测试数据SPSS数据统计，$P=0.022<0.05$，分析可知，"$2n$"多点接触教学策略效果显著，说明"$2n$"多点接触教学策略提高"巧练"的效率；通过对运球技能练习设计参数、一分钟原地高运球（有球）练习组别效应的分析可知，"$3\times3$"循环形式大大增加"巧练"的密度；通过对30节课的观察研究发现，小组合作学习最适合的规模是4人小组。4人小组学练可强化"巧练"效益。

### （三）"乐赛"是掌握技能的"兴奋剂"

观察30节体育课中"赛"的时机、"赛"的方法、"赛"的组织形式等要素进行记录与分析可知，在创新课堂上，"赛"基本参数有规模、规则、奖惩以及组织形式。在每堂课中的"赛"可以从技术的角度逐一探索，让"赛"的组织成为习惯。"赛"的指标与参数取决于技术"时空、事物和人"的关系，树立正确"赛"的观念，学中有赛，赛中有学，练中有赛，赛中有练，"学""练""赛"三者相辅相成，是技能学习重要的教学环节。"赛"的组织形式多样，其中挑战赛、积分赛适于课堂的整个过程和组别，为常用竞赛组织形式。

### （四）"公评"是掌握技能的"稳定剂"

在体育课堂教学40分钟的时间里，大多数教师的关注点侧重于教师的教与学生的学，然而学生的学习程度却被忽视。经过对30节"趣学、巧练、乐赛、公评"一体化教学的课堂行动研究，发现多样化、多元化、即时化的评价，不仅调动了学生学习的积极性，更有助于学生扎实地掌握技术动作要领，提高动作的质量，将"学"与"练"紧密地联系在一起，形成了技术学习的"稳定剂"。

总之，在探究高品质课堂的研究中，"趣学"是生根之本，是强身健体的核心内容，不可替代且不可割舍，是教学的根本；"巧练"是课堂教学的灵魂，是体育教学别具一格的亮点，是对心肺强有力的刺激，形成脉搏表象指标最直接的冲击，是健身必不可少的一环；"乐赛"是课堂教学的大舞台，是技能教学的"兴奋剂"，是展示学生个性与品格的最佳竞技场，非常重要，学以致用的独到之处；"公评"是课堂教学无形的手，是学生教学的一面镜子，是师生手中的一把尺，测量教学成效。

# 体育与健康课"三多三少"教学策略研究

## 一、研究目的

近两年，运用"三多三少"学生运动负荷记录表对青年体育教师课堂教学比赛进行测量统计，发现香洲区体育与健康课的平均运动负荷水平离国家要求甚远，教学效率及教学质量不容乐观。实施“三多三少”教学策略旨在“以生为本”把学习的主动权交还给学生，让课堂焕发勃勃生机。因此，在体育与健康课中如何优化运用“三多三少”教学策略进行教学规划调控，从而有效提高教学效率及提升教学质量是本文研究的目的所在。

## 二、研究方法

### （一）文献资料法

通过中国知网进行文献检索，先后在“主题、关键词和篇名”检索中导入“体育与健康课、教学策略”内容，分别有23篇、0篇、19篇相关论文。说明在该领域的研究成果可谓凤毛麟角，研究的空间甚大。最后下载文献14篇，其中参考文献7篇，具体参见文后“参考文献”。

### （二）问卷法

调查问卷的抽样对象：近两年青年教师课堂教学比赛的上课班级的学生。调查问卷的目的：学生对教师是否使用“show and go”模式进行讲解实践的兴趣和态度。调查问卷的内容：①是否喜欢上体育课？②是否喜欢老师的讲解方式？③喜欢和不喜欢的理由是什么？

### （三）实证研究法

设计学生运动负荷记录表，实施“三多三少”教学策略并对体育与健康课抽样学生的运动负荷进行测量及记录。从而分析学生在课中运动生理负荷的达标情况，验证并提炼出行之有效的教学策略，供同行参考。

## 三、“三多三少”教学策略理念

表7-2-10显示，“三多三少”教学策略是基于新课程标准的理念和精神所提炼出来的，趋同性程度高。它是新课程标准理念“健康第一”“以人为本”“激发兴趣”和“关注差异”的具体化呈现，对引领和指导体育教师如何上好体育与健康课及提高教学效率有着重要意义。

表7-2-10 "三多三少"教学策略理念与新课标理念的趋同性分析

| 项目 | 理念1：趋同性 | 理念2：趋同性 | 理念3：趋同性 | 理念4：趋同性 | 理念5：趋同性 |
|---|---|---|---|---|---|
| 新课标理念 | 立德树人 | 健康第一 | 激发兴趣 | 以人为本 | 关注差异 |
| 三多三少策略 | 锤炼意志高；健全人格；素质发展 | 愉悦身心高；负荷科学；技体双收 | 教法创新高；精讲多练；师生互动 | 激发兴趣高；释放空间；平等对话 | 教法多样高；同伴指导；个性评价 |

## 四、优化"三多三少"教学策略研究结果与分析

### （一）"一多"：教师创意多

有时，我们常为学校的球架球门少而苦恼，而体育教师的"创意"往往是解决这种困扰和有效激发学生学习兴趣及提高教学效率的较佳策略。

张老师用创意"造"出一个个球门，既满足了学生学习的需要和激发了学生兴趣，也提高了体育课的教学效率。学练环节1：他把学生分成了2人一组，A生双脚开立半蹲成"球门"，B生快速运球射球入门，紧接着A生快速抢球后，双方交换角色反复练习。学练环节2：把学生分成4人一组，A、B生手拉手半蹲成"球门"，C、D生传接球后快速运球射球入门，紧接着A、B生快速抢球后传球，双方交换角色反复练习。

表7-2-11 张老师的脚背正面射门课关键教学环节学生运动负荷记录表

| 随机对象 | 讲解示范 40″ | | 学练一 5′ 10″ | | 小结要求 50″ | | 学练二 5′ 20″ | | 合计 | |
|---|---|---|---|---|---|---|---|---|---|---|
| | 运动时间 | 运动心率 | 运动时间 | 运动心率 | 运动时间 | 运动心率 | 运动时间 | 运动心率 | 平均运动时间（运动密度） | 平均心率 |
| 学生甲 | 0″ | 138 | 4′ 21″ | 152 | 0″ | 144 | 4′ 30″ | 156 | 8′ 51″（73.7%） | 148.7 |
| 学生乙 | 0″ | 139 | 5′ 03″ | 148 | 0″ | 136 | 5′ 10″ | 147 | 10′ 13″（85.1%） | 143.5 |
| 学生丙 | 0″ | 142 | 4′ 37″ | 153 | 0″ | 141 | 4′ 50″ | 151 | 10′ 27″（87.0%） | 146.8 |

表7-2-11显示：两个教学关键环节时长12′，教师讲解示范和小结用了

1.5′，学生学练赛的运动密度为9.84/12′=81.9%，平均运动强度在145次/分以上。学生在整个学练过程中以“运球跑、抢球、传接球、运球射门”等综合技术运用的学练比赛为主，学生很感兴趣，学习热情高涨。一位睿智教师，用自己的创意和行动解决了实际问题，落实了“以生为本”和“激发兴趣”的新课标理念，学生爱学乐学，教学效率高。

**（二）“二多”：教的方法多**

创意之外，教师还要给学生提供足够多的学练方法，以激发学生的学习兴趣来提高教学效率。陈老师在上单手肩上投篮课时，关键教学环节如下：①集体徒手练习、持球的个人练习；②相隔2米距离的持球的两人合作投篮练习。陈老师上课的思维仍停留在单个技术的碎片化教学模式里。学生无法将已知经验与新知识架起桥梁并实现知识迁移，即投篮技术没有与运球、传球等实现连接，学生不会打球就不足为奇了。

梁老师关键教学环节如下：①个人原地运球后投篮及抢篮板球及快速运球回终点；②两人一组的原地传接球后投篮及抢篮板球与快速运球回终点；③两人一组的行进间运球传接球后急停投篮及抢篮板与快速传球；④三人一组的快速传接球后投篮及抢篮板球与快速拆分传接球。这是基于运动项目的结构化教学模式，有利于学生将旧知识与新经验进行重新整合与建构，有利于同化与顺应。学生越学越想学，越学越有成就感，随着运动能力的逐渐增强，学会打篮球便顺理成章。

**表7-2-12　两位教师单手肩上投篮课关键教学环节学生平均运动负荷比较表**

| 对比对象 | 讲解示范 2′ | | 学练一 6′ | | 小结要求 1′ | | 学练二 6′ | | 合计 | |
|---|---|---|---|---|---|---|---|---|---|---|
| | 运动时间 | 运动心率 | 运动时间 | 运动心率 | 运动时间 | 运动心率 | 运动时间 | 运动心率 | 平均运动时间（运动密度） | 平均心率 |
| 陈老师 | 0″ | 129 | 3′21″ | 136 | 0″ | 131 | 3′43″ | 139 | 7.05′（47%） | 133.8 |
| 梁老师 | 70″ | 141 | 5′33″ | 146 | 20″ | 145 | 5′30″ | 151 | 12.6′（84%） | 145.8 |

表7-2-12显示：陈老师的教学关键环节的平均运动密度为47%，平均运动

强度为133.8次/分钟，均未达到国家标准。而梁老师的平均运动密度为84%，平均运动强度为145.8次/分钟，远超国家标准要求。因此，说明梁老师的教学方法更为有效，教学效果更好。

因此，体育教师要基于学生已知经验和基础，运用“最近发展区”理论的理念来设计教学关键环节，并以丰富多彩的教学方法来激发学生的学习兴趣进而提高教学效率。

**（三）“三多”：“指导角色”多**

爱德加·戴尔的学习金字塔理论指出：“教别人”的学习方式的学习效果最高（记住90%）。教学的本质是对话。这里所强调的“教别人”，是指生生之间的互动对话，即先学会学生对未学会学生进行帮助指导，让他们成为“小老师”去“教别人”。

在一节足球脚背正面运球课上，林老师讲解与示范完毕，便要求学生带着学习卡片进行个人学练赛，他则耐心地巡回指导。当发现有学生掌握了动作技术，他会很激动地表扬并“聘请”该学生教小组内的同伴。当越来越多的学生开始教自己的同伴时，有更多的“被教”学生通过努力成功掌握了动作技术，也被“聘请”进入“教别人”行列。整节课没有花哨，学生学习兴趣盎然，获得了成功的喜悦。

教师的精力是有限的，要对每一名学生进行深入细致的指导在时间上是难以做到的。我们不妨大胆起用“教别人”方式让学生去帮助自己的同伴，从而提高教学效率。通过“教别人”，能进一步巩固和提高自身运用技术的能力和加深对运动技术的理解，学生自身的知识体系再次进行了建构，导致越学越好的结果。其次，生生之间地位平等，拥有共同的儿童语言体系，彼此间的交流通俗易懂，获得被教的同伴接受。学生学习起来自信心强，积极性倍增，掌握动作技术也就更快速了。

**（四）“一少”：讲解示范时间少**

认知负荷理论认为人脑工作记忆容量是有限的。如果教师在课中能有效避免出现认知超负荷现象，就能提高教学效率。

国外有专家提出“Show and Go”讲解实践理念，“Show”即告诉学生要做什么，然后马上让他们去实践（Go）。尽量做到这个讲解过程在1分钟之内完成。其目的是保障学生在课上能积极主动地“动起来”进行充分的学习。该模式概念清晰，指向具体和操作性强，体育教师直接用于教学中。

据观察，一般常规体育与健康课至少有7个环节。如果教师每个环节要讲2分钟，整堂课就要花14分钟在讲解示范环节，再除去分组等候、队伍调动、小组讨论和展示等，学生实际运动的时间则所剩无几。这样的课堂就是无效课堂，因为练习密度低于50%，运动强度不达标。运用“Show and Go”理念是在讲解示范环节做到精讲多练，让学生“动起来”，从而提高教学效率。

关键教学环节讲解：①学习什么动作技术；②看老师做示范；③要求是什么；④重点是什么；⑤下面开始练习。

学生对教师是否使用“Show and Go”模式进行讲解实践的兴趣调查见表7–2–13。

**表7–2–13　学生对教师是否使用“Show and Go”模式进行讲解实践的兴趣调查**

| 两种模式 | 非常喜欢 | 理由 | 喜欢 | 理由 | 一般 | 理由 | 不喜欢 | 理由 |
|---|---|---|---|---|---|---|---|---|
| 传统讲解实践模式 | × | 无 | × | 无 | √ | 认真听讲<br>服从指挥 | √ | 已听明白<br>老师啰唆 |
| “show and go”模式 | √ | 多时间“玩”<br>游戏比赛 | √ | 尊重学生<br>个性需求 | √ | 无 | √ | 无 |

不仅在关键教学环节可以这样操作，其他环节同样适用。教师在运用这种方法时关键要言简意赅地把话表达清晰，让学生一听就懂。因此，每个讲解示范时间最好控制在1分钟内为宜，否则将大大影响课的教学效率和质量。

**（五）“二少”：集中讲解环节少**

小学生的持续注意时间不长，天性好奇好动的学生有迫切“玩起来”的需求。因此教师在课中的集中讲解环节不宜过多，能少则少，能合并则合并。这样就能节省更多的时间进行合作与探究学习，以解决问题并突破课的难点。

如小余老师上课的内容是快速跑。他在热身部分安排了慢跑、徒手体操和快速反应跑游戏三个环节。每个环节都跟学生提要求或讲解示范，甚至在做每一节徒手体操前总要提醒学生几句话等，总共7分钟的热身活动就白白耗去将近3分钟。其实他的准备部分可以整合成一个环节：学生在绕圈跑时可以穿插徒手体操，学生在完成一节徒手体操后，教师可以通过口哨或手势让学生快速向外或朝圈中心迅速跑出限定距离。

又如小刘老师上课的内容是立定跳远。热身环节先后设计了徒手操、兔子舞、快快跳起三个小游戏。每个游戏同样是有讲解示范和要求，总共8分钟的热身时间也是浪费了3分钟的宝贵时间。不如整合成一个环节：完成一节徒手操后，老师下命令“哔哔”两声，学生听到哨声快速跳起，再下命令“嘀嘀嘀”，学生则双手叉腰跳兔子舞，然后再重复练习。

这样的整合既省时又有趣。激趣的同时也提高了教学效率。但不管采用以上哪一种整合方法，教师在开始前必须用简短的语言向学生表达明白或示范清楚，否则将弄巧反拙，达不到激发学生兴趣和提高教学效率的目的。因此，特别是青年体育教师，务必科学设置讲解环节的数量，尤其善于整合教学环节，使学生有更多的时间和空间进行“学练赛”活动，以提高教学效率。

**（六）“三少”：排队等候机会少**

体育教师历来重视学生小组合作能力的培养。他们基于教学内容或项目的性质，有了各种学生人数上的分组并安排小组进行合作与探究学习的过程。目前有两种做法比较流行：一是尽量减少学生数量上的累积，如两到四人为一组。二是安排排队等候的学生进行相关技术项目的延伸拓展练习或素质练习。以上两种组织形式均为提高体育与健康课的教学效率提供了参考。虽然有些体育教师运用以上方法进行分组学练与比赛，可最终学生的运动密度和运动强度仍然未能达标，或出现练习内容与主教材脱节，或出现延伸拓展内容无效累加的现象比比皆是。

如朱老师在上双手胸前传球一课中，把学生平均分成四人一个组，然后让学生站成四角形进行传接球学练和传球比赛。虽然这两个环节学生参与度高，课堂气氛也很好，可其运动密度和运动强度却很低。因为一人在传球的时候，另外三人依旧在排队等候状态，加之学生站着练习传接球毕竟是属于低强度的活动，在这种状态下学习，必然造成教学效率低下。如非要四人小组形式进行学练和比赛，那可以尝试多加一个篮球或在移动中完成传接球，其运动密度、运动强度和教学效率可得到提高。

因此，体育与健康课的学生分组中的教法设计至关重要，科学合理安排是激发学生学习兴趣，是提高教学效率的关键所在。排队等候要少，就能让学生积极主动地“动起来”，从而提高教学效率和质量。

## 五、结论与建议

（1）实施“三多三少”教学策略能更好地使课标精神理念落地，保证学生有更多的时间和空间进行“验探学”，促进学生学习上量的积累，达到质的飞跃。

（2）“三多三少”教学策略优化能有效激发学生的学习兴趣，充分保障体育与健康课堂中学生更多地动起来，使学生逐步喜欢上体育运动和体育与健康课，并逐渐养成终身体育锻炼的好习惯。

（3）“三多三少”教学策略优化的实质是“减负增效”。从表面上看是“削弱”了教师调控课堂的主导作用，“提高”了学生在课堂中的主体地位，实际上解放了教师和学生，让学生进行“学练赛”实践，从而提高教学效率和教学质量。

（4）“三多三少”教学策略的优化是将抽象的教育理念变为具体可操作的行动，优化运用，能大大提高学生的运动负荷，促进学生体质健康水平增长。

（5）建议体育教师认真学习新理念并主动转变观念，摆正教与学的主导作用和主体地位，构建民主和谐平等的师生关系。同时，体育教师要积极尝试将“三多三少”教学策略运用到课堂改革之中，使之成为有效提高教学效率的利器。

# 教案用“教学目标”或“学习目标”不能模棱两可

关于体育教案的目标表述该采用“教学目标”还是“学习目标”的问题，其实“民间”一直存在“钟摆”现象。部分体育教师认为，两者之别只是教师角度或学生角度不同而已，只要整体表述一致，用“教学目标”或“学习目标”都是可以的。另一部分教师认为，多年来一直沿用“教学目标”来表述已经驾轻就熟了，没必要更换。还有一部分教师则认为《义务教育体育与健康课程标准（2011年版）》（以下简称《课标》）已颁布十年有余，到底用“教学目标”还是“学习目标”来陈述体育教案的目标早已见分晓。是的，在学术研究上可以允许百家争鸣，从而取长补短，教学相长。但在国家课程意志面前，绝不能模棱两可，否则会迷失新课程改革的方向，无功而返。我同意后一种观点的理由有三：一是国家课程意志的充分体现；二是新课程改革和“真学习”体育课堂构建的自身需求；三是体育教师备课中设置课时学习目标的实际需要。

## 一、《课标》“学习目标”体现着“国家意志”

《课标》是集世界先进发达国家教育之精髓，聚体育界众多著名专家学者之智慧，取课程改革十年经验之精华，是一线体育教师值得日日细读之至高指南。教育部作为《课标》的顶层设计者，已经指明体育与健康课程未来发展的方向，要求一线体育教师“以学定教”并从“教学目标”视角向“学习目标”视角转变，充分体现了国家在体育与健康课程上的坚定意志。细细品读《课标》中关于“学习目标”的陈述，我们便可懂得国家顶层的改革决心与定位。

### （一）“学习目标”在《课标》出现的高频性

#### 1.“学习目标”在“课程设计思路”的高频体现

在《课标》前言的“三、课程设计思路”中的“（一）根据学生全面发展的需求确定课程目标体系和课程内容”“（二）根据学生身心发展特征划分学习水平”“（三）根据可评价的原则设置可操作性和可观测的学习目标”和“（五）格局课程学习目标和发展性要求建立多元的学习评价体系”可知，总共五条课程设计思路，其中四条思路共七次提到了“学习目标”，却未提及“教学目标”。

#### 2.“学习目标”在课程内容的四个学习领域的高频表达

“运动参与、运动技能、身体健康和心理健康与社会适应”是体育与健康课程中四个方面的学习内容。在水平一、水平二和水平三内容中，全部学习内容均使用“学习目标”来陈述具体不同水平学生要达成的目标，共计47项学习目标（水平四未统计在内）并全部提及，其中水平一有13项，水平二有14项，水平三有20项。可见，“学习目标”词汇不仅是高频表述，更是高度一致性的表述。

**3.“学习目标”在课程实施建议中的明确、细化表达**

实施建议的教学建议中提出“教师要认真研究学习目标”；提出（一）设置学习目标的建议，“1.体育与健康课堂教学在体现学习目标多元特征&……”和“2.细化本标准提出的课程目标……具体学习目标一般包括‘条件’（在什么情境中）、‘行为’（做什么和怎么做）和‘标准’（做到什么程度）三个部分……”等，仅在教学建议中的“设置学习目标的建议的‘第1.2条’”就出现“学习目标”8处之多，并非常明确具体地说明了“学习目标”该如何细化和表述。

其次，“评价建议”及“附录中的案例”等均有“学习目标”的陈述。另外，《课标》无一处提及“教学目标”。

综上可见，“学习目标”在《课标》清晰且明确地高频出现与高频表达，足见国家在体育与健康课程的坚定意志与扭转传统观念理念的巨大决心。

**（二）“课程目标、课程内容、附录案例”中内容陈述与“学习目标”的一致性**

**1.“课程目标”中四个学习领域目标与内容陈述角度的一致性**

《课标》第6～8页显示，“运动参与”“运动技能”“身体健康”和“心理健康与社会适应”目标陈述是基于“学习目标”角度上的明确考量。很明显，“运动参与的目标”其完整表述应为“学生在运动参与方面的学习目标”，这种省略主语的短语其表述更为简洁明了，但意思不变。“运动参与的目标”下的“1.参与体育学习和锻炼；2.体验运动乐趣与成功”这一具体内容同样也是省略了主语（学生），但大家都知道是“谁”参与了体育学习和锻炼，又是“谁”体验运动乐趣与成功。很显然，这里“谁”指的是学生。

因此，“课程目标”中“运动参与”“运动技能”“身体健康”和“心理健康与社会适应”目标表述与其具体内容的陈述的角度是一致的。

**2.“课程内容”“附录案例”中其“学习目标”表述与内容陈述的一致性**

第9～41页作为整本《课标》篇幅最多最长的核心内容中，“课程内容”

下的水平一至水平四的内容分别在“运动参与”“运动技能”“身体健康”和“心理健康与社会适应”四个方面的学习目标及其具体内容的表述上是高度一致的。如水平一的“运动技能”的“学习体育运动知识”的“学习目标”为“获得运动的基本知识和体验”。是“谁”获得运动的基本知识与体验？当然是学生。假如这还不够说明问题，那请看每一个领域的学习目标陈述后，紧接着有“达到该标准时，学生将能够……”足见其观点的一致性。

“附录案例”也是同样的表达方式。

因此，在“课程内容”“附录案例”中，其“学习目标”与具体内容陈述明确并具有高度的一致性。

综上可见，《课标》的“课程目标、课程内容、附录案例”的内容陈述与“学习目标”表达的高度一致性，明确体现了国家体育课程意志。一线体育教师一定要不折不扣地坚决贯彻和执行。

## 二、新课程改革和“真学习”体育课堂构建的自身需求

### （一）目前体育与健康课教学改革的需要

随着课程改革的逐步深入，无论是《课标》中“健康第一、以人为本、激发兴趣和关注差异”等课程理念的提出，还是目前学校体育关于“享受乐趣、增强体质、健全人格与锤炼意志”的“四位一体”目标的整体提出，都越来越关注“人的全面发展”，越来越注重“以人为本”，并强调对人的尊重、关心和发展。体育教师应紧跟新时代体育课堂改革精神的步伐，在教学中及时转变教育教学理念，及时摆正教师主导和学生主体的角色定位，以充分体现“以人为本”和“以学定教”的教学理念观念在体育教学改革中的贯彻落实。

《〈体育与健康〉教学改革指导纲要（试行）》在“更新教学观念”中也进一步明确提出，将“以教定学”观念转为“以学定教”，充分把握好学情，注重个体差异，合理把握教师的主导作用与学生主体作用的有效发挥，促进每一个学生的健康发展。“以学定教”，意味着要敢于打破长期以来体育课堂一切由教师“说了算”所导致的学生“被动学”尴尬局面，使学生的主体地位得以弘扬和学生“主动学”的氛围得以建构。“充分把握学情”，意味着掌握并用好学情，不能偏离学生学情进行体育课堂设计与教学。备课的首要环节就是

要依据《课标》和根据学情来科学合理地拟定课的学习目标，这是备好一节体育课必不可少的重要且关键的一步。

“享受乐趣、增强体质、健全人格、锤炼意志”的“四位一体”目标的达成，无不以学生的“积极学”“主动学”为根本前提。要让广大学生在体育课中有想“积极学”与“主动学”的情绪冲动，体育教师就要在撰写体育教案的目标时，充分调研清楚学生的基础学情，并根据学生学情实际来科学合理地拟定体育课中学生的“学习目标”，从而更好地在体育课的“学习目标”的引领下，因材施教、循序渐进地设计与学生的基础学情相匹配的“学练赛”学习活动。而学生则在更贴近自身实际的体育课的“学习目标”的指引下，才能主动地在体育课中规划与建构起明确的个人的“学习目标”，并愿意为之付诸努力。只要学生乐意付出努力，个人的学习目标则容易达成，学生的个人学习目标达成，即体育课的学习目标也将应运而生。

因此，备课用“学习目标”而不用“教学目标”的原因还在于，它是体育与健康课程教学改革的需要，更是教师在课改中形成“以人为本”“以学定教”等理念和让学生从“被动学”中解放出来转向“主动学”的基本需要。

**（二）当前“真学习”体育课堂的内在需要**

传统的体育课堂是“教师中心”的培育“记忆者”的教学，而不是“学习者中心”的培育“探究者”的教学。学习的课题是“教师应当教什么”，而几乎不过问“学习者如何参与学习”。课堂是基于教师的一厢情愿展开设计的，往往对学习者的状况是忽视的，是一切由教师“包办代替”的，这必然导致“伪教学”的发生。众多研究表明，这种“顶替包办”的“伪教学”缺乏作为学习的主体和学习的主人的学生的参与，不仅严重违背了儿童天生所拥有的“好奇心”天性，久而久之还会抹杀儿童原本该有的想象力和创造力。

然而，这种“伪教学”似乎从体育教师备教案时就已经萌发并大行其道。目前，大多“教学目标”的陈述，多以站在教师自身教学需要的角度来考量，“我的教学我做主”的现象比比皆是。而这种忽视学生学情基础和学生参与的体育课的学习目标的制定，必然生发出属于教师而不属于学生的“伪目标”，而“伪目标”又将导致“伪课堂”“伪学习”的生成。“这”怎能催生“独立之精神、自由之思想”，又怎能让“创新之花盛开、创新之树常绿”？

要让课堂发生真正的学习，离不开“真学习”体育课堂的构建，而“真课堂”“真学习”的生发，则从基于学生学情实际的“真目标”的科学而合理的设置中开始。因此，体育备课用“学习目标”而不用“教学目标”的另一原因，是当前“真学习”体育课堂建构的内需。

## 三、体育教师备课中设置课时学习目标的实际需要

《课标》是国家课程的基本纲领性文件，是国家对基础教育课程的基本规范和质量要求，更是课堂教学的重要依据。因此，确定以课程标准为基础的、明确可操作的学习目标是整个教学设计的关键第一步。虽然《课标》中没有提及“课时学习目标”，但有了“水平学习目标”的呈现与指引，体育教师在设置相应的“课时学习目标”时就会显得简单容易和方便快捷。

如“获得运动的基本知识和体验”是水平一运动技能关于“运动知识”的水平学习目标，在该目标下结合课程内容（以“跑步”为例），体育教师则很容易就拟定出在运动技能上的“知道起跑、加速跑等动作术语，并完整体验跑步的动作过程”的课时学习目标（第一学时）。又如“掌握有一定难度的基本身体活动方法”是水平三运动技能关于“运动技能和方法”的水平学习目标之一，在该目标下结合课程内容（以“急行跳远”为例），体育教师也很容易设置出“掌握急行跳远的单脚踏跳双脚屈膝落地的动作方法”的课时学习目标（第一学时）。

因此，在《课标》的水平学习目标的引领下，一线体育教师就能方便快捷地制定出更为精准、更为具体和更具操作性与评估性的课时学习目标。有了这样的课时学习目标，并紧紧地围绕该目标开展相应的教学活动、教学评估等来设计，就会备出“一节好课”“一堂高效的体育课”。

综上所述，体育教师在写教案时要坚决采用“学习目标”替代“教学目标”来陈述一节体育课的目标，这不是非此即彼，更不可小视轻视，其意义重大而深远。

# “学、练、赛”一体化小学体育高效课堂实践案例

## 一、课堂情景描述

在小学阶段，400米全程跑是作为发展学生耐力的教学内容。学生在三、四年级学习过400米耐久跑的基本知识和技术，水平三阶段要在学生已有的知识、技术基础上，改进跑的动作技术，重点学习途中跑的技术和呼吸节奏与跑的节奏配合以及怎样合理分配体力。本单元共设计7次课，经过前面6次课的学习，大多数学生已能够熟练掌握耐久跑的呼吸节奏与跑的节奏，做到合理分配体力，第7次课将安排考核课。

### （一）50×8米往返跑考核设计方法与流程

学生体能良好状态，才能测出较好成绩，故考核课先开展50×8耐久跑测试比赛，而后轮流休息5~8分钟，按测试完毕的先后顺序分两批开展课课练。其测试方法如下：

（1）教师根据学生掌握的熟练程度和水平，结合评价标准制定出班级个性化的评价标准提前公布：以国标为参考依据，结合班级学生耐久跑水平，制定班级个性化评价标准：男生1′36″以内为优秀，2′00″以外为不及格；女生1′43″以内为优秀，2′05″以外为不及格。

（2）按照标准场地在50米塑胶跑道上开展（因平时场地紧张，特安排学生以一块篮球场的两条底线作为转折点，以篮球场的长为间距，练习7个往返跑，并计时）。6条跑道，起点和终点各设置2个标志桶，学生跑4个来回，一组每道安排5人。

（3）回到终点时，由教师分别报名次，学生要主动与教师用眼神示意知道自己的名次，一组完毕后由教师分别告知相应的名次对应的成绩，并根据成绩公布相应的评价等级。

（4）测试完毕后，采用学生自报、教师登记成绩的方式统计成绩，及时表

扬优秀和进步幅度较大的学生，除口头表扬外还给予一定的"特权奖励"自选运动项目。

**（二）跳绳课课练设计方法与流程**

首先，根据全班同学跳绳技术水平，结合国标评分标准制定出班级个性化的评价标准：例如≥200为优秀；180～199为良好；160～179为合格；160以下为不及格。其次，讲解测试方法：共测试两组，以1分钟计时，1组双脚并脚跳、1组左右脚交换跳；采用2人一组互相PK，即两人面对面，由教师统一组织发令，以计数器或（计数器不准的则以自己）数数为准，以诚实守信为原则，公平PK，输者蹲跳起10个，另一名同学监督。最后一组，所有男生和所有女生PK400次比快，如果最先完成的是女生，则所有男生做10个波比跳，反之亦然。如对成绩质疑，则举手示意，转为由老师监测、集体数数检测，弄虚作假者绕操场30秒限时跑一圈。

**（三）放松环节设计流程与方法**

（1）目的：韧带拉伸放松及恢复，保持肌肉线条健而美。

（2）练习内容：韧带拉伸：坐位体前屈和跨栏坐。

（3）组织方法：在教师的组织下，两人一组互帮互助拉伸，并注意用力尺度把控。

## 二、问题研究

**（一）备课设计与"学、练、赛"理念相结合，提高课堂效率**

五、六年级学生经过了较低年级的体育学练，身体素质有了明显的提高，运动能力也有了很大发展，具备了一定的运动基础，对长期开展的项目如跳绳有了比较稳定的技能。从性格特点上来讲，处于青春叛逆期前期的学生，男生特别喜欢崭露头角，爱较量、爱比拼，女生因身体发育等略羞涩。我认为，高年级高效体育课堂有赖于"师生守约"，即无论学习什么内容时，"学、练、赛"环环相扣的目标达成后，要有客观公正的"评"，要给予一定的奖励措施（比如自选活动内容，打篮球、跳长绳、踩滑轮车等），且要说话算数。所以，在本节课教学设计时非常注重细节，做到目标明确，步步有"招"，环环相扣。在耐久跑的学习中，采用"边练边学边悟"的教学策略，通过学练发现有一部分学生已经掌握了跑的节奏、对体力分配有了一定的概念。在此基础上，让学生尝试先练后学，学生在前后对比中找到自己耐久跑的不足，再根据教师的讲解有针对性地练，逐步掌握重难点。本节课根据了解生情及原始成绩进行分组，同等水平的同学分配到一组，目的是看谁能有突破。一是纵向的自我突破，二是横向的突破他人，只要有进步幅度就奖励；退步者找原因写反思，制订可行的进步方案；平记录者则重新组合，课下讨论改进方案。

**（二）场地布置遵循“学、练、赛”设计原则，提高课堂效率**

“学、练、赛”是教学中重要的促成抓手与落实环节。我学校“小场地大班额”，必须在场地利用、器材开发、创新教学手段和方法等方面“做文章”，来打造高效课堂。例如，在本单元的学习中，我充分利用一块篮球场，设置以边线或中线的横向、纵向，或以计时测距或等距计时跑，开展小组合作的组间与组内竞赛跑等，多种形式的学练，来解决呼吸与跑节奏的配合、体力合理分配等重难点。学生非但没有厌烦或抗拒，反而创设了一种互竞共进的学习氛围，课堂彰显效率。本节考核课也特地安排了“以测代练”的比赛竞争形式，即选择在标准塑胶场地上开展，目标要求为“突破自我、赶超他人”，结果评价并适当奖惩。

**（三）课堂教学采用“学、练、赛”设计策略，提高课堂效率**

**1. 教学过程“学、练、赛”一体，环环相扣，步步为“赢”**

“学、练、赛”是教学中基本部分的重要方法与手段，是课程的预设与教学目标的实施，“评”既是目的也是结果。我在日常教学中结合传统模式，进行梳理与再加工，“学、练、赛（评）”一体，层层递进，环环相扣、各环节又相互渗透。如在“学”的环节创设了“组长与组员”“教师与学生”“裁判员与运动员”等多重角色，设计学练内容，结合练中学、赛中学、评中学的多视角学习方式进行设计。“练”的设计结合“机智情报员”情境，设计与比赛能力相关的层层递进的练习方法。“赛”的设计方式贯穿于教学过程，每节课都涉及游戏或比赛，比如“抢钱游戏”“红军长征行”等。本节课“学、练、赛”一体，以同等水平的8人一大组、4人一小组，设置组间与组内竞争、个人与他人竞争，让学、练有了真实的情境，具备了一定的挑战性，提高了学生用知识解决问题的能力，帮助学生学会了运动而不是单个技能。

**2. 体能课课练"学、练、赛"一体，提高身体素质，确保课堂效率**

"课课练"是一堂课主要学习内容的补充和延伸，目的是让学生进行科学有效的身体素质练习。其内容、形式和方法不同，本单元的学习设计以竞争和比赛为主的课课练，以培养学生竞争意识和主动参与意愿，例如跳绳课课练。

跳绳作为一项简便易行、锻炼价值较高的体育活动，不仅可以促进人体运动器官和内脏功能的发展，还有助于保持体态健美，提高学生反应能力和心肺功能，对发展弹跳能力、灵敏性、协调性等身体素质有着积极作用。因此，它是国标必测项目、中考项目以及省、市、区等抽考的重要项目之一。所以，在我的课堂中，每节课抽出5～8分钟专门练习跳绳，作为巩固技能、发展体能的必备环节。此环节主要采用"以赛代练""以赛促练"的教学策略，通常用我的研究成果——动态目标训练法，即不同时间、不同水平情况下，制定不同目标，达成目标者停止跳绳并给予奖励，未达成目标者则继续跳下一轮，直到达标或根据轮数适当降低目标达成。前提是学生熟练掌握双脚并脚跳和左右脚交换跳两种跳绳方式情况下，每一轮比赛均指定用同一种跳绳方式，以示公平。那么，本节课出于考核目的，直接检测两组1分钟跳绳。

## 三、评析与反思

（1）任何一项改革浪潮都需要接地气地落实，要想让体育课程的"培养运动能力、转化运动行为、塑造体育品德"的学科素养收到实效，就需要高效体育课堂的推进，特别是占绝大多数的常态课的开展，并非经过团体打造又反复打磨的公开秀。在常态体育课中，做到以赛促学、以赛促练、以测促评，从而提高练习密度，运动强度，提高课堂练习效率。

（2）"学、练、赛、评"一体化落实在实践中，可以"学中练""学中赛"，也可以"练中学""赛中学"。"学、练、赛"既是三个独立运行的教学环节，又相互渗透、相互补充、相互交叉。在本节课中，"学"的成分貌似会少一点，但本节课的"学"是"互督互学"。前六节课在小场地上通过讲解、反复练习，多数同学已经掌握了耐久跑的呼吸节奏与跑步节奏的协调，特别是体力分配得到了很好的调控。本单元课堂教学中的"赛"并非完全是绝对意义的比赛，游戏性比赛也是赛的一种形式，学一个动作也可以赛，需要拓宽对赛的理解和把握。赛能激发兴趣，以赛促练，通过赛来提高对所学内容的运用能力等。

（3）学生与学生之间的互帮互助、互督互学，效果显著。作为高年级学生已具备一定的观察能力和模仿学习能力，基本都能准确地找到学习的“症结”，也基本能准确评价技术动作的优缺点。会评价本身就是建立在学生熟练掌握技术技能和自身能力提升的基础上，特别是本单元耐久跑的学习对学生意志品质和合作精神的培养，非常明显。长期坚持这样的课堂，不仅学生可以锻炼身体、增强体质，也可以塑造品格、养成精神。

（4）耐久跑或跳绳项目，若想达到一定的良好练习效果，需要长期反复学练。如果教师不能变换学习方式、练习形式，创新场地与情境设计等，会很枯燥，学生很容易没有兴趣。学生一旦没有了兴趣甚至产生抗拒心理，效果则无从谈起。所以，小场地也有大玩法，无论哪个角度的变化都能够给学生带来新的视听学体验。

## 以“赛”提升小学体育课堂教学质量的策略研究

解决当前学生体质健康水平多年持续下降的困境，是目前学校体育工作的重中之重。学生体质能得到健康发展是每一位体育人的美好愿望。教育部办公厅《关于进一步加强中小学生体质健康管理工作的通知》明确指出：“提高体育教学质量，中小学校要聚焦教会、勤练、常赛。”体育课堂作为体育教学的主阵地，如何让学生在有限的40分钟时间内体育课堂中掌握体育知识、运动技能，提升综合素质。如何在课堂中落实“教会、勤练、常赛”以提高体育课堂教学质量，这无疑是值得深入探究的新尝试。

于素梅在《从一体化谈“学、练、赛”及其应用》（以下简称《应用》）中认为，“学、练、赛”是学生系统学习和提高的重要形式与过程，以前的体育课程实施从形式上强调了“学”与“练”，而对“赛”多有忽略。本研究基于“学、练、赛、评”一体化教学模式对“赛”进行更深入的研究，通过“赛”，激发学生的兴趣，提高学、练积极性，学生由被动接受到主动学习，从而提高课堂教学质量。

## 一、“赛”的概念界定

《应用》中强调通过“赛”激发学生对运动的热爱和浓厚的学习兴趣，通过“赛”检验学、练结果。很多学者研究的“赛”只是单一技能的比赛，想要达到学以致用以及检验技术掌握情况的目的，而对学生学、练的过程没有促进作用。对于小学生而言，运动技能的掌握是要经过模仿学习，再到不断重复练习，最后再运用。但其注意力比较有限，想要长时间专注于学习、练习比较困难。

比赛教学法的内在价值是从学生内心的需求出发，激发学生的内在动机，培养学生的竞争意识。小学生竞争心理非常强烈，争强好胜，喜欢表现自己，想要得到老师和同学的关注与赞扬。比赛教学法即抓住学生的心理特征，在课堂中为学生创设良好的竞争环境与条件，激发学生的内在动力。

本研究的“赛”是基于“学、练、赛、评”一体化教学模式进行研究，即在体育课堂教学中将单一的“学”、单一的“练”、单一的“赛”有机灵活地融合起来。此“赛”并非正规的竞技比赛，而是将“赛”趣味化、简易化、常态化，在学生学、练过程中根据学、练的程度进行竞争条件的干预。“赛”在课堂的各个环节，以进行技能的学习和练习而组织学生比赛，达到提高学生兴趣的目的。在不同环节其内容设计、组织形式不同，所要达成的目的也不一样。

## 二、“赛”的趣味化

习近平总书记提出的“四位一体”目标的首要目标就是享受乐趣。根据学生身心发展特点，抓住其争强好胜的心理，利用比赛的竞争性为学生提供从兴趣的激发到兴趣延续的内在动力，通过比赛与游戏、情景的结合以及灵活多变的组织形式，增加趣味性，让学生在比赛中经过个人努力、团队合作获得胜利，体验成功、享受运动从而享受乐趣。

### （一）“赛”与游戏的结合

《〈体育与健康〉教学改革指导纲要（试行）》中享受乐趣改革目标要求“在体育教学活动中注重增加游戏与比赛等竞争要素，提高学生锻炼的积极性、主动性、自觉性和持久性。”比赛融合游戏，既有趣味性又有竞争性，符合小学生身心发展特点。在课堂教学中比赛与游戏相结合。如25米往返跑接力赛，如果只是单一的往返跑接力，几轮后学生参与的热情会大大衰减。若加入五子棋游戏，学生注意力在五子棋游戏上，会暂时忘记快速跑的疲惫，相反为了赢得棋盘而提高快速跑速度，既有趣又达到训练快速跑的目的。

### （二）“赛”与情景的结合

情景式教学法利用情节的进展为学生营造剧情氛围，不断吸引学生参与到教学中来，尤其是小学中低年段学生。比赛与情景结合能让学生更加专注于比赛，起到双重强化的作用。如障碍跑比赛，利用“勇敢小红军为作战前线紧急运送物资”的情景，需快速通过不同的地形（障碍物）安全将“物资”运送到“前线”，规定时间内哪个“排”运送前线物资最多将取得战斗的胜利。学生沉浸于情景之中，“士气”倍增。

### （三）以“变”增趣

如何在激发学生兴趣后更加有效地让学生保持兴趣？以生为本，以“变”增趣。比赛如果缺少变化，比赛内容不断重复，即使再有趣，学生也会出现“审美疲劳”，参与热情的消退。我经过实践得到的解决办法：第一，感官刺激的变化。在一场比赛中每一轮从视觉、听觉、触觉等，给予学生不同感官的刺激；第二，变规则，由易到难；第三，变环境，如改变场地大小、器材的增减或摆放方式等；第四，变参赛规模，如个人赛变两人赛，再变多人小组赛；第五，变难度，如不同难度的挑战赛。

## 三、技能学练中的“赛”

以赛促学、以赛代练，比赛既能激发学生学习兴趣，进而享受乐趣，又能针对技能设计比赛内容，帮助学生在课堂中高效掌握运动技能，并最终形成运动能力。

### （一）"赛"与技能学习重难点结合

在学习技术动作时如果按传统教学方法让学生重复练习，试图通过量变达到质变，但由于学生是被动式地学、练，缺乏学习的内驱力，所以很难达到学习目标。若结合重难点进行比赛，学生对重难点的认识会更深刻，理解得也会更加透彻，有助于其对动作的掌握。如学习立定跳远时，重点是落地缓冲，可以设计两人一组进行比赛，比一比谁落地声音最小。学生会互相比较，自然而然就能做到落地缓冲。

### （二）"赛"与正规竞赛场景的结合

一堂体育课当中尽可能安排一次针对技能的比赛，目的是检验所学技术的掌握情况以及对技术的运用。基于小学生的身心发展特点，以及运动形成规律，学生在一节课中不可能学得特别扎实，动作还处在泛化阶段。若进行正规的竞技比赛，会导致学生动作变形，不利于技术动作的掌握。所以，为了培养学生实战意识，可将正规实战比赛的一个小场景，或者一个战术进行细化、简化，如规则的放宽、技术难度的减小等。如足球比赛当中摆脱过人后运球射门的场景，可简化成"五级突围赛"，一组人防守，一组人过人后运球到下一级，规定时间内突破第五级人数多的一组获胜。

## 四、"赛"的时机设计

基于"学、练、赛、评"一体化融合的教学模式，"赛"并不仅仅是放在"学、练"之后的学以致用环节，而是与"学、练"的有机融合，所以，比赛可以穿插在各个教学环节。

### （一）热身环节的"赛"

在热身环节，"赛"主要是结合准备活动、专项热身和辅助练习的游戏性比赛。如水平二"足球脚内侧踢球"一课，利用"喊数抱团"游戏性比赛进行热身。从无球到有球"抱团"，无球"抱团"时结合专项跑和关节操，有球"抱团"时结合各种方式运球及球感练习。目的是激发学生兴趣，达到充分热身以及为下面主教材的学习做好准备。

### （二）技能学练环节的"赛"

这个环节主要是结合技能的重难点、练习的状态进行比一比，比赛规则比较简单，如比一比看哪个同学双手胸前传接球时做到伸臂充分，又或比一比哪个小组练习积极、配合默契。目的是强化动作要点，保持学生学、练的积极性。

**（三）拓展应用环节的“赛”**

一般对学、练后的进一步拓展或运用所学技术动作的比赛，主要根据本节课所学技术动作结合原有的技术进行组合运用，或根据正规比赛场景简化后进行的比赛。有比较规范的比赛规则，但又没有正规比赛规则那么“苛刻”，可根据学生掌握情况灵活调整。对于大单元来说，在这一教学环节的比赛不同课时其内容又有所不同。如第一课时，学生处于模仿阶段，可设计强化、巩固技术动作的比赛；如第二课时，学生已熟练掌握动作。这时可以衔接已学技术进行技术组合的比赛；如在单元最后的课时，可设计实战运用的比赛。目的是学以致用，培养实战意识，以赛促学、以赛代练，让学生真正掌握技能。

## 五、“赛”中评、“赛”终评

评价是对比赛的结果以及比赛的过程进行评价、反馈。不管是哪个教学环节的比赛，评价反馈必不可少。学生积极参与比赛，表现自己，争取胜利，目的是得到同伴、得到老师的肯定进而满足内心的需要。比赛中针对比赛态度和动作要点进行及时的评价，能提高学生比赛的积极性、促进技能的掌握。比赛后围绕团结合作、遵守规则、顽强拼搏等进行评价。鼓励引导学生自评、互评。由于规则简化，教师务必要做到认真对待评价，公平公正地评。若教师评价随意甚至比赛完不评价，则会削减学生的热情，达不到激趣提质的效果。

## 六、建议

第一，在课堂教学过程中，学生是不可控的变量，教师要以生为本，根据学生掌握的情况对比赛难度进行灵活调整，切勿为了完成设计的“赛”而“赛”。

第二，要关注个体差异，遇到能力相对较弱的学生，应适当降低难度，或与能力较好的学生同组，尽量让大部分学生能体验成功，享受乐趣，切勿为了“赛”而忽视能力较弱学生的感受。

第三，建立“赛”的正确价值观，引导学生正确对待输赢，做到胜不骄、败不馁，关注输的一方，做好对其情绪的疏导，再次让学生有积极的竞争心理，爱比赛。

## 七、总结

体育课堂教学质量的提升虽需综合各方面因素才能得以实现，但“赛”在一体化教学模式中发挥非常重要的作用，为有效提升课堂教学质量起到关键作用。我们一线体育教师应该运用好“赛”的方法，以生为本，科学合理地设计课堂教学中的“赛”，根据“赛”的不同特点，在课堂各环节灵活应用，将“赛”的作用发挥到最大化，提高学生的主观能动性，帮助学生在快乐中掌握运动技能，培养竞争意识，提高社会适应能力，提升课堂教学质量，从而促进学生体质的健康发展。

# 第三节　工作室成员的个人感悟

## 进取点点星铺路，步履稳稳渐成长

“一个人可以走得很快，一群人可以走得很远。”工作室，一个可以带我们走很远的团队组织……

2020年11月，我有幸加入珠海市朱振彪小学体育名师工作室，倍感欣喜。我清楚地记得那天是11月11日，全体工作室成员第一次聚集于香洲区造贝学校举行开班仪式。那时候，成员分别来自不同的区域，相互间并不是很熟络，但本着同一个目的：借平台，同学习，共成长。主持人朱振彪老师在开班仪式上也曾表态：要为大家搭建“学习、乐享、合作、共享”的平台。在主持人的带领下，我们心往一处想、劲往一处使，经过三年的合作努力，逐渐发展成了一个互通有无、毫无保留、互帮互助、团结奋进的团队。我也毫无例外地被团队滋养着……

作为工作室中比较年长的我，希望能为工作室贡献光和热，便主动承担每次教研活动的台账或流程的起草工作，做简单的任务分工，参与活动后公众号推文的修改与审核，参与工作室专著汇编，负责推进并保质保量完成各项事宜。

### 一、在实践中扎实教学技能

#### （一）千里之行，始于足下：第一次承担体音融合课

一次教研活动时，朱振彪老师突然告知我，市体育与音乐名师工作室计划要

联合举办一次教研活动。主要是加强工作室之间的相互交流，提高教师的教育教学能力，提升学生的综合素养，初步探索“体—音”融合课堂的实践路径。于是便有了体音融合课跨区送教到高新区的大型教研活动。

我与香洲区音乐教师同课同构送教到高新区，高新区的体育和音乐教师也同课同构送教到香洲区，于是我们四人便开启了合作之旅。首先进行的是选题工作。其次，各自查阅资料，寻找两个学科的契合点、本节课的融通点，备课写教学设计。再次，各自在自己的课堂上试教片段或环节。复次，四人组相互调课到达承办单位试教，相互观摩、听课、评课，再磨课，终公开课。最后，呈现了一节亮点突出、主线明晰、课堂生成处理灵活、学科融合自然的新样态融合课，得到现场观课同行的一致认可，也为进一步探究融合课提供了案例思考。

在此期间，我们克服了学科特点、上课场地择取、器材教具配备、跨区交流调课、承办单位配合等问题。事实证明，准备的过程，也是成长的过程。好事多磨，越是把有一定难度的事情办好，收获越多。从此，在大家心目中便有了吕老师有扎实课堂教学基本功的初印象。

**（二）道阻且长，行则将至：第一次讲座、送教到斗门**

很多时候，计划跟不上变化。原计划工作室活动是在上级部门组织下的自我建设与管理，举办各种市内与市际的“走出去”“引进来”的教研活动。但接到市教研中心新任务，即工作室须参与西区薄弱学校“一对一”帮扶共建联盟活动。所以，在次年初的教研活动中，工作室重新做了调整，以“聚焦课堂教学‘一体化’，打造高质量课堂”为研究主题，采用“讲座+公开课+听评课交流”的形式共建共进。

我很幸运地被安排在了“首席位”，第一个承担讲座的任务。由于当时新课程标准并未正式出台，而我们的课题恰恰是关于“学练赛评‘一体化’课堂教学研究”的热门课题。但课题尚处于前期摸索探究阶段。很显然，这次在讲座时我表现得有点“捉襟见肘”，表达不能像专家那样信手拈来、有理有据。当看到第二小组讲座时，他们小组成员全部登台且有问有答，与这种互动参与式讲座相比，我们小组显得尤为传统，非常需要提升。此次活动，真是获益良多！

送教到联盟校，也是一次前所未有的挑战。每周三是香洲区小学体育学科的常规教研日，却是对口联盟校学生的自由穿衣服日（非校服日），又恰逢该校校运会次日，学生穿“奇装异服”，鞋子也“五花八门”。一见面，就觉察到了孩子们的疲惫不堪及漫不经心。在见学生、备场地时听课教师已到达现场，还未准备好的我匆忙进入上课状态。由于开始的热身队形学生不够清楚，导致基本部分学、练环节不够顺畅，浪费了一些时间。幸好在“赛”的部分表现较好，后面体能课课练小游戏氛围较好，才使课堂达到高潮。尽管在评课时大家给予肯定的部分较多，但我内心依然认为这是一节比较失败的课。于是做了深刻的反思：异地上课，更考验一个教师的基本素养，没有准确的学情把握和场地器材的实地考察，教学设计只不过是一种理想化的预设而已。于是就有了一定要对这节课进行二次备课，再度完善并重新呈现的欲望。

**（三）锲而不舍，金石可镂：四校联盟再出品**

作为教师，任何新潮的理念与技能都取代不了踏踏实实的40分钟。课堂是教育教学的主阵地，只有抓住课堂这个核心地带，我们的“一体化”教学模式才得以高质量落地开花。

随着时间的推移，转眼到了2022年，工作室一直致力于实践研究，在脚踏实地开展课堂的基础上做课题研究。例如，每学期在不同实验学校开展不同主题的教研活动。为不断发挥和加大工作室的辐射作用，通常提前发出教研通知来邀约兄弟学校同学科的教师一起参与。这次教研活动，恰好由我所在学校承办，作为工作室成员有责任出一节公开课供大家交流。于是我换用了一年级学生，以情境化教学重新出品。新场地、新状态，观课者越多，越能激发表现欲，课堂即兴发挥比较多，课堂新生成也较多。纵观课堂，我就像一个活蹦乱跳的“孩子王”，带领天真无邪的孩子们去探究和完成一个又一个挑战，是一件非常有成就感的事。当然，没有完美的课，由于没有事前磨课，出现超时及语言不够简练等纰漏。但能得到评课教师“师生投入，共情忘我，意犹未尽……”的评价，既是肯定，更是一种鼓励。在成长的道路上，不轻易放弃任何一节课，如果教学效果不够理想，一定有原因，常反思、重完善，哪里跌倒哪里爬起，才会让每一次成功来得顺其自然。

## 二、在交流中凝结教学智慧

这是一个充满活力、民主团结的团队。每一次教研活动，都是一次学习和交流。每经过一次学习和挑战，就得到一次蜕变，让内心更加笃定。例如，在一次工作室承办的区教研活动上，我意外地被安排做主持人，对此我感到既惊喜又忐忑。虽然说我上课相对得心应手，但是做主持人还有待提升。适逢身体不适，也没有犹豫，接到任务就要做好充分准备。于是，我便自备台词，在家里对着镜子排练，遇到突发状况灵活应变等，做到心中有数。虽然只是整场活动的一小部分，却让我得到了一次不同的历练。在工作室中，我们人人机会均等，并会得到不同角度、不同机遇的各种挑战和锻炼。渐渐地，我也在综合能力上有了成长与进步。

同时，借助平台彼此间分享珠海市各区的教研活动、赛事赛规等资讯，与工作室研究课题相关的资料，专家讲座。大家相互借鉴学习，同频交流探讨，形成学员与学员间的“学、练、赛、评”互竞共进氛围。大家在繁忙的工作节奏中，抽出时间学习，在大家毫无保留的支持与交流中凝结教学智慧，在日复一日的耳濡目染中，得到锻炼和提升。在这个团结、合作、和谐、温馨的家庭里，我逐渐地让交流成为一种习惯，让习惯成就自我的转变，让转变凝结成自我的教学智慧！

## 三、在学习中提升教学素养

在跟着工作室成长的三年时光里，我们有课堂教学比赛、教学论文评比与公开发表、有区或市课题申报、教学案例剖析、有教学反思课后续创等。为扩充知识面、强化专业素养，我们多次集体购书来“充电”，特别是新课标出台后，购买多本官方解读，试图明晰理念、研究模式、落实试点、总结经验等，这些都是我们“学习—实践—反思—再学习”的提升过程。名师工作室，为我们的专业成长提供了学习的机会，并为我们搭建了展示自我、体现价值的舞台。一起学习，互相取长补短，在团队中见贤思齐，也让我充分体会到了学无止境的精髓。

我知道，想要成为一名专业化的研究型教师还有很长的路要走，“路漫漫其修远兮，吾将上下而求索！”当下不负，未来可期。

愿我们团队中的每一位“学友”越走越远……

（珠海市香洲区前山小学　吕利）

## 面向未来研学笃行　乘风破浪逐梦远航

我为何而来？我将向何方？叩问心房，总有一个声音在呼唤我——要发展，发展才是硬道理，学习才是发展的不竭动力！所以，一份翔实的名师工作室申请书助梦，开启了一段充实、美好而又刺激的学习之旅。走进工作室，以生为本，为未知而学，探寻生命本位，遵循运动规律和教育教学原理，深挖教材，另辟蹊径解读课堂，追本溯源还原课堂……与名师学友们在探索研究的路上，笃定前行着。

### 一、团队赋能，逐梦起航

白驹过隙，转瞬即逝，忆往昔，从工作室揭牌到抱团成长，一路走来，历历在目。在开班仪式上，主持人朱振彪老师提出给全体学友搭建“学习、乐享、合作、共赢”的平台，之后我们也一直在遵守着、践行着。自费购置团服，提升团队精神面貌，设计团徽增加团队凝聚力等，团队组织架构很快成形，三年行动计划跃然纸上。翻看工作室公众号，惊喜地发现我们已然发表了19篇优质新闻稿，开展了线上、线下互动交流活动近50余次。在朋友圈发出了第一次名师工作室集结的日期是2020年11月25日，今日我写下这篇心得的日子刚好是2022年11月24日，细细数来，我已经与工作室的兄弟姐妹们共同度过了整整两个春秋，730个日夜。这些日子里我们经历了什么？是什么力量可以让我们步履稳健、笃定前行？

起初，在新课标出台之前我们都是蒙的，不知道“学、练、赛、评”一体化实践研究，从哪里入手，又如何落实开展？历经两年后，工作室学友们张口都能说出个一二三来，都能在课堂中落实“趣学、巧练、乐赛、公评”一体化教学。从首次听到“为未知而学、为未来而教”“以学定教”等理论时的费解，到如今师生共乐共享课堂的呈现，敢于打破原有认知，从接受新课标理念开始，植根课堂研教学，同心共育助增效。

## 二、植根课堂，探寻真知

我们工作室既有高深的理论指导，也有接地气的教学实践，立足课堂，研学相长。我们学友之间自行选题，个人先备课，小组再集备，而后上公开课，全员参与观课、评课，以课为抓手开展从点到面的集体研修，不断完善建构“趣学、巧练、乐赛、公评”一体化课堂教学模式。我们研读理论书籍，分享先进理念，深挖教材分析，践行课改要求，抒写课后反思，撰写教学案例，做好课题研究，在这个过程中，我们不断进行头脑风暴，迭代认知。一路走来，身临其境品课堂，耳熟能详受启发，慢慢浸入知方寸，坚定输出显成效，形成了“学、思、展、评、研”闭环研修模式。

## 三、心态“归零”，重新出发

我们工作室是一个沟通、交流、合作、互动、乐享、共赢的研学平台，更是名师引领、智慧碰撞、适性扬长、短板补强的成长舞台。我带着“归零”心态，在这里重“新”出发。

### （一）“零”压力，展才华

工作室学友都是经过层层选拔，来自珠海市不同地区，但我们都有着同样的身份——小学体育教师，怀揣着同一个梦想。我至今清楚地记得，工作室刚成立时略显陌生，到现在相近如亲，源于“零压力”的起点。这要从我们的学长朱振彪老师说起，他就像一片海，能包容万象，他的思考总是独到而又全面，总能用轻柔细语帮你赋能。在他的影响下，工作室自然营造出和谐、民主、自律的气氛，也正因为如此，才让学友们可以展开翅膀逐梦前行。

身为这个学习平台的一分子，倍感荣幸、喜悦、安全，同时，我也被这种优质的品格所影响。给我印象最深的是一次我与学长的对话，我说：“我觉得我的时间都不是我自己所能掌控的，我根本没有时间读书、学习、思考……你是怎么做到读那么多那么厚的理论书籍的呢？”学长先是笑笑，然后深深地嘬了一口烟说：“我都是猫在厕所里看书的。”这样的一句话，逗笑了我，也点醒了我。原来读书不是时间问题，而是心态问题，是想不想读和能不能读的问题。从此，读书便成了我繁忙日程中的“小资事儿”，重新管理时间、分配时间，调整生活方式，因为我深知，读书是教师最好的修行方式。一个小小的改变，却让我受益无穷，让我做事有效率、生活有规律。

**（二）“零”负担，坦前行**

如今是个内卷的时代，在工作室这个学习平台，我却是“零负担”地前行。因为这里没有责备，没有优胜劣汰，没有标签式的评价，更多的是“正知正念”的传递与传播。学友们之间都互帮互助，我也不例外，非常乐于帮学友的忙，帮助别人，快乐自己，团结进取才能共赢未来。

回想起“观课—展课—听课—评课—研课”的学习经历，我总是嘴角微微上扬，美美地沉醉在每一次研修中。在研修过程中，每个个体、每个观点，都是被尊重的。这源于主持人多次倡导和践行人格平等。他曾说过：“眼睛是心灵的窗户，当别人讲话的时候，我会看着他的眼睛，这是一种对讲话人的尊重。”他讲话总是给人以亲切、儒雅的感觉，不急不躁，娓娓道来，如泉水般沁入心田。没有负担，便无畏前行。每次的沟通和交流的氛围如沐春风，在春风里，我慢慢地成长。起初，我发言前心里的“小鼓”都会敲个不停，紧张得一个劲儿地平心静气。后来发现我的讲话更多的是被接纳、被关注、被信任和被肯定，对此我心里满是欢喜。不知道何时，我的发言也可以出口成章、信手拈来，思路清晰地说出自己的所思、所感、所得。我喜欢这种没有负担的学习氛围。

**（三）“零”包袱，且远行**

放空才能远行。重“返”教学一线，选择跳出“舒适区”，调入新学校，离开不满三岁的孩子，走上新的岗位。这一路我面临诸多挑战，有时会偶感心力交瘁，无力前行。就在这时，有一个可以滋养身心、放下“包袱”开心前行的团队总是在背后默默地鼓励着我。我们一起探究小学体育教育最前沿问题，十余年教龄的我行走在队伍里，已不再年轻，熬不起夜、“啃”不动问题上的

"硬骨头"。然而，这里有开放互动的合作小组，小规模探究、大集体研修，总能让问题迎刃而解。一节普通的体育课，到一节有灵魂、有思想的体育课，从室内到室外得心应手，从无心思写教案，到教学设计得妙笔生花，真是乐不思蜀。

有时候，教学灵感喷涌而出。我喜欢逐个知识点地去研究，不断试错，不断推敲，直到自我满意，然后将趣学、巧练、乐赛、公评"穿成串儿""拎"到课堂里来。比如，上接力跑单元的课，我先是查找新媒体视频资源，找到每个视频的亮点作为教学设计的切入点，激发学生的学习兴趣。当我带着孩子们不断尝试新挑战，获得新体验后，我发现学生参与的积极性和专注力提高了，甚至连"捣蛋鬼"也少了。用"柔声细语"取代"河东狮吼"，发现学生一下子反倒安静了下来，这让我喜出望外。渐渐地，我愿意"蹲下来"研究行为背后的原因，开始关注孩子们的体验感与情绪变化，从而调整教学计划，课堂也开始变得高效起来。一堂看似简单的接力跑，何止是简单的交接棒技术，其更是智慧的传递、情感的交流与宣泄，是合作、是毅力、是果敢。倘若项目的内涵和外延都能让学生领悟，我们的教育将会有更好的发展。

## 四、学思践悟，踔厉前行

时间飞快，脚步未停，斗志不减，踔厉前行，或许是我们工作室最好的发展状态。两年间，我们思考教什么、为何教、怎么教，我们研究"为未知而学""以学定教"，尝试精讲多练、边讲边练、先学后教，尝试用思维导图解析一体化教学设计。我们倡导"以生为本"把课堂还给学生，教师做好学生的引导者和帮助者，我们尝试在课堂上快速找出"小老师"，用好"小老师"。我们以问题导向设计课堂教学，提炼了"趣学、巧练、乐赛、公评"的一体化教学模式。我们通过送教珠海市斗门区乾务镇乾务中心小学，让"趣学、巧练、乐赛、公评"一体化课堂教学落地生根，教学相长。我们研读新课标，探究学科素养，尝试学科融合，以"立德树人"为己任，学思践悟，踔厉前行。

### （一）换角度看课堂，精彩纷呈

这个观点来源于一年级的一节原地三种转法中的"向左转"的教学。那天，我们正在愉快而安静地上着体育课，突然一个声音冒了出来，"老师，你看这样不是更好吗？”我循声而视，原来她是蹲下做原地向左转的，于是，我就顺势调整课堂教学组织方法。“你再做一次让我看看！”于是她在全班同学面前做了一次非常成功地向左转，动作幅度很小、很标准。向左转时要以左脚跟为轴，右脚脚尖蹬地转体是动作重点。我惊喜地发现，与学生在一起，这个让我头痛了好久的问题解决了。后来，我深入研究后发现：第一，蹲着竟然也能转，而且转的动作结构很完整。第二，蹲着转，注意力更集中，手也能帮上忙了，能更快地体验到转体的乐趣。第三，降低重心同时也降低了难度，以前的易犯错误左右脚不知道怎么用力，现在知道要蹬地。因为人体的重量全都压在了两只脚上，不得不想办法让两个脚蹬转起来，这样一来，问题迎刃而解。真是妙哉！妙哉！

从那时起，我都从学生的角度去思考问题，观察学生的动作学习情况和运动能力发展情况。以学生为中心设计教学问题，以问题为线索，解开一个个难题，这就是“趣学”。学的本身就是让学生去观察、去思考、去发现问题，制造“麻烦”才能引起兴趣，教师沿着一条“技术主线”和一条“品格主线”引导教学，这个过程不就是“趣学”吗？

**（二）课堂精讲巧练，妙趣横生**

1分钟大概可以说200个字，一堂课40分钟可以说8000个字左右。目前，教师在课堂上的讲占了1/2左右，那么，老师基本上要输出4000个字，这个数字是不是有点可怕。这是一个时间耗损，组织队形调动，一个人走很快，集体走就相对会慢一些。所以，体育课堂上组织也是一个耗时点。如若不然，再加上课程设计或预判能力不强，课堂生成问题又是一个耗能点，如此一来，学生自主练习、学习的时间所剩无几。因此，我们“精讲巧练”要做到1分钟“精讲”，3～5分钟“巧练”。1分钟讲要点，边做边讲、走着讲、找着讲、看着讲、指令性地讲等。3～5分钟的“巧练”做到有目标任务地练习，有PK练、互动练、评价练、计时练、绩效练等。

**（三）课上乐赛公评，滋味无穷**

体育课堂教学中的教学赛就是检验学习成效的最好时机，真可谓一课一赛、一赛一验、一验一反馈，这是一个良性的学习体验。“赛”充满了不确定性，小学生对这种不确定性的结果充满了强烈的好奇心，这就是赛的真谛，也是学生乐意比赛的原因。究其缘由，我们在教学组织条件上加以调整，比如赛速度、赛距离、赛合作、赛挑战、赛抗赛等，赛让学与练变得别有滋味。在赛的过程中，就能看出学得是否到位，扎不扎实，还可以看出练得够不够充分。赛是评价的平台，是学练的整体运用，是进一步学习的真实体验，“趣学、巧练、乐赛、公评”是一个学习闭环，环环相扣、紧密相连。

乘风破浪待有时，魅力远航向未来。两年时光，匆匆而逝，学习之路且漫长，我愿推开一道门，打开一扇窗，静静地走进课堂，细品“课改”的味道、创新的滋味，那一定是幸福的味道。在研学的路上师友相伴，做一个幸福的体育老师，做一位乐学好施、守正创新的体育教师。

（珠海市香洲区格力学校　徐杰）

## 行稳致远，未来可期

进入工作室已有两年时间，在此期间，与志同道合、共同追求进步的一群小伙伴走在了一起，凝心聚力，为工作室的发展而努力耕耘。伴随着工作室的发展，每个小伙伴也都得到了成长，我也得到了很大的突破。“她”，给了我成长的方向，让我的目标更加坚定；给了我学习的方法，让我有法可循；给了我锻炼的平台，让我不断完善自己，稳步向前，走向未来。下面谈谈我进入工作室的感想。

习近平总书记说过，要做有理想信念、有道德情操、有扎实学识和有仁爱之心的“四有”好老师，要牢记“立德树人”的根本任务。我也想争做一名“四有”好老师，与时俱进，培养好新时代的学生。但作为非师范毕业的一个“新手级”的我，教学基本功非常欠缺，自己这桶水还未装满，怎谈得上给学生装水呢？于是暗暗下定决心提升自己的教学能力，但该怎样提升、方向在哪、哪些途径，无数问题在我的脑海中浮现。

非常幸运，在我最渴望吸收“养分”的时候，争取到了加入工作室的机会。行万里路，不如名师指路，工作室不仅有名师指路，更有一群来自各区的优秀伙伴。进入工作室后，我犹如一块海绵，每次活动都恨不得吸得饱饱的。我珍惜工作室给予的每一次的学习充电的机会，即使路途遥远也排除万难，从不缺席。

记得工作室的第一次活动，听着工作室主持人朱振彪老师对工作室的整体规划，对各位学员提出个人“读—行—写”深度学习计划，心情万分激动，看着满满的研修安排清单，我如同沙漠遇甘霖般喜悦。

课堂实践需要有先进理论作支撑，因此阅读就成为深度学习计划中的首要任务。对于没有阅读习惯的我来说，这方面的积累并不多。于是我第一次订了体育核心报纸杂志，并决心跟上各位学友的学习脚步。轻轻翻着期刊的一页一页，我第一次闻到了淡淡的墨香，字里行间、时时处处都流露出文章作者的思想与智慧。感受到学习新知识的喜悦后，我更加坚定养成阅读习惯，并开始拓宽学习渠道。通过不断积累，我不仅养成了阅读的习惯，还大大提升了理论水平。

以前，我总觉得理论是高不可攀的、枯燥乏味的。但通过自己的阅读和与学友们分享交流后发现，我有很大的感触。原来理论并不是高深莫测的，“它”往往是源于教育教学实践中分析归纳和总结，是有效、高效指导课堂教学实践的有力武器。只要坚持“沉下心”研读，读书就会有收获。因为这些公之于众的理念，往往是专家团队经过长时间思考、反复验证、总结提炼出来的，有其科学性和先进性。课堂是不断变化的，学情是不断生成的，唯有掌握相关的理论知识，才能够更有智慧地处理课堂中出现的问题，并用科学、先进的方法来指导和帮助学生获得成功与进步的喜悦。

课堂教学作为教育活动的“主战场”，我在这方面属于“菜鸟”级别，特别希望能有进步。在工作室确定了研究方向为“趣学、巧练、乐赛、公评”一体化教学模式以后，学友们摩拳擦掌、跃跃欲试。对于全新的课堂教学模式，大家都想尝鲜，但都在摸索中。我更加像在云里雾里，不清楚如何做到“学、练、赛、评”有机融合。

大家都是摸着石头过河，正所谓实践出真知。课堂教学实践是探索这一模式的最好方法。于是我们尝试设计、上研讨课、评课研讨，再修改，再实践，再完善。经过大家的坚持实践、敢于探索，“趣学、巧练、乐赛、公评”的教学模式越发清晰。那时，恰逢我参加区教师教学技能大赛，在初赛教学设计展示的比赛环节，我运用工作室较为清晰的教学模式进行课的设计及展示，赢得了在座评委的一致好评，新理念、新的课堂教学模式让观赛老师耳目一新。当我展示完毕，下午参赛的选手大部分根据我们工作室研究的教学模式进行了课的调整。我们研究的成果得到肯定且被同行引用，印证了我们所研究的方向是正确的，我也因此备受鼓舞，非常有成就感。

被同行认可并运用在课堂中，最终让学生受益，这是我们工作室研究这一教学模式的初衷。新课堂教学模式不仅在区级的比赛中得到大家的认可，更在市教学技能大赛上看到越来越多的同行在效仿。这让我更加有冲劲，继续通过课堂实践，不断优化教学模式，并且把它带到了更大的舞台。我在参加省教学技能大赛中也运用了我们的研究成果，同样得到了评委的认可。能有机会推广工作室新课堂教学理念，我感到非常兴奋与自豪。

探索未知需要勇气，突破常规更是需要付出巨大的努力。在这一实践探索的过程中，我得到了历练的机会，收获了成长，也取得了满意的成绩。每次研讨课活动也都让我受益良多、意犹未尽，最期待的就是评课环节，细听学友们的各自观点，主持人朱振彪老师的评课总结都是干货满满，理念更新。每位学友都有值得我学习的地方，亦师亦友。

我想与大家分享课堂教学方面的成长经验。在观课时我会有意识地将自己代入执教教师角色，对于设计巧妙之处我会记在心里，不合理的地方我会思考换成我会怎样改。经过评课后，我会思考，将所见、所学、所悟经过糅合，内化成适合自己的方法，然后再实践、运用，这让我成长得很快。

还记得朱振彪老师在第一次活动中给我们的寄语：“要争做一名研究型的体育教师。”经过这两年在工作室的学习、熏陶，我的理论基础得到了积累，教学理念得到了更新，教学能力有所提升。从“井底之蛙”变得眼界开阔，心态上也更加从容、自信。但也还存在很多方面的不足，目标是长远的，所以学习一直在路上。

（珠海市香洲区格力学校　张珂瑞）

# 风雨同舟，感恩有您

一次偶然的机会，我加入了珠海市朱振彪名师工作室。时间在繁忙而有序的生活中悄然而过，加入工作室已有两年的时间。回顾跟随名师团队的日子，我感受到这个集体给我带来的力量，让我在这个团队中茁壮成长。工作室的学友们都好学上进、乐于创新、勇于开拓，激励着我不断进取。成长是一个过程，也是一份快乐，这一段时间我收获了很多，让我体验到了成功、喜悦和温暖。

## 一、名师相随，感恩同行

主持人朱振彪老师亲切可人。走近他，如沐春风，体育教学的真知灼见甚至高知高见，总能在他慢条斯理中娓娓道来。我从名师身上看到了什么是“人格魅力”、什么是“孜孜以求”、什么是“毫无保留”。在工作与做人做事方面，朱振彪老师从来不和我们说大道理，而是用自己的亲身经历启发引导我们，让我逐渐明晰了要成为优秀教师应具备的各种涵养。他用实际行动演绎了“不计名利、甘为人梯”的品质，用实际行动教会了我“为人师者要有大爱，为人师者要志存高远，为人师者要从心做起”的道理。我在跟随学习的过程中，时时感受到朱振彪老师对我专业成长的“助推力”。他在我成长的道路上洒满了阳光，像春的雨露，滋润我这棵小树苗，让我茁壮快乐地成长！

## 二、学友相伴，思维碰撞

很幸运，我加入一个团结合作、乐于奋进的团队。虽然工作都很繁忙，但凡工作室的活动，大家总能想办法挤出时间来参加。因为聚在一起，就能形成一个温馨、团结、共商、共讨、共研的能量场，似乎有一种“魔力”吸引着我们。在这样一个团队中，能时时感受到热烈的学习氛围、学习思辨的快乐，因为值得学习的对象就在身边。工作室学友们各有特色，每一次活动、每一次探讨，总能碰撞出思维的火花，分享学习成果，让我视野开阔、思想升华。每一次的聚会，都是我们互相问候、交流谈心、畅所欲言、相互学习的机会。在这里，我们不避讳自己工作中遇到的问题和烦恼，因为同伴们一起讨论一起互助，可以消除困惑，给予彼此支持和鼓励；在这里，我们一起学习、一起研究、一起交流感想、一起提高；在这里，我们经常争论，各抒己见，却又仔细聆听他人的想法，博采众长。

## 三、学以致用，不断沉淀

人生像一杯茶，经过生活的洗礼时要学会沉淀自己。名师工作室为我们的发展和创新提供了机会、提供了平台。在名师工作室领导的引领下，我们增强了前进的动力和加快了成长的步伐，从更大程度上激发了自己的潜力。我不断地学习、反思，沉淀自己，积极提高自身能力。在不断的学习过程中，我时刻感到自己的不足。因此，我积极利用空闲时间阅读相关书籍来学习经验和新的教育理念，不断地充实自己。

在这两年中，我积极地参与名师工作室举办的各种学习活动，快速地提高自己。“学了不会用，等于白学”，我经常对学生这样说。所以我坚持把在名师工作室所学到的东西用于教学实践中，带着工作室的理念，扎根课堂教学，在教学上取得了与以往不同的教学效果。在教学之余，不断提升自身专业水平，先后参加了2021年、2022年珠海市教师技能大赛，均获得了“市一等奖”的成绩。此外，我承担了区《仰卧推起成桥》公开课、《香洲区青年教师如何备战技能大赛》讲座、工作室对口帮扶学校《如何进行单元计划设计》讲座。在工作室主持人以及学友们的帮助下，2022年6月，我有幸作为珠海市代表队一员参加“第五届广东省中小学体育教师技能大赛”，个人和团队均取得了一等奖的好成绩。我深知，这些荣誉并不属于我一个人，也属于站在我背后默默支持和鼓励我的这一群可爱的人。他们，为我筑起一道厚实的墙壁！

## 四、展望未来，学无止境

时光匆匆，不知不觉中我成长了。成长的点点滴滴汇成一幅彩色的画卷。

成长的岁月，如一片大海于烟波浩渺中透露些许神秘，总也看不到它的彼岸；成长的岁月，如一串脚步，或深或浅，却一直在向前延伸……

成长的路上可能会荆棘密布、伤痕累累，但我依然坚定花开花落终有时，因为有信念一直在心中，教无止境、学无止境。

（珠海市香洲区广生小学　黄秋红）

# 名师引航，笃行致远

心往一处想、劲往一处使，一群有理想、有追求的年轻人，在名师工作室主持人朱振彪老师的带领下，朝着我们共同的目标努力前行。在前行的路上，留下了许多弥足珍贵的记忆，身在其中的我，拾起记忆中的点滴……

## 一、意外惊喜，幸运降临

我清楚地记得，那天学校教导主任打电话问我："小周，珠海市小学体育名师工作室在招学员，给你报个名试试？"我第一反应便是"我能行吗？报名能选得上吗"。虽不自信，但我还是抱着试一试的心态，决定争取一下。过了一个多月，教导主任通知我："小周，恭喜你被选为珠海市小学体育名师工作室的正式成员了，好好把握这次难得的学习机会，努力提升自己。"那一刻，我难以掩饰自己激动的心情，瞬间"跳"了起来："干！"

## 二、不忘初心，笃定前行

2020年11月11日，全体学员齐聚香洲区造贝学校举行工作室揭牌仪式。来自珠海市各区的学员第一次见面，感觉既陌生又熟悉。我深刻地记得，揭牌仪式上，前山小学刘德友校长勉励我们全体学员：三年时间一晃就过去，希望大家珍惜这么好的学习平台，努力提高自己，多实践，善反思，勤动笔，做一名研究型的体育老师。工作室主持人朱振彪老师鼓励全体学员：大家要本着"担当、合作、共享、超越"的精神，不断鞭策自己，全力成长。刘德友校长和主持人朱振彪老师的话，深深地印在我心里，给我源源不断的动力和信心。这三年，我一直朝着这个方向奋斗着。

在这个大家庭里，我非常珍惜这来之不易的学习机会和锻炼平台。作为工作室成员中年纪相对年轻的我，只要工作室安排给我的任务，我都义不容辞地接受，并想尽一切办法把事情做到最好。在工作室，我主要负责公众号管理，推文撰写与编辑及所有活动的照片、录像收集保存等工作，同时还积极做好各项后勤工作。两年多来，我的这种积极做事的态度得到了学友们的肯定与赞赏，心中满是欢喜。

## 三、主动承担，勇于磨砺

为有效提高工作室成员课堂教学能力，打造高效课堂主阵地，扎实开展"学、练、赛、评"一体化教学实践研究。2021年10月至11月，工作室举行全员课堂赛课活动，大家高度重视、全力准备，都想把自己最好的课堂展示出来，我也不例外。备赛的过程虽然很苦、很累，也曾想过差不多就行了，可是，想要提高自己专业能力的决心告诉自己，不能"差不多"，做就做到"全力以赴"。

还记得比赛前一天的下午，自己驱车前往香洲区广生小学见学生。到班级的第一印象是，这个班的学生很活泼，人数多达54人，而我在本校磨课时只需要40个学生，我能上得了那么多人的课吗？让14位学生留在班级？左思右想，感觉不妥。心底有个声音一直提醒我，要让每个学生都能参与其中，享受运动带来的乐趣，才是有意义的体育课。

比赛当天，天气时好时坏。本想在室外上课，可天空突然飘起了蒙蒙雨，我不得不临时换成室内馆进行。虽然场地小、空间窄、回音大，但不影响学生参与的热情和教师上课的激情。课上，学生非常投入，基本按照老师课前设定的各环节认真地"学、练、赛、评"，相邻环节无缝衔接，学生脸上洋溢着灿烂的笑容，非常享受，教师也得心应手。

自认为是一节还不错的课，不料评课时，主持人朱振彪老师给了我当头一棒："如果课堂上，学生只是按照老师课前设计，完成各环节的任务，那学生和机械有什么不一样？学生的创新思维能力又如何培养？'以学定教'体现在哪里？"我如梦惊醒，细想觉得挺有道理。学生是动态的，每个学生认知不一，体质状况不一、运动能力不一，怎能所有学生的练习方法和手段都一样，"一刀切"？这既不符合学生是课堂主体的要求，更不能体现因材施教、关注个体差异等教育理念。

这次的赛课，让我重新对"如何上好一节课"有了深刻而全新的认识，对课中如何落实学生的主体地位，如何培养学生的创新与思维能力及如何适时评价激励学生有了更深刻的理解。没有最好的课，只有更好的课。相信每一次的磨砺，都是为成长蓄力。更好的课，永远在路上。

## 四、勇于挑战，不断探索

我清晰地记得，那是周三下午，主持人朱振彪老师打电话跟我说，周五上午要送教到斗门乾务中心小学。当时我第一反应是，时间这么紧，就一天时间准备，我能上好吗？但我转身一想，好，我去上，要勇于挑战。就这样，我第一次踏上了送教之旅。

如何把工作室"学、练、赛、评"一体化教学理念传递给联盟校的同行？嘴上说没用，体育人重实践，上课就是最好的证明。虽然时间紧，但送课前各项准备工作一点儿都不敢怠慢。例如，场地器材要和联盟校提前沟通、上课音响要找别校借、课的各环节要找学友研讨，过程虽艰辛，收获却满满。本课从学生的学情实际出发，巧妙设计，层层深入，充分调动学生的学习热情和兴趣，发挥"小老师"作用，落实"学、练、赛、评"一体化教学模式，让学生在课堂中真正享受乐趣，增强体质。这节课得到学友们和在场观课老师的高度赞扬和肯定，同时也提出一些具有建设性的建议：①"小老师"发挥了很大的作用，但应该再多些；②关注个体差异，因材施教；针对学生动态学情，采用相对应的解决方法；③设计更多学习挑战难度，让不同水平层次的学生都能"够吃""吃好"；④善于利用学习迁移理论设计教学过程，为真正的学习发展做充分准备。第一次送教之旅，我收获很多。于是我暗暗下定决心，争取下一次的表现更加出色。

## 五、未来已来，可见可期

工作室的每一次活动都是一次难得的学习的好机会，我非常珍惜。不管活动中自己扮演的是什么角色，都会想尽一切办法把事情做到最好。名师工作室是一个为我们提供专业成长、学习交流的平台，更是为我们搭建展示自我的个人价值实现的舞台。感谢主持人老师的专业引领和全面指导，感谢学友们不厌其烦的指导和帮助，感谢我们共同成长的日子。一段旅途的结束，是另一段旅途的开始。学习、成长，永远在路上。愿我们"聚是一团火，散是满天星"！

（珠海市香洲区第十八小学　周振鹍）

# 一个人走得快，一群人走得远

时间飞逝，进入工作室已经近两年。在工作室主持人朱振彪老师的带领下，一批骨干教师团结一心不断向前奋进。回顾在工作室学习和实践的日子里，让我感受到一股被推着不断往前走的力量。一路走来，我收获着、成长着。

## 一、紧跟团队步伐，开阔知识视野

进入教师岗位7年以来，我一直对工作充满热情，对教育教学充满了责任感，但总感觉是自己一个人在单打独斗。对新课标、新理念、新政策等了解较少，领悟不够。一个偶然的契机，我加入了名师工作室，让我明显感受到团队的力量之大，所有的事情都是团队一起干，一起出点子，相互学习共提升。工作室不定期统一购买了书籍，举办了读书分享会，开展了专题讲座等，耳濡目染地让我在团队中不断汲取知识，丰满自己。渐渐地，我的教育教学理念也发生了很大转变，视野更开阔了，谈吐有料、自信满满。

## 二、主动参加教研，提升教学能力

2021年下半年，工作室主持人朱振彪老师带领全体成员，深入珠海市斗门区乾务中心小学等兄弟学校，开展长达半年的课堂指导、教学诊断、专题讲座、学科教研、同课异构等教研教学共建活动。此外，工作室内部定期举行体育课堂教学赛课、示范课、专题讲座等活动。在教学教研活动中，工作室学友都是共同出谋划策，以小组为单位集体备课，一起讨论、收集资料准备讲座等，小组合作总能事半功倍。对我来说，每一次教研活动都是一次提升自己的机会，同时也让我更深刻地感受到团队力量的巨大无穷。

## 三、积极撰写推文，提升写作能力

工作室每一次教研活动都要撰写宣传报道，由工作室各学友轮流撰写。当撰写宣传报道这个任务第一次落在自己身上时，我感觉挺有压力的。因为在进入工作室之前，我从未撰写过公众号宣传报道及排版。在撰写宣传报道前，我请教了工作室公众号负责人周振鹍学友。他既耐心又细致地为我“扫盲”“导航”，直至成功推送。正是有了团队的帮助，我学会了提前收集素材，做好活动纪要，活动结束后利用业余时间撰写并设计排版。记得第一次撰写好宣传报道稿，发到工作室微信群让各位学友帮忙修改时，主持人朱振彪、吕利、徐杰三位文采大师字斟句酌，连标点符号都做到了反复考量。这，让我彻底信服：原来体育教师依然可以文采飞扬。正是因为有团队的帮助，让我又掌握了一项技能。在多次撰写之后，我从无从下手逐渐发展到得心应手，写作能力也在不知不觉中得以提升。

## 四、主动专著编撰，提升综合素养

在朱振彪老师的带领下，在全体学友一起讨论、撰写专著《“趣学、巧练、乐赛、公评”——小学体育一体化课堂教学建构》的过程中，更让我感觉到团队的重要性。比如朱振彪老师把握专著的撰写方向，吕利老师设计单元及课时“学、练、赛、评”一体化教学设计模板，徐杰老师用思维导图诠释工作室理论框架，所有学友既分工又合作，一起完善资料、提升质量。就这样，大家经历了从"无头绪""有次序"到"有质量"的提升。我也像其他学友一样，在团队前行的步伐中积聚力量，提升综合素养。

一个人走得快，一群人走得远。

很荣幸能加入这个团队，在主持人的引领下，和一群优秀的学友携手奋进，累并快乐着。在不到两年的时间里，我在课堂教学、科研论文撰写、课题研究、推文撰写等方面都有了很大的进步。在团队学友的互帮互助、互学互促中，逐步提升了自身的综合素养，带着一颗感恩的心一路前行。愿我们都不负韶华，继续逐梦前行。

（珠海市香洲区群贤小学　吴运照）

# 守初心，逐梦再起航

我入行十多年了，随着工作激情的消退，工作俨如静水，波澜不惊。2021年，我有幸成为珠海市朱振彪体育名师工作室的学员，算是打破原有的平静，重新泛起涟漪。回顾这一年多走过的历程，在主持人领导及学友的引领下，我在学习中充实、在实践中提升、在反思中成长。笃定了体育教师的初心，削减了教学中的困惑，丰富了对教育的认知，也提升了思想境界。

## 一、笃定初心，砥砺前行

工作室揭牌那天，10名学员如约而至，大家内心都憧憬和展望着工作室的美好未来。在主持人的提议下，每个学员间以学友相称，对今后在工作室的发展谈了自己的想法，许诺会好好学习，不断提升个人专业素养，在学校或周边区域内能起到示范引领作用。理想很美好，现实很骨感。因为我们都来自不同区的不同学校，有时候参加工作室的教研活动，个别学友来回就有上百公里的车程，甚是艰难。学友们都是学校的中坚力量，面对工作压力和家庭压力，个别顶不住压力的掉队了。

但一个优秀的团体，从来不缺乏追随的人。很快，工作室就有了新学友的加入，队伍不断壮大，教育教研实力不断增强。学友们积极、乐观、好学，每次研讨活动，不管是“线上”培训还是“线下”教研课、讲座、会议记录、拍照、录像以及公众号推文的撰写、修改与审核，大家都是分工明确、轮流“上阵”、密切配合。学友们的初心都是一致的，就是借助工作室这个平台，不断提升自己的业务素养和综合能力，然后将所学反馈在自身的教育教学当中，完成“立德树人”的根本任务。

## 二、跟随团队，幸福成长

我是一个幸运儿，加入工作室这个温暖有爱的大家庭。不论遇到多大的困难，学友们都能够坚持，没有怨言，更多的是支持和鼓励。每次教研活动前，学友们都会在“线上”或“线下”分小组进行集体备课，各抒己见，求同存异，力求将每一次教研活动策划好、组织好，让所有参与者学有所获。特别是每一次教研课后，无论执教者本身自我反思，还是观课者评课，都做到了认认真真，从点到面地剖析、完善，力争做得更好。“没有完美的课，只有不断完善的课”“没有最好，只有更好”，就是工作室精益求精的教研精神的目标和追求。

当然，我们之所以有这种严谨的教研精神，更源于主持人朱振彪老师作为团队学长的为人处世风格。无论是工作上还是生活上，我们都能感受到他是一个事无巨细的人，我们都亲切地称他为“彪哥”。记得我们工作室第一次发推文，彪哥字斟句酌，连一个标点符号也不放过。他身上这种勇于开拓、严谨细致的工作风格，成就了他一篇篇的论文佳作、教研课题。受彪哥影响，学友们都会对推文、教学反思、教育故事、教育论文等一丝不苟地做到精益求精。环境影响人，学友们在这样的环境中耳濡目染，相互影响带动，彼此成全和成就，共同探讨提升。

## 三、集体研学，提升素养

工作室的集体研修活动内容丰富，形式多样。研修期间，我们更加感受到教师成长路上，不是一个人在走，而是一群人在走。名师引领助成长，学员磨砺提素养。为了遇见更好的自己，我们每人都制订了个人发展规划，认真学习，提升专业素养。

厚读以积淀，彪哥和学友们经常会推荐一些好的书籍，一起研读《为未来而教，为未来而学》《义务教育体育与健康课程标准》《〈体育与健康〉教学改革指导纲要（试行）》等前沿理论专著及文件，相互间交流并分享学习心得。正因有团队的力量，才让自己有静下心来默默"充电"的时刻，同时对未来发展有了新的认识和规划。诚然，要成为行业内名师，除了有目标并为之奋斗外，还要有教育情怀、治学能力，并不断追求卓越。我也期待成为一名卓越教师，来体验职业的最高幸福感。

## 四、未来已来，可见可期

在工作室这个大团队中，仿佛有一股力量在推动着自己往前走，既是压力也是动力，不发展不行，不加快步伐自我突破都不行。犹如逆水行舟，不进则退，只有严格要求自己，孜孜不倦，才能在前行路上"百战不殆"。

经过近两年的研究，工作室研究的课题经历了迷茫期，走过了泥泞，终在全体学友的相互协作与不断探索下，"一条大道通南北，天堑变通途"。愿我们"聚是一团火，散是满天星"，未来已来，可见可期。

（珠海市外国语学校　彭东华）

# 众心如城　共创辉煌

时间如白驹过隙，总是在不经意间溜走。蓦然回首，加入工作室这一温暖、有爱的大家庭已有两年时间。

还记得第一次会议上，"彪哥"手系毛线球的一端向下传递，将珠海市各个区的学友连在一起。大家用力地攥紧着绳线，感受着彼此之间的力量、信念，喊着“担当、合作、共享、超越”的口号。那天，我内心是喜悦的，激动的，眼里闪发着对未来憧憬的光，我非常有幸能成为大家庭中的一员。

刚加入工作室时，我的心情也是忐忑的，毕竟自身专业能力及综合素养比不上其他学友，生怕会跟不上节奏，拖累大家。但是心里仍有一股冲劲，始终觉得我能行，尽管往前冲冲冲就对了。

这两年，工作室走出香洲区，陆续走访了高新区、斗门区、金湾区等开展了关于“学、练、赛、评”一体化教学实践的系列教研活动。正是这一系列的活动，也正是自己每一次的不缺席，让我在听、看、思的过程中慢慢提升了自身能力和素养。

在工作室中，我感受到了团队的力量。在“彪哥”的统筹下，工作室分成田径、篮球、足球三大板块，也就是三个小组团队。每个小组，各司其职，朝着同一目标奋进，用实践明辨笃行，用专著凝聚心血，共同打造出我们工作室的研究成果。我们小组负责足球板块的研究，在小组长的组织和指导下，线上、线下不定时汇报教学设计进展，不断咨询专业问题，收获着成长与进步。团队成员之间坦诚相待、默默奉献，彼此间取长补短、求同存异，参与的过程也是成长和历练的过程。这让我深刻感知到团队的力量之大，只有一个强大的团队才能聚集大智慧、汇聚大能量，进而激发出团队成员不可思议的潜力，让每个人都能发出最强的“声音”。

在工作室中，我感受到了学友们带给我的温暖和鼓励。我第一次在格力学校上教研公开课时，是非常紧张的，担心把控不好课堂，担心课的设计不完美……但是，工作室的学友哥哥、姐姐们真的让人感到特别温暖，他们会帮忙搬运器材、布置场地、分发教案、调试设备等。评课环节，他们似乎是看透了我的小心思，会根据新课标及“学、练、赛、评”一体化教学理念，给予我教学上的建议，还教会我异地上课如何见学生、尽快熟络学生、调整个人状态等。学友们的热情和耐心时刻温暖着我，让我时时感受着鼓励与关爱。在此，衷心感谢这个温暖大家庭里给予我生活上及工作中的善意提醒和鼓励鞭策，让我逐渐敞开心扉、拥抱团队，在团队中学习、领悟和默默提升，也越发自信。

我一直觉得我是一位幸福的女孩，能遇到优秀的他们，能从大家的身上学习到许多。博学多才的"彪哥"，内外兼修的"清哥"，满腹经纶的"康师傅"，明察秋毫的"华哥"，不落窠臼的"杰姐"，精明能干的"利姐"，多才多艺的"红姐"，好学不倦的"阿鹍"，才华横溢的"运照"，足智多谋的"景彬"，智勇双全的"龙权"，能征敢战的"珂瑞"，气宇轩昂的"伟伟"，从容不迫的"静怡"，大家身上的诸多闪光点在无形中影响着我，让我逐渐进步和快乐成长，我是幸运的。

这些时光是弥足珍贵的，是应该被记录的，更是值得久久怀念的。这是我们为同一件事、同一个目标而努力前进的难忘时刻，像是和大家一起在洞穴里冒险，或许偶尔会在无尽的黑暗中迷茫，但总有找到出口的学友带着希望回眸，带路去往光明未来的方向。

重复的事情用心做，简单的事情重复做，复杂的事情简单做，持之以恒就会不断进步，明天也一定会更加辉煌与灿烂。从来没有一蹴而就的成功，贵在坚持！脚踏实地地走好每一天，随时反思、总结和行动，"路"将会越走越宽。未来的日子，我定不忘初心，继续前行！

（珠海市金湾区平沙新城学校　邓嘉冰）

## 参与名师工作室的收获与感想

两年来，在工作室主持人朱振彪老师的引导下，我们12位学友立足教学和聚焦课堂，相互帮助与共同发力，不仅打造出一节又一节的高效课堂，还发挥了示范引领和辐射周边的作用。在团队的帮助与带动下，我也完成了既定的发展目标，收获了成长和快乐。

我深刻地记得，工作室揭牌仪式时，全体学友第一次跨进珠海市香洲区造贝学校的大门，相聚在会议室的场面。大家齐聚在一起，虽互不熟悉，但是我知道这些都是有梦想、有追求的群体。听了各位老师的自我介绍，真的是肃然起敬！这个团队真是藏龙卧虎，人才济济。主持人朱振彪校长（后来我们都互用学友相称，再后来我们就亲切地称他为“彪哥”）用一条绳将我们牵连在一起，每传递一次，就连接上一位学友，第一次小活动就赢得团队成员的信任，既是可喜之事，也是鞭策之力。

从主持人彪哥、利姐、杰姐身上，我看到了什么是“孜孜以求”。他们用自己的亲身经历，启发我们做人做事的道理，使我们深受感动。他们每一次的示范课，都是那么的用心，他们用实际行动教会了我们“为人师者要有大爱，为人师者要志存高远，为人师者要从心做起”。他们对每一次的评课议课，是那么尽心尽责。虽然大家工作繁忙，但只要是工作室的活动，大家都会积极参加，并乐此不疲，我们喜欢聚在一起研讨。这里团结向上，充满学术氛围，能体会相互学习的快乐。每一次的教研活动，都会给我带来感动与收获，并帮助我慢慢成长。

在这里，主持人彪哥用智慧启迪智慧，用激情点燃激情，用爱心浇灌爱心，用自己的人格魅力感染着我们每一个人。所以，我们工作室洋溢着温暖、充满着温馨、温情。每一次集体教研，无论是听课、评课、听讲座还是讨论交流，都能将我们教研的氛围调到积极热烈的状态。我感觉我们工作室做到了真正意义上的教研课改，我们每一个人都是在用心做好每一件事。

我们组长吕利老师也同样出色，每次学友的比赛教研，都会积极指导和帮助组织试教，学友们深受感动。有一条微信聊天记录，到现在我还保留着，因为“它”给了我不断前进的动力。那是我参加珠海市教师技能大赛后，感觉很不好，利姐便发来一条信息：

没有你说的那么糟糕，我们也都是这样走过来的，成长的路没有坦途，跌一跤未必是坏事，是告诉你还可以更优秀些。有时候，人就是这样，越想“得到”，就越容易“失去”，现在发现有不足，你才会更加努力，当下最重要的是总结与分析失利的原因，弥补短板，在日益内卷的行业发展态势下，任何一次比赛都不能掉以轻心，全力以赴都有被“黑马碾压”的可能。所以，比赛要想成功是需要天时、地利、人和，从现在开始着手精心准备，幸运便会降临。加油，我相信你会做得比我想象得更好！

非常感谢这段鼓励的话语，让我在以后的教学工作中不忘初心，砥砺前行。

在工作室两年的学习，内容丰富，形式多样。既有名师们的专题讲座，又有学友们的各种研讨课可以观摩学习，收获良多。回首学习过程，既有观念上的洗礼，也有理论上的提高；既有知识上的积淀，也有教学技艺的增长。我很喜欢徐杰老师评课的理论深度，创新的课堂剖析，体现了她对于整个小学体育课程教材的完美把握；很喜欢她的幽默风趣、虚心好学、不断进取与特别用心，更喜欢她讲课的风度及见解。

2021年珠海市中小学体育教师技能大赛，珂瑞老师经常加班熬夜准备教学设计，让人敬佩。在我骨干教师面试的时候，他慷慨无私地给了我试讲模式的指引，让人感动。他的一节足球课让我到现在都印象深刻且难以忘怀，充分体现了新课改的要求，更是我们工作室所倡导的“趣学、巧练、乐赛、公评”一体化教学的成功案例。课后，学友们的评课也是精彩纷呈，周振鹍老师结合自身课堂谈出了深度体会；东华老师的评课总是那么见解到位，让人眼前一亮……

这是一个有温度、有灵魂、有力量的团队组织。我在这里不断吮吸、不断汲取，充实自己、丰满自己，让我在前行的路上更加笃定。非常感谢名师工作室，让我有了这么多的学习机会，让我收获满满。学海无涯，在今后工作的道路上，我将继续传承工作室“担当、合作、共享、超越”的理念，并以此来鞭策自己天天学习，在专业的路上行稳致远……

（珠海市斗门区新环中心小学　龙权）

## 成长路上，感恩有您

在主持人朱振彪老师的悉心指导和全体成员的共同帮助下，我逐渐在这个民主、团结、和谐的团体中沉淀着、成长着。我有幸被吸纳进入珠海市朱振彪体育名师工作室，内心充满喜悦。工作室是一个让人思想不断发展的殿堂，也是一个让老师成长的加油站。我通过这两年的学习，对“学然后知不足”的体会尤为深刻。

## 一、名师相随，感恩有您

2020年11月11日，是个难忘的日子。我们工作室全体成员第一次相聚在香洲区造贝学校会议室，在这里举行揭牌仪式。通过自我介绍，得知大家来自不同区域、不同学校和不同的工作岗位。在开班仪式上，主持人朱振彪老师让我们接过一条红色绳子，通过抛向工作室任意一个小伙伴的形式来做自我介绍，接到绳子的小伙伴必须紧紧握住绳子的一头，这种新颖的自我介绍的方法一下子就吸引了我，让我觉得特别有意思。到最后，一张红色的充满力量的“网形”图案出现在我们面前。此刻，我终于明白其中的寓意：一群人一条心，一起向未来！

经过将近两年与朱老师面对面的交流和学习，让我感受到他的真诚、大气与平和的“人格魅力”。工作中事无巨细的他“孜孜以求”，对学员倾囊相助、“毫无保留”。他从来不与我们空谈大道理，而是用自己的亲身经历、多年的教育教学经验以及理论研究，来指导我们、启发我们，激励我们不断前行。无论在教育教学、课题研究还是为人处世方面，都毫无保留地与我们分享，让我受益匪浅。

## 二、敢于面对，积极投入

两年来，我看到的不仅仅是一个名师，更是一个不断指引着我们前进的“灯塔”。于是，一股强烈的凝聚力和生命力深深地感染着我、鼓舞着我、指引着我。我与学友们一路同行、互竞共进，我分析了利弊，发现了异同，找出了差距，需要多读书、多学习才能跟上团队发展的步伐。我开始严格要求自己，无论是“线上”“线下”活动，还是校内、校外的听课、评课、讲座、培训等活动，都不错过任何一次学习的机会。因为我深深知道，唯有敢于面对自身的不足，并积极投入更多的学习当中，才能成长得更快。

## 三、积累沉淀，提升魅力

“厚积才能薄发。”我通过深刻反省发现了自身的不足之处，于是不断地学习先进教育理念，不断地充实自己。同时，我积极参加市、区和学校组织的各类教研活动，认真做好每一次的学习笔记。任何实践都离不开理论的支持，朱老师把“读—思—行—写”的深度学习计划告知我们，并要求我们有计划地阅读教育教学理论专著，还经常将自己读过的书目推荐给我们学习。他所推荐的《为未知而教，为未来而学》这本书，尤其让我记忆深刻。且不谈里面的内容，仅看标题就值得我们一再深入思考，并把“它”作为我们教学中应该引起重视和研究的重要问题。随着读书活动的深入，与学友之间的学习、分享、切磋的机会越来越多，不知不觉中发现自己在慢慢地成长和进步。同时，在个人的教学中，我也有了勇于尝试、积极探索、敢于创新的行动，教学魅力得到了进一步的提升。

## 四、关注细节，精益求精

朱老师除了指导我们学习理论知识外，还带领我们深入课堂观察与课堂研究。为了让理论更有效地指导课堂实践，更严格要求我们要积极研究自己的课堂，大胆运用“趣学、巧练、乐赛、公评”一体化教学理念，形成自身的教学风格。我们的教研活动遍布所有工作室成员的工作单位，通过上课、听课、评课、开讲座等途径，开展课堂教学研讨，让我们能巧妙地驾驭课堂，进而形成自己的教学风格和教学思想。最终让我们达成一个共识——务实求效，让课堂成为工作室学友们展示教学才能、彰显教学魅力的舞台。

## 五、努力探究，初见成效

工作室的学友们，虽工作繁忙，但大家都非常积极，大家都按照开班仪式上制订的规划逐步落实，力求事事有着落。在这里，我们不避讳自己工作中遇到的问题和烦恼，与学友们一起讨论，互帮互助，解除困惑，给予支持和鼓励。在这里，我们一起学习、一起研究，交流感想，共同提高。在这里，我们经常专题研讨，各抒己见，求同存异，博采众长。在主持人的引领及学友们的相互学习下，我也可以静下心来广泛读书，阅读更多的专业教学报纸杂志，使自己的理论专业水平不断提高，能够与同行朋友们进行专业教学探讨与课题研究。

最后，再次感谢名师工作室这个有高度、有灵魂、有温度的团队平台，让我可以站得更高、望得更远、思考得更深。

（珠海市金湾区第一小学　张景彬）

# 见贤思齐，超越自我

2021年5月，我非常荣幸地加入了珠海市朱振彪小学体育名师工作室，至今已有一年有余。在工作室的引领下，自己的心态和教育教学都发生了很大变化。能与一帮志同道合的伙伴一起共同学习，接受最前沿的体育教学理念，并跟着团队不断付诸实践、不断探索新知，一路走来，受益匪浅、羽翼渐丰。从起初默不作声地跟在团队后面认真学习教育理论，聆听工作室分享的专家讲座、"线上"培训，到不缺席工作室组织的每一次教研活动，每参加一次就有一些新的收获，总会有思维的小火花被点燃，渐渐地我喜欢上了这种感觉，有了一种期盼，叫"工作室集体教研活动"。回顾这段时间，真的收获特别多。

## 一、走出校门听、评课，博采众长

常去听课是一种很大的收获，也是一种享受。在听课中做比较，反思自己的教学，及时记录各位学友的优点，抑或对某个知识点从多种角度进行理解与思考，知识与技能的重难点突破、学生对知识与技能的实际掌握情况，进而反思或调整授课难度。总之，听课为我的备课与教学起到了导航的作用。其次，通过听课，更能激发研课的动力和灵感，并反馈在自己的教学上。例如怎样让目标引领内容落地生花，怎样从"以教定学"向"以学定教"逐渐转变等，从一头雾水到明朗清晰。上课的真正意义，不是为教而教，而是"为未知而教"。

## 二、听专家讲座，与前沿理念接轨

新时代的课堂教学，已经不再局限于教师有“一桶水”就用一辈子了，而是要有源源不断的“活水”。这就要求我们要不断地去学习更多未知知识与掌握更多技能，开阔视野，学无止境。听名师讲座，无疑是一条快捷路径。疫情当下，“线上”教学与讲座资源丰富，让我们足不出户便可以与全国各地的名师进行思维碰撞，让我一次又一次更新“储存”、迭代认知，为更好地开展课堂教学提供了强有力的保障，唯有这样才能与团队共进共生。

## 三、赛前磨课，磨心启智豁然开朗

在今年的香洲区教学能手大赛中，团队学友们积极给我提供帮助，大家牺牲宝贵的周末休息时间，耐心细致地为我磨课，尤为感动。从技术层面剖析，从理论层面梳理，从整体把脉到各环节施教策略择取，均给予我细致的指导。通过这次磨课，让我学会了很多，感受到了团队的智慧和力量，真的是受益良多。

当然，我属于进入工作室较晚的一位，也是幸运的一位。跟着一个团队前行，比单打独斗强大很多，非常感谢工作室为我及学友们提供这么多的学习机会，提供了一个“天高任鸟飞，海阔凭鱼跃”的平台。在这个大家庭里，即使自己有做得不足的地方，学友们也是相互接纳、互相包容，让我更加从容地面对工作。相信，在工作室汲取的能量，会在今后的教学工作中厚积薄发，我会用自己教学的独特魅力，去唤醒学生对体育的热爱。

未来，愿能适性扬长，为成为一名卓越的人民教师而努力奋斗。

（珠海市香洲区南湾小学　吴伟伟）

# 名师引路助成长，汲取营养有力量

作为一名年轻教师，我有幸加入珠海市朱振彪小学体育名师工作室。尽管自己进入团队才一年的时间，但我相信只要抱紧这个积极的团队、跟紧步伐，就是幸运儿。自加入工作室以来，感觉自己一直充实着、实践着、思考着。

## 一、学会沉淀，改变自我

我积极地参与工作室的各种教研活动，多次观摩学友们的示范课。他们经过两年多不断的探究和打磨，已初步建模，已呈现出比较成熟的符合新课标要求的“学、练、赛、评”一体化课堂教学模式。在低年级的教学中，他们善于创设情境或采用游戏化教学，紧紧抓住孩子们的“兴趣点”，让他们乐在其中，玩中学、学中练、学练之中赛一赛……环环相扣，紧密衔接，有趣生动。而在高年级的教学中，他们将课堂的一部分空间留给学生自主探究，“小老师”角色使用得恰到好处，让老师被“解放”出来，从而对有需要的学生给予及时的帮助与指导。同时，他们还善于评价，特别关注学生在学习过程中的表现，及时评价，或口头，或肢体语言互动，“以生为本”体现得淋漓尽致，这些技巧深深地吸引着我，让我从未缺席每一次教研活动。

我不仅在课堂教学上学到很多，在与学友们的日常交流和研讨活动中，我总能有新的收获、新的启迪。我便默默地弥补短板，夜以继日“充电”学习，提升自己，缩短差距，力图跟上团队前进的步伐。经过近一年的追随，参与到工作室的各种活动中，我学到了很多先进的教育教学理论，开阔了视野。原来，高大上的教学理念也可以在名师团队的引领下，落地生花。跟随或绑定一个名师团队发展，无疑是一个年轻教师成长的快捷道，我不断积累，为将来发展奠定基础。

## 二、学以致用，提高自我

课堂是教育教学的主阵地，抓好课堂教学，无疑是教师的职责之首。在工作室学习后，我把一些先进做法，尝试运用在我的课堂中，上完课后再琢磨如何调整，使之符合自己的教学风格。课堂中，贯彻落实"健康第一"的指导思想，以目标引领内容，坚持大单元结构化备课设计，逐步落实"学、练、赛、评"一体化课堂教学。教学中，遇到困惑就不断去寻找解决办法，不断去问、不断查阅资料、请教学友，把困惑逐一"拿下"，在不断试错中反思、成长、改进，不断落实"教会、勤练、常赛"。

## 三、找准方向，反思自我

加入工作室后，我发现要想成为一名优秀教师，爱思、勤思、会思是十分重要的。教师的反思不仅仅是头脑内部的"想一想"，而应该是一个不断实践、学习、研究的过程。要让反思成为我们的习惯，做一个会思考、有思想的人。有机会加入工作室是我的幸运，通过接触名师、骨干教师，才深深体会到"学然后知不足"。"让学习成为自己的习惯"是我的目标，只有做学习型的教师，才能不断超越自我，使自己的工作更扎实、更有效、更完善。

时间转瞬即逝，转眼间，我跟随工作室学习已有一年的时间，从不缺席每一次教研。蓦然回首，这一深一浅的"脚印"，不正是我成长的足迹吗？在这个有温度、有高度、有深度的名师团队里，处处充满着教研氛围。我徜徉在这种充实与快乐中，内心充满感激。在今后的工作中，我将继续扎实地学习、反思、践行，沿着"学无止境、教无止境"的方向前行，实现工作室共同的愿望：展工作室风采，树教研新风，吹响新课改的号角，去引领或唤醒身边的每一位教育工作者，一同把课改的微风吹向每个少年儿童的心间。

（珠海市香洲区云峰小学　温静怡）

# 第四节 反思与展望

“趣学、巧练、乐赛、公评”一体化教学，从珠海市朱振彪小学体育名师工作室的一个个小小的教学改革实践出发，历经一年才形成了一体化教学“雏形”。随后，工作室的全体成员齐心协力、共同发力，也耗费将近一年的时间。我们持之以恒地“用心”雕琢这个“雏形”，去繁存简时不乏心有不舍；不忘初心地“用情”描绘这个“雏形”，枝繁叶茂中不乏心存欣慰。不舍，是因为“那些”被雕刻掉的，其实也是我们工作室团队众人的共生智慧与心血。欣慰，是因为这是我们团队“十月怀胎生下”的“婴儿”，一面世便受到不少一线体育教师的推崇；更因为，工作室成员在日复一日地关于“一体化”教学的切磋与探讨中不断成长进步，并时有传出工作室成员参加各级教学比赛获得佳绩的喜讯。这些成绩的获得，着实让人倍感欣慰和喜悦。

但我们不能站在原地沾沾自喜。也要清醒地认识到，一个好的教学模式不仅仅让自身受益，更重要的是，“它”既要经受得住岁月这一张“嘴巴”的考验，更要经受得起“是否能让每一个孩子受益终身”的追问。即是否达到国家层面对学校体育所提出的“享受乐趣、增强体质、健全人格、锤炼意志”的“四位一体”的核心素养目标，是否有效指向“立德树人”的根本目标。我们不惧怕“不完美”，因为我们是一群不断追求“尽善尽美、十全十美”的“赶考人”，也是永远站在新时代新课改潮流的“弄潮儿”。不完美，才有继续进步的空间，不完美，才有坚定追梦的脚步。怀揣教育的理想，追逐理想的教育，这是我们团队的初心。

因此，我们要牢牢把握并深刻理解《〈体育与健康〉教学改革指导纲要》和《义务教育体育与健康课程标准（2022年版）》精神和要求，要善于反思和总结，找出需要改进的地方，并为之不懈努力。反思我们团队在践行"趣学、巧练、乐赛、公评"一体化教学模式的过程中，发现仍需要完善和改进的主要问题有以下几点。

## 一、要精准把握学情

"研究教材、研究学情、研究方法"，这是每一位教师在备课中的三个必须研究，否则无法上好一堂课。自我们团队成立之日起，通过多次讨论和研究，发现"研究学情"显得尤为重要与必要，而且应当成为必要中的首要。于是，我们开始设计了一张小小的"学情问卷"，目的在于了解学生的具体学情，同时也表达了我们要决心转变"以教定学"的传统观念和要坚决落实"以学定教"的主旨。

"让学生站在课堂的中央"，这句话我们并不陌生，实质上这句话是希望教师要充分发挥学生在课堂的主体地位，从而构建民主、平等、和谐的师生关系。然而，学生的主体地位的体现，并非首先表现在课中，而往往是在课前就已经有所表达甚至有所定论了。我们要知道，课是为谁而上？大家都很明白，课当然是为学生而上。那，课为什么要上？当然最后会有人回答"因为学生不懂啊！"是的，"不懂的"就是"未知的"，我们应该"为未知而教"。为学生的未知而教，我们首先得知晓学生的"已知"，而这"已知"就是我们亟须深入了解的具体学情，务必要精准把握好。新课标强调"以学定教"，这里的"学"主要指的就是学生的学情。因此，我们在上课之前，需要认认真真地研究学生的学情，特别要调查掌握好学生现有的（已知）与新学习内容（未知）相关联的知识与经验——学生已有的知识储备，从而更好地为深度学习搭支架，为实现学习正迁移做准备。

可以说，精准把握学情是实现因材施教、关注个体差异的关键。

## 二、要善于启发思维

当前，《〈体育与健康〉教学改革指导纲要（试行）》和《义务教育体育与健康课程标准（2022年版）》提出：每一节体育课的个体运动密度要在50%以上，群体运动密度要在75%以上，班级学生平均心率原则上在140～160次/

分。这就意味着要打造高效体育课堂，教师要“精讲多练”“边讲边练”，为未知而教。甚至往后很有可能“不讲就练”的现象也将会出现，目的是让学生更充分地“动起来”。然而，对一堂体育课的运动负荷提出较高要求，并不是对学生思维的弱化，更不是对课堂“提出问题、分析问题和解决问题”的无视，而是希望广大一线体育教师能更多地在课堂上提出有效问题，以启发学生的思维。

没有问题的课堂是毫无“上”的意义的。在备课过程中，教师要依据学生的基础学情和针对所教动作技术的重点、难点来设置2～3个有效问题。在教学过程中，在恰当时机将一个个有效问题“抛出”，让学生带着好奇心和强烈的求知欲望，在实践中进行思考和探索，并尝试分析、解决问题。同时，课堂的问题是生成的。随着“学、练、赛、评”的逐渐深入，不同层次和不同水平及个性的学生在学习中会遇见这样或那样的问题。而这时学生所出现的个性化的问题是弥足珍贵的，教师千万要重视起来并循循善诱，以发展学生的“问题意识”和提升学生“发现问题”的能力。因此，没有问题的体育课堂则没有学生思维的产生，没有思维产出的体育课堂则没有必要“上”的意义。

## 三、要拓宽赛的内涵

在我们的传统观念中，体育课堂中的“赛”一定是有着固定的比赛场地，有着严肃呆板的比赛规则，有着严于执法的裁判，有着一定要“你输我赢”的结果……这才叫“赛”。目前，有不少体育课主要按照“先学练—最后赛”的形式来体现“赛”这一重要而关键的教学环节，并且集中火力在“运动技术”的“赛”上下功夫。但似乎忽略或淡化了同为体育学科核心素养中“健康行为”和“体育品德”的培育。难道“健康行为”和“体育品德”方面的具体学习内容就不能“赛”了吗？然而不然，因为赛的性质可以调整，赛的层次可以拓宽，赛的意义可以重定，赛的情境可以建构，赛的内容可以自定。

体育课堂中不仅仅围绕学生是否掌握动作技术上进行“赛一赛”，更要注重“非动作技术”上的“比一比”与“赛一赛”。目前，“健康行为”和“体育品德”中的必备品格与关键能力的培养显得尤为重要，是“立德树人”根本任务在体育课堂得以实现的重要保障。

## 四、要坚定理论指导

“他山之石，可以攻玉。”“趣学、巧练、乐赛、公评”一体化教学是基于《〈体育与健康〉教学改革指导纲要（试行）》和《义务教育体育与健康课程标准（2022年版）》，并借鉴与融入了许多先进教学理念和科学学习理论的一种全新的体育教学模式。通过我们团队的一一实践，在教学过程中采用金字塔学习理论的“教别人”的学习方式，已经得到了验证并产生了很好的学习效果：学生从被动学习转向了主动学习。而在教学中运用科学学习理论中的“对比组合”进行教学，有效地使学生从两个相邻或相近的动作技术中分析出了异同，同时也加强了学生学习的深刻性和记忆牢固程度。

目前，国内外先进的教育教学理念和理论可谓“铺天盖地”，但我们要密切结合学科核心素养培育要求，善于从“万绿丛中”找到有利于学生终身发展的“一点红”，更有效甚至更高效地指导我们的体育课堂教学。因此，我们要大力发扬通过自身实践验证的科学理论，将其坚定不移地落实到每一堂常规体育课当中，切切实实地让每一位孩子学会学习和从中受益。

## 五、要“为未来而学”

世界经济论坛主席施瓦布在《第四次工业革命》一书中提到，以后“对解决复杂问题的能力以及社交技能和系统性技能的需求，会远远高于对身体能力和知识性技能的需求”。这就是新时代的新创新。以“求异”的思维去提升“求变”的能力，以不变应万变，以“解决问题”的目标去提升“解决复杂问题的能力”。未来已至，体育教育教学也要同其他学科一样承担起“让学生更好地走向明天”之大任。学科核心素养的提出就是为了适应“世界的明天”所需要什么样的人才而应运而生的，即是“为未来而学”，培养与社会、与世界需求相匹配的现代化人才。要培养出适应未来国际发展需求的人才，教师就要有“为未来而学”的眼光和决心，并积极培养好自身“求异”“求变”的思维与能力，特别是逆向思维的能力。

我们工作室团队携手一路走来，不断跟上新时代创新发展的步伐，不断加大研究理论的力度，并时刻以“立德树人”和培育学生学科核心素养为己任，取得了让人欣慰的教育教学成效。面向未来，我们还必须从以下方面不断进行研究与反思。一是加大“互联网+”、智能化和大数据的应用，以实现更加快捷、高效及时的学习评价与反馈；二是加大研究“什么才是有意义、有生活价值的学习”，以满足学生实际生活中的现实需要和未来需求；三是加大研究“对比组合”教学内容上的开发与实践，以实现提升学生“对比、分析、综合”的思维和解决问题的能力；四是加大研究跨学科融合主题教学，以实现培养学生走向未来所需的综合素养与综合能力。

故而，教师要首先提高自身“为未来而学”的思维和能力，方能孕育出坦然“走向未来”的一代代学子。未来已至，只要我们不忘初心、牢记使命，就一定能培养出更多德、智、体、美、劳全面发展的社会主义建设者和接班人。

（朱振彪写于2022年11月20日）

# 参考文献


[1] 中华人民共和国教育部. 义务教育体育与健康课程标准（2011年版）［M］. 北京：北京师范大学出版社，2012.

[2] 中华人民共和国教育部. 义务教育体育与健康课程标准（2022年版）［M］. 北京：北京师范大学出版社，2022.

[3] 教育部办公厅.《体育与健康》教学改革指导纲要（试行）［Z］. 2021-06-23.

[4] 于素梅.《〈体育与健康〉教学改革指导纲要（试行）》解读［M］. 北京：教育科学出版社，2021.

[5] 让·皮亚杰. 教育科学与儿童心理学［M］. 杜一雄，钱心婷，译. 北京：教育科学出版社，2018.

[6] 玛丽·海伦. 爱莫迪诺-杨. 情绪、学习与脑：探索情绪神经科学对教育的启示［M］. 周频，陈佳，张立飞，等译. 北京：清华大学出版社，2020.

[7] 丹尼尔·L. 施瓦茨（Daniel L. Schwartz），杰西卡·M. 曾（Jessica M. Tsang），克里斯滕·P. 布莱尔（Kristen P. Blair）. 斯坦福黄金学习法则［M］. 郭曼文，译. 北京：机械工业出版社，2018.

[8] 钟启泉，崔允漷. 核心素养与教学改革［M］. 上海：华东师范大学出版社，2017.

[9] 余文森. 核心素养导向的课堂教学［M］. 上海：上海教育出版社，2017.

[10] 成尚荣. 儿童立场［M］. 上海：华东师范大学出版社，2017.

[11] 钟启泉. 课堂研究［M］. 上海：华东师范大学出版社，2016.

[12] 钟启泉. 读懂课堂［M］. 上海：华东师范大学出版社，2016.

[13] 曹宝龙. 学习与迁移［M］. 杭州：浙江教育出版社，2019.

［14］乔德才. 运动人体科学基础［M］. 北京：高等教育出版社，2012.
［15］章建成，任杰. 运动技能学［M］. 北京：高等教育出版社，2018.
［16］杜更. 儿童基本动作技能教学实践与评测指南［M］. 北京：北京理工大学出版社，2020.
［17］安·S. 爱泼斯坦（Ann S. Epstein）. 身体发展和健康：关键发展指标与支持性教学策略［M］. 霍力岩，刘祎伟，刘睿文，等译. 北京：教育科学出版社，2018.
［18］于素梅. 从“两全”谈新时代学校体育的改革与发展［J］. 中国德育，2021（3）：5–9.
［19］于素梅.《〈体育与健康〉教学改革指导纲要（试行）》十大政策要点落实策略探析［J］. 体育学刊，2021，28（5）：1–13.
［20］于素梅. 从一体化谈“学、练、赛”及其应用［J］. 体育教学，2020（8）：17–19.
［21］毛振明. 对十种体育教学模式的分析［J］. 体育教学，2000（5）：4–6.
［22］于素梅. 实施“体教融合”，走“一体化”发展之路［J］. 教育家，2020（41）：18.
［23］朱振彪. 体育与健康课“三多三少”教学策略研究［J］. 体育师友，2019（42）：2.
［24］毛振明，于素梅. 思考解析“教会、勤练、常赛”——“体育走班制教学”是保障“教会、勤练、常赛”的正确教学模式［J］. 体育教学，2021（1）：4–9.
［25］陈雁飞. 大单元教学是体育教学深度变革的必然［J］. 体育教学，2021，41（10）：1.
［26］余立峰. “学、练、评”一体化的学校体育转型［J］. 中国学校体育，2020，39（2）：29–30.
［27］曾榜，曾荣. 以赛促学，以评导练——体育课堂“学、练、赛、评”一体化设计的教学价值［J］. 中国学校体育，2020，39（2）：36–37.
［28］熊会安. 关于体育教学中学练赛的思考［J］. 中国学校体育，2019（12）：21–23.

[29] 蒋新成. “学、练、赛”一体化实施策略[J]. 中国学校体育，2020（7）：69.
[30] 于素梅. 谈一体化背景下的体育课堂变革[J]. 体育教学，2020（4）：20–23.
[31] 于素梅. 一体化背景下谈体育课程教学改革的四个“实有”[J]. 体育教学，2020（1）：16–18.
[32] 朱萌. 杜威的“从做中学”教学理论及其现实意义[J]. 理论观察，2016（9）：159–160.
[33] 袁仕勋. 杜威的“从做中学”教学原则的思想价值及启示[J]. 黔东南民族师专学报，2001，19（5）：83–84.

# 致 谢

一个团队，一项课题，一本专著，一批成果。历时两年，关注“课改”，敢于尝鲜，聚焦课堂，执着实践，建模成型，落地生根。蓦然回首，不禁感叹：所有的摸索都值得回味，所有的付出都值得坚守。无论在专著上还是在课堂教学研究上，工作室都上了一个新台阶，取得了质的飞跃。当专著画上圆满句号，不禁感慨万千、回忆满满。研究和撰写的过程是一个滴水成川的过程，从选题的确立，到资料的收集、整理、阅读、分析、思索、停滞、修改再到下笔成文、反复修改，最后专著定稿，我们心潮澎湃、激动万千，因为“这”凝聚了工作室全体学友的全部心血。一路走来，将理论付诸实践，是“情与志”考验，是“思与行”历练，但更有付出后收获的巨大喜悦！感谢大家繁忙中挤出时间来阅读本专著，希望大家能够提出宝贵的意见和建议，在此深表谢意！

一路走来，要感谢的人有很多很多……

首先，要感谢中、外所有在该领域做出宝贵研究的专家、学者们。他们在这一领域所做出的大量前期工作和研究结晶给了我们许多启发，增长了我们的学识，开拓了我们的思路，是我们不断学习和研究提升的不竭源泉。同时，在参考或引用各专家、学者的研究成果中，所作的标注难免会出现一些遗漏，在此敬请理解与谅解为盼。

感谢珠海市教育研究院给予工作室课题研究的机会和经费上的大力支持，感谢百忙之中评审课题和专著的各位专家与学者。您的认可、批评和建议是我们不断前行的动力！

感谢珠海市教育研究院的刘文军老师给予我们工作室巨大的帮助。刘老师在课题的选题以及课题价值的体现、把核心素养的内涵贯穿在课题研究的始终、把“评”增加到“学练赛”中以体现完整性和科学性、根据研究内容和研究目标搭建一体化模型框架等方面提出了很好的建议。刘老师用渊博的专业学识、严谨的治学态度、深厚的学术精神影响着我们工作室研究课题的“始与终”，使我们不断追求进步、不断追求卓越。

感谢珠海市教育研究院的张建国老师提出专著研究内容要把握准确，如何突出“三多三少”原则的良好建议。

感谢周立清校长对课题研究方向给予高度赞赏，并指出“学练赛”之间的关系怎样在教学中很好结合是研究的关键，这为我们工作室在研究本课题的深度和高度上提供了切入点。

感谢邹红梅老师对课题“赛的环节”指出要注重个体差异和层次性的评价，这对我们工作室在本课题研究中更加注重“赛的层次”上的积极思考。

感谢以上4位专家在课题开题时给予的指导与帮助，专家们提出许多中肯而良好的指导性意见，使我们在研究和实践过程中不至于迷失方向，使课题研究更加科学、全面和完善。这些建设性指导意见是我们前行中最宝贵的财富！

感谢珠海市香洲区中小学体育教研员翟志清老师对工作室的支持和寄予厚望，并为我们的专著写序。体育课堂是理论实践的主阵地，工作室研究的新课标理念唯有落地课堂教学，才能彰显它的作用。感谢翟老师提供香洲体育教研这一大平台，让工作室学员在全区多次进行公开课研讨与比赛切磋，使我们工作室的新课改理念能辐射引领更多香洲体育人。

感谢我们工作室顾问李湘云校长长期指导活动开展和为本书写序，同时还多次为工作室开展教研活动提供学习场所。

感谢我们工作室顾问康景飞老师长期关心与指导工作室的教研活动开展，学员们遇到足球上难以攻克的问题时，景老师总是耐心细心指导与帮助学员解答疑惑。

感谢美丽的格力学校和工作室顾问卢建超校长，为工作室顺利开展教研活动提供了一次又一次的活动场所和舞台。

感谢共建联盟活动单位——斗门镇乾务中心小学，提供“聚焦课堂教学‘学、练、赛、评’一体化”的交流平台，斗门镇乾务中心小学一年来配合参与工作室研讨“讲座+公开课+听评课交流”10余次，在多次的共同研讨中碰撞出智慧的火花。

感谢工作室这一群有志于勇当课改先锋的学友们，他们彼此关心、互相支持和相互帮助。每一次活动、每一次探讨，总能感受到伙伴们闪耀着智慧的思维火花；每每分享学习成果都让人视野开阔、思想升华，并留下了许多难忘的回忆。感谢他们这两年来坚持不懈的共同努力，从专著框架设计，到具体内容的修改，他们在各自任务岗位上兢兢业业、勤奋踏实，用他们的专业和专注提升专著品质。他们牢记体育教师的使命和担当，恪守体育教育者的职责和荣誉，以不懈之努力，以孜孜之探索，以严谨之态度，以科学之精神，以课堂实践为基础，进行扎实细致的科学研究，荟萃累累硕果终于撰成这本研究专著，让工作室所研究的“趣学、巧练、乐赛、公评”一体化教育理念在香洲教育这片沃土真正落地开花，为义务教育阶段体育教师提供了完整、科学、实用、可操作的教学参考与借鉴。相信本专著的出版，必将在更大范围内引起一线体育教师的共鸣，他们将会参考或借鉴我们所倡导的“趣学、巧练、乐赛、公评”一体化教学模式，应用在自身的教育教学过程中，让新课标“学练赛”一体化理念更好地付诸课堂实践。

还要感谢我们工作室学友们的所有家人，在我们研讨、编写和修改专著的许多个日日夜夜，承担着料理家务、照顾小孩和老人的责任，为我们能够安心、静心研究与顺利完成专著提供了巨大支持！

最后，我们要感谢您——亲爱的读者。如果您双手捧起了这本书，说明您也与我们一样，是一位有志于为实现“教育理想”而勇立潮头的“弄潮儿”。因此，我们期待您在阅读中能给我们提出宝贵的意见和建议，让我们能尽快地做进一步的修改和完善。

希望可以以本文向您致谢，以感谢您对我们的帮助。在此，我们工作室团队真诚地说声：“谢谢您！”

由于时间、精力和能力有限，对本文研究可能还留下许多遗憾，您的批评和建议将成为我们团队进一步学习与探索的前进动力。

朱振彪

2022年11月20日